20TH ANNIVERSARY EDITION

80対20の法則

The 80/20 Principle: The Secret of Achieving More with Less

［増補リニューアル版］

Richard Koch
リチャード・コッチ

仁平和夫
高遠裕子
訳

CCCメディアハウス

増補リニューアル版

人生を変える80対20の法則

長い間には、川に運ばれた土砂が堆積していくように、誰にも説明できない経験則、パレートの法則（80対20の法則）によって経済の景観が変わっていく。

ジョセフ・シュタインドル

神は宇宙を相手にサイコロで遊んでいる。ただし、それは鉛を詰めたいかさまのサイコロだ。神がそうして遊ぶのは、目の出方に何か法則性があるかどうかを調べ、人間がそれをどう利用できるかを知りたいからである。

ジョセフ・フォード

人類がどこまで高みを目指すのかはわからない。……だから、世界はいつの時代にも、人類の真の富と幸福と知識と、またおそらくは美徳とを増進し続ける、との心地いい結論に甘んじても差し支えない。

エドワード・ギボン

THE 80/20 PRINCIPLE:
The Secret of Achieving More with Less
by Richard Koch

This updated 20th anniversary edition first published in 2017
by Nicholas Brealey Publishing
An imprint of John Murray Press
An Hachette UK company
Japanese translation rights arranged with NB LIMITED
through Japan UNI Agency, Inc., Tokyo

二〇周年記念版への序文

八〇対二〇の法則は進化している――この本だけでなく、法則自体が。この二、三〇年で、ビジネスも、社会も、個人の生活も、信じられないほど大きく変わった。そして、八〇対二〇の法則がどんな仕組みなのか、なぜこの法則が有効なのかについての理解も変わってきた。それが、この版で付け加える必要があった点である。

八〇対二〇の法則は、かつてないほどあちこちで目につくようになった。そしてその重要性を増している。以前はこの法則を活用した人が圧倒的に有利になったが、今後は基本的なツール、成功や幸福を望む人には欠かせないツールになるだろう。

そもそも、この二、三〇年に何が起きたのか。要約すると、三つのことが起きた。

(1)少なくとも成長力と収益力で、トップダウン型の大企業がネットワーク型企業に敗れた。アップルやグーグル、フェイスブック、ウーバー、アマゾン、イーベイ、ベットフェアといったネットワーク型新興企業の成長が著しい。こうしたネットワーク型企業が社会を席巻しつつあるため、八〇対二〇現象が至るところで目立つようになっている。

あらゆるネットワークは、正のフィードバック・ループを示す。大企業はますます大きくなり、金持ちはますます豊かになり、有名人はますます有名になる。そしてネットワークは――社会に役立つネットワーク（ネットワーク型企業や、それらが支援する慈善団体など）も、有害なネットワーク（麻薬組織やテロ組織など）も――資金力をつけ、影響力を増していく。

新たに加えた第17章では、ネットワークとは何か、ネットワーク型企業とは何かを説明する。そして、意欲があるならネットワークあるいはネットワーク型企業で働くべし、とアドバイスする。

（2）過去一〇〇年で認識されるようになった八〇対二〇のパターンは、七〇対三〇から九〇対一〇まで幅はあるが、驚くほど一貫性があった。だが最近では、九〇対一〇、さらには九九対一への移行が急速に進んでいる。

新たに加えた第18章では、原因と結果の不均衡がさらに極端になっていること、予想できない出来事や富の急速な変化が起こりえること、法則が影響力を増していることを論じる。

（3）成功と失敗、充実感と失望、幸福と悲惨を分けるルールがいくつかある。新たに加えた第19章では、わたしが大切にしている五つのルールを教えよう。

発見したことが、もう一つある。八〇対二〇の法則の最たるものが、これまでの版には含まれていなかった。新たに加えた第16章では、あなたの人生に好ましい影響を与えてくれる、超有望な「秘密の友」について書いた。秘密の友は、とくに意識しなくても、雷光石火のごとくはたらいてくれる。そして、この秘密の友は、正しく訓練すれば、あなたの生活を変えてくれる。ただ、これにはちょっとした努力が必要だ。コツはトレーニングの方法を身につけること、秘密の友を解読する方法を身につけることだ。第16章でその方法を示そう。

これですべて揃った。四章分が加わり、八〇対二〇の法則をテーマにした本書はさらに充実したものになったはずだ。この朗報を大いに宣伝してもらいたい。

原著の初版*The 80/20 Principle*は、すでに三六の言語に翻訳され、一〇〇万部以上売れている。この二〇周年記念版は、さらに充実した内容になっていると自負しており、記録を塗り替えることを期待している。

これまでの成果については、読者に深く感謝している。読者は、この本の恩恵を受けたし、宣伝もしてくれているだろう。いただいた手紙やメールから、いかに多くの人が八〇対二〇の法則を知って感激したかがわかった。今後もそうであってもらいたい。すべての読者に感謝したい。わたしはあなた方の人生に影響を与えたかもしれないが、あなた方こそわたしの人生にたしかな影響を与えてくれたのである。

リチャード・コッチ
richardkoch8020@gmail.com
二〇一七年三月、ジブラルタルにて

八〇対二〇のラップ

異才ワイアット・モージー・ジャクソンのご厚意で、八〇対二〇の法則が素晴らしいラップになっているのはご存知だろうか。www.richardkoch.netでお聴きいただくことができる。普通のポップスと同じで、曲の長さは三分だ。本書のメッセージ（ゴシック）が随所にちりばめられた歌詞を、ここで紹介しておこう。

リチャード・コッチはビジネスマン
彼は真実を見つけたよ。そうさ、マスター・プランさ
本を書いたらヒットした
カッコだけじゃない、本物さ

八〇対二〇の法則がタイトルさ
その教訓は絶大さ
座って、この曲を聴いてくれ

曲が終われば光が見える

八〇対二〇の法則、成功のカギ
八〇対二〇の法則、少ないインプット、多くのアウトプット
八〇対二〇の法則、成功のカギ
八〇対二〇の法則、成果を増やそう

では、八〇対二〇の法則とは何か。八〇対二〇の法則とは、原因、投入、努力のわずかな部分が結果、産出、報酬のかなりの部分をもたらす、つまりアウトプットのほとんどはインプットのごく一部から生まれる、というものだ。

八〇対二〇の法則、成功のカギ
八〇対二〇の法則、少ないインプット、多くのアウトプット
八〇対二〇の法則、成功のカギ
八〇対二〇の法則、成果を増やそう

これを文字通り受け取ると、仕事の成果の八〇％は、費やす時間の二〇％で達成できる

ことになる。仕事にかぎらず、あらゆることについて、努力の五分の四は実らないものだ。つまり、ほとんどが無駄だということだ。これは常識に反する。

八〇対二〇の法則、成功のカギ
八〇対二〇の法則、少ないインプット、多くのアウトプット
八〇対二〇の法則、成功のカギ
八〇対二〇の法則、成果を増やそう

つまり八〇対二〇の法則は、原因と結果、投入と産出、努力と報酬には、どうにもできない不均衡があると言っている。その不均衡の割合がおよそ八〇対二〇なのだ。通常は、投入の二〇％が産出の八〇％、原因の二〇％が結果の八〇％、努力の二〇％が報酬の八〇％を生む。ビジネスの世界で八〇対二〇の法則がはたらいている例は枚挙にいとまがない。売り上げの八〇％をもたらすのは、二〇％の製品であり、二〇％の顧客である。利益の八〇％もやはり、二〇％の製品、二〇％の顧客がもたらしている。

八〇対二〇の法則、成功のカギ
八〇対二〇の法則、少ないインプット、多くのアウトプット

八〇対二〇の法則、成功のカギ
八〇対二〇の法則、成果を増やそう

増補リニューアル版　人生を変える80対20の法則　目次

＊本文中の（1）、（2）……は、巻末の「原注および参考文献」を参照のこと

装丁・本文デザイン　轡田昭彦＋坪井朋子

第Ⅰ部

八〇対二〇の法則——概観

世界は不安定だ！

八〇対二〇の法則とは何か。八〇対二〇の法則は、何の母集団をとっても、圧倒的に重要なものと、そうでないものが存在することを教えてくれる。だいたい結果の八〇％は原因の二〇％から生まれると考えられる。ときにはもっと少ない要因がもっと大きな成果を生むこともある。

格好の例が日常の言葉だ。速記を発明したアイザック・ピットマン卿は、わずか七〇〇語で日常会話の三分の二が成立することを発見した。こうした基本語の派生語を含めれば、スピーチの八〇％ができる。（ニュー・ショーター・オックスフォード・イングリッシュ・ディクショナリーには五〇万語以上が掲載されているので）、一％未満の言葉が八〇％の時間で使われている、と言える。これを八〇対一の法則と呼ぼう。同様に、会話の九九％では、二〇％未満の言葉が使われている。これは九九対二〇の関係だ。

映画も八〇対二〇の法則にあてはまる。最近の調査では、一・三％の映画が興行収入の八〇％を稼ぎだしていて、八〇対一の法則が成り立つ（43ページを参照）。

八〇対二〇の法則は魔法の公式ではない。原因と結果の関係は、八〇対二〇ではなく七〇対三〇に近いこともあれば、八〇対一に近いこともある。ただ、原因の五〇％から結果の五〇％が生まれることはめったにない。世の中は不均衡で、それは予想できるのである。ほんとうに大事なことは数少ない。

圧倒的な成果を出している人や組織は、その数少ない重要なことを徹底的に利用して、有利な状況をつくりだしている。

本書を読めば、そのやり方がわかる。

第1章
八〇対二〇の法則へようこそ

長い間には、川に運ばれた土砂が堆積していくように、誰にも説明できない経験則、パレートの法則（八〇対二〇の法則）によって経済の景観が変わっていく。

——ジョセフ・シュタインドル(1)

八〇対二〇の法則は、あらゆる人、あらゆる組織、あらゆる団体、あらゆる形態の社会が、毎日の生活や仕事の中で利用することができるし、また利用すべきものである。この法則を知っていれば、個人も組織も、いままでよりはるかに少ない労力で、はるかに大きな成果を上げることができる。個人の場合は、生活が豊かになり、生きる喜びが増す。企業や組織の場合は、利益が増え、効率が上がる。政府の場合は、コストを下げながら、公共サービスを質量ともに改善できる武器にもなる。いままで八〇対二〇の法則をテーマにした本はなかった(2)。本書は、生活の面でも仕事の面でも効果を実証済みのこの法則が、現代社会のストレスに打ち克つ最良の方法になる、という確信をもって書いたものである。

八〇対二〇の法則とは何か

八〇対二〇の法則とは、原因、投入、努力のごく一部が、結果、産出、報酬のかなりの部分をもたらすという法則である。たとえば、仕事の成果の八〇％は、費やした時間の二〇％から生まれる。実際のところ、労力の八〇％、つまりそのほとんどは無駄なのだ。これは常識に反する。

投入と産出、原因と結果、努力と報酬の間には、どうにもできない不均衡があり、不均衡の割合はおおよそ八〇対二〇なのである。投入の二〇％が産出の八〇％、原因の二〇％が結果の八〇％、努力の二〇％が報酬の八〇％につながる。この典型的なパターンをグラフにしたのが図表1である。

ビジネスの世界で、この八〇対二〇の法則があてはまる例は枚挙にいとまがない。通常、売り上げの八〇％をもたらすのは、二〇％の製品、二〇％の顧客である。利益の八〇％をもたらすのも、やはり二〇％の製品、二〇％の顧客である。

社会をみると、犯罪の八〇％は二〇％の犯罪者によるものであり、交通事故の八〇％は

■図表1　80対20の法則の概念図

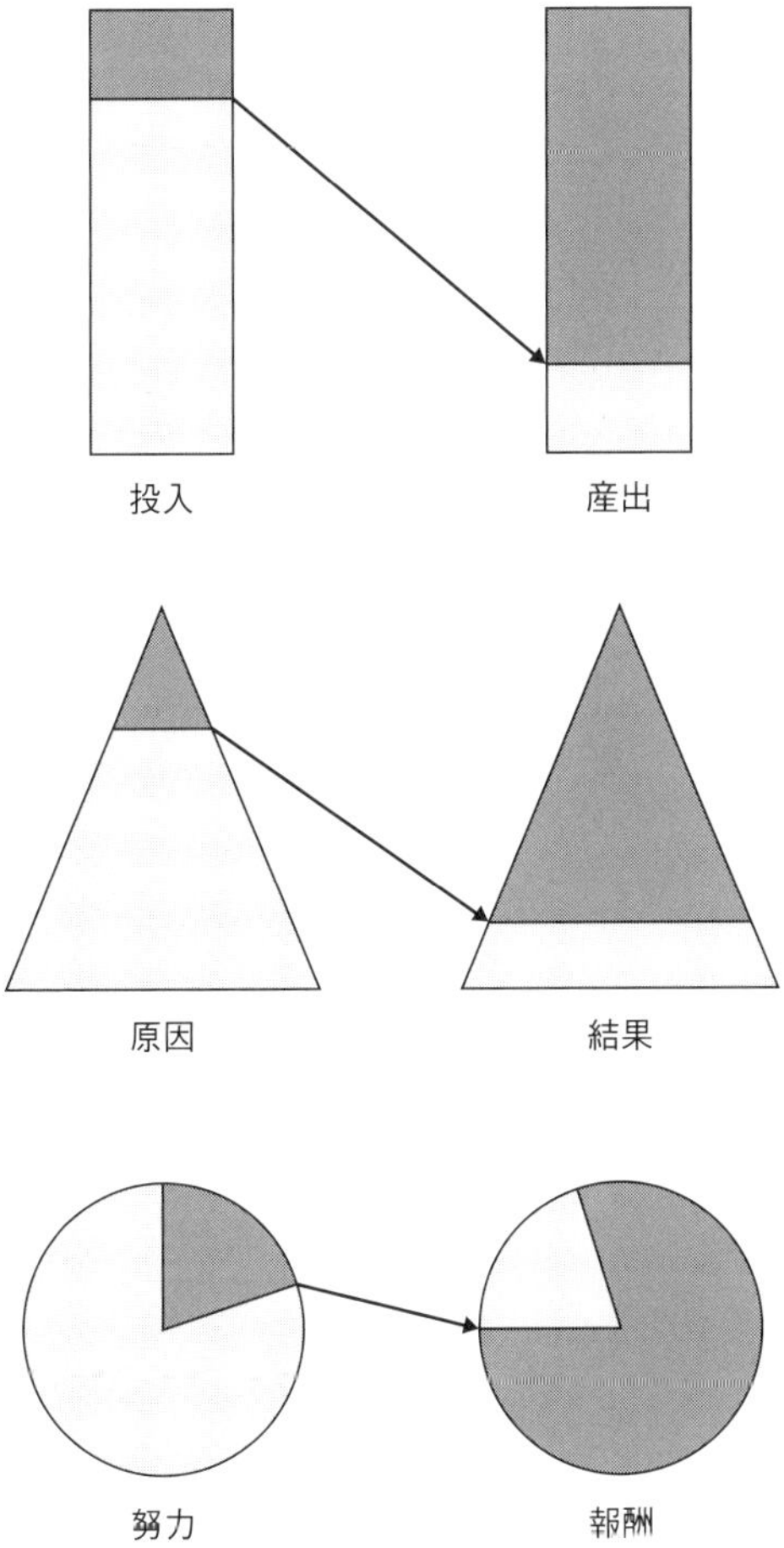

二〇％のドライバーが起こしている。離婚件数の八〇％を二〇％の人たちが占める（この人たちが結婚と離婚を繰り返しているため、離婚率が実態以上に高くなっている）。教育上の資格の八〇％を取得するのは二〇％の子どもたちだ。

家のなかでは、カーペットが擦り切れる部分はだいたい決まっていて、擦り切れる場所の八〇％は二〇％の部分に集中している。洋服も同じものばかり着ていて、八〇％の時間を二〇％の洋服で過ごしている。侵入防止の警報装置があるとすれば、誤作動の八〇％はありうる原因の二〇％で起きている。

エンジンをみても、八〇対二〇の法則が見事にはたらいている。燃料の八〇％は無駄になり、車輪を動かしているのは燃料の二〇％だけだ。投入の二〇％が産出の一〇〇％をもたらしているわけだ。(3)

パレートの発見──体系的で予測可能な不均衡

八〇対二〇の法則の基本原理が発見されたのは、一〇〇年以上前の一八九七年。発見したのはイタリアの経済学者ヴィルフレード・パレートだ（一八四八年〜一九二三年）。「パレートの法則」「八〇対二〇の法則」「最小努力の法則」「不均衡の法則」など、この法則にはさまざまな名前がつけられているが、本書では「八〇対二〇の法則」と呼ぶことにする。パレートの発見以来、この法則は、経営者、コンピューター研究者、品質管理担当者など、責任ある地位につく数多くの人たちに陰ながら大きな影響を与え、現代世界を形づくるのを助けてきた。それでもまだ、この法則が十分に活かされているとは言えない。八〇対二〇の法則を知り、それを活用している賢明な人たちでさえ、この法則がもつパワーを使いこなしていない。

では一体、パレートはどんなことを発見したのか。一九世紀のイギリスにおける所得と資産の分布を眺めていたパレートは、所得と資産が一部の人たちに集中していることに気がついた。これ自体は別段、驚くことではない。パレートはそれに加えて、二つの重大な事実を発見したのだ。一つは、人口に占める割合と、所得・資産に占める割合に、一貫して数理的な関係があるという事実である（この場合、人口というのは、所得がある人たち、資産がある人たちという意味である）[4]。単純にいえば、二〇%の人たちに資産の八〇%が集中している場合[5]、一〇%の人たちに資産の六五パーセントが集中し、五パーセントの人たちに資産の五〇パーセントが集中していると考えられる。大事なのは、パーセンテージではなく、富の分布の不均衡に法則性があり、予測できる、ということだ。

パレートが発見したもう一つの事実は、時代を問わず、国を問わず、集めたデータを調べたかぎり、この不均衡のパターンが一貫して繰り返し現れるということであった。パレートはこの事実を知って興奮した。イギリスの昔のデータを調べてみても、ほかの国のその時点のデータや過去のデータを調べてみても、まさに数学的な正確さで、同じパターンが繰り返し認められたのである。

これは偶然の一致にすぎないのか。それとも、経済や社会にとって、何か重要な意味を含んでいるのか。所得や資産以外にも、同じパターンがみられるだろうか。——パレートは偉大な先駆者だった。所得と資産の分布に注目した人は、パレート以前には一人もいなかったからだ（いまでは、この分布を調べるのはごく当たり前のことであり、そのデータをもとに、ビジネスや経済の研究が大きく進んだ）。

残念なことに、パレートは自分の発見の重要性と適用範囲の広さに気づいていながら、それをうまく説明できなかった。パレートの関心は、魅力はあるが、とりとめのない社会学理論のほうへ移っていき、エリートの研究が中心テーマになった。そして、そのエリート支配論は、晩年、ムッソリーニのファシズムに利用されることになる。数少ない経済学者、とくにアメリカの経済学者はその重要性に気づいていたが[6]、分野がまったく違う二人のパイオニアの手によって、八〇対二〇の法則が息を吹き返すのは第二次世界大戦が終わってからのことである。

一九四九年——ジップの最小努力の法則

パイオニアの一人が、ハーバード大学の心理学教授ジョージ・K・ジップである。ジップは一九四九年、「最小努力の法則」を発見する。正確に言えば、パレートの法則を再発見して、それに磨きをかけたのだ。資源（人材、設備、時間、技能など、生産に費やされるものすべて）は、労力が最小限ですむように自らを調整する傾向があり、資源のわずか二〇％〜三〇％が、活動の七〇％〜八〇％を担う、というのがジップの法則である。[7]

ジップはさまざまな統計や文献、産業活動を調べ、この不均衡のパターンが一貫して繰り返し現れることを示した。たとえば、一九三一年にフィラデルフィアの二〇ブロックで行われた結婚の七〇％が、その地域の三〇％以内に住んでいる者同士の結婚だった。

ちなみに、机の上が乱雑になる理由——よく使うものが近くに引き寄せられる理由も、ジップの法則で科学的に説明できる。賢い秘書なら昔から知っていることだが、よく使う書類はファイルにしないほうがいい。

一九五一年――ジュランの法則と日本の台頭

もう一人のパイオニアは、品質の神様と呼ばれたルーマニア生まれのアメリカ人技術者ジョセフ・モーゼス・ジュラン（一九〇四年～二〇〇八年）である。一九五〇年～九〇年に起こった「品質革命」の仕掛人である。ジュランは品質の改善を追求するにあたり、ほんの一部の要因が全体に決定的な影響を与えるという法則を「パレートの法則」とほぼ同義語として使っていた。

ジュランは一九二四年、ベル電話会社の製造部門ウェスタン・エレクトリックに入社し、エンジニアとして働いたのち、品質管理を専門とする世界有数のコンサルティング会社を立ち上げる。

八〇対二〇の法則にほかの統計的手法を組みわせて、欠陥品をなくし、製品の信頼性と価値を高めようと考えた。一九五一年に出版した画期的な著作『品質管理ハンドブック』の中で、ジュランは八〇対二〇の法則がいかに広範囲にあてはまるか力説している。

経済学者のパレートは、富の分布が不均衡であることを発見した。富ばかりでなく、こうした不均衡は犯罪や事故などの分布にもみられる。そして、欠陥品の分布に

も、このパレートの法則がはたらいている。(8)

ジュランの理論はアメリカの産業界ではほとんど無視された。一九五三年、ジュランは講演のため日本に招かれ、熱い歓迎を受けた。そこで日本にとどまり、日本企業に品質改善を指導した。ジュランが欧米で俄然、注目されるのは、一九七〇年代に入って日本企業がアメリカ企業にとって大きな脅威になってからのことだ。ジュランはアメリカに帰り、日本人に教えたことをアメリカ人に教えはじめた。こうして世界的な品質革命が起こったわけだが、その核心こそが八〇対二〇の法則だったのである。

一九六〇年代から九〇年代——八〇対二〇の法則の活用による進歩

八〇対二〇の法則にいち早く注目し、それを取り入れて大成功した企業がＩＢＭだ。そのため、一九六〇年代から七〇年代にかけて訓練を受けたコンピューターシステムの専門家の多くは、この法則をよく知っている。

ＩＢＭは一九六三年に、コンピューターを使う時間の約八〇％が、全機能の約二〇％に集中していることに気づいた。そこでただちに、頻繁に使われる二〇％の機能がユーザーにとって使いやすくなるようにＯＳ（基本ソフト）を書き換えた。このため、ほとんどのアプリケーションで、ＩＢＭのコンピューターが操作性にすぐれ、処理速度がもっとも速くなった。

アップル、ロータス、マイクロソフトなど、次世代のパソコンとそのソフトを開発した新興企業も、八〇対二〇の法則を活かして、製品価格を下げ、使い勝手をよくし、ユーザーを広げていった。そうして、それまでコンピューターと聞いただけで尻込みしていた人たちまで、パソコンを使うようになったのである。

変わらぬ勝者総取りの現状

パレートが所得分布の不均衡を発見してから一世紀が経ったが、スーパースターら、ごく一部のトップ層だけが途方もない所得を手にし、格差が広がり続ける一方だ。さまざまな議論が巻き起こるなか、八〇対二〇の法則の影響が改めて注目されている。一九九四年の映画監督のスティーブン・スピルバーグの年収は一億六五〇〇万ドル、超売れっ子弁護士のジョセス・ジャメイルの年収は九〇〇〇万ドルだった。もちろん、ごく普通の映画監督や弁護士は、その一〇〇分の一も稼いでいない。

二〇世紀には、所得格差をなくすために大変な努力が行われたが、まるでモグラ叩きのような状況が続いた。アメリカでは一九七三年から九五年までの間に、実質平均所得が三六%増えたが、非管理職・勤労者の平均所得は一四%減っている。一九八〇年代に所得が増えたのは所得上位二〇%の人たちだけであり、所得増加分の六四%もが所得上位一%の人たちに集中していた。

株式の保有も大きく偏っている。わずか五%の世帯が、全世帯が保有する株式の約七五%をもっているのだ。ドルの役割にも同じような傾向がある。アメリカの輸出額は世界全体の一三%を占めるにすぎないが、世界貿易の五〇%近くがドルで決済されている。また、世界のGDP(国内総生産)に占めるアメリカの割合は二〇%強にすぎないが、世界各国の外貨準備に占めるドルの割合は六四%にのぼっている。こうした不均衡の是正に向けて、意識的に相当の努力を続けないかぎり、八〇対二〇の法則は繰り返し現れることになる。

八〇対二〇の法則はなぜ、それほど重要なのか

八〇対二〇の法則が重要なのは、それがなかなか実感として湧かないからだ。どの原因も同じくらい重要だと考えがちだ。お客様はみな神様で、どの事業も、どの製品も、どの売り上げも等しく重要だ。従業員はみな尊重すべし。一日は一日、一週間は一週間、一年

は一年で、大事なことに変わりない。友達はみんな同じように大切だ。問い合わせや電話にはすべて同じように対応しなければならない。大学には行くのがいいに決まっている。どんな問題も、いろいろな原因があるから、一つや二つの原因だけ切り離して考えても仕方がない。何事も成功する確率はほぼ同じだから、どんなチャンスにも目を向けなければならない。――普通はこう考えられている。

原因と結果は釣り合い、投入と産出は釣り合うと考えがちである。そう期待するのはもっともだし、民主的なようにも思える。もちろん、そうなるときもある。だが、五〇対五〇で釣り合いがとれるというのは迷信にすぎず、不正確で有害で、しかも根深い迷信だ。原因と結果のデータを検証し、分析してみれば、ほとんどの場合、大きな不均衡があることに気づく。その比率はまちまちで、六五対三五の場合もあれば、七〇対三〇、七五対二五、八〇対二〇、九五対五の場合もあり、九九・九対〇・一の場合さえある。ただ、その比率の合計は一〇〇になるとはかぎらない（この点については、あとで説明する）。

真実がわかると、不均衡の大きさに驚くことになる。不均衡の度合いはさまざまでも、事前の予想をはるかに超えている。経営者ならたいてい、顧客や製品によって収益性に差があることは知っている。だが、実際の差が明らかになると唖然とする。学校の教師なら、風紀の乱れや長期欠席の問題の大半が、ほんの一部の生徒が原因であることを知っている。だが、調査結果を分析すると、予想以上に特定の生徒に集中していることがわかる。誰でも、有意義な時間とそうでない時間があることくらいは知っているが、実際に投入と産出を測ってみると、極端な差に愕然とするのだ。

八〇対二〇の法則には、もっと注意を払うべきだ。なぜか。意識しようがしまいが、家庭でも、職場でも、社会でも、この法則がつねにはたらいているからだ。八〇対二〇の法則を理解すれば、身のまわりで起きていることがよくわかるようになる。

八〇対二〇の法則をうまく活かせば、日常生活はめざましく改善する——それが本書のいちばん伝えたいことだ。個人なら、メリハリのついた生活で毎日が楽しくなる。企業なら、収益性を大幅に向上できる。非営利団体なら、社会にもっと貢献できる。政府なら、国民の生活をもっと豊かにできる。どんな人でも、どんな組織でも、無駄を避けながら、価値あるものをより多く手に入れることができる。しかも、努力や経費や投資はいままでより少なくていいのだ。

ここで大切なのは、「代替」という発想だ。目的の達成にあまり役立たない資源は、投入しないか投入を控える。逆に、目的の達成に効果的な資源は、できるだけたくさん投入する。どの資源も、それがもっとも価値がある場所で使うのが理想的だ。あまり役に立っていない資源はテコ入れして、役に立っている資源のふるまいを真似させる。

企業と市場は長年、これを実践し、大きな効果を上げてきた。一八〇〇年頃に「起業家《アントレプレナー》」という言葉をつくり出した、フランスの経済学者J・B・セイはこう言っている。「生産性が低い分野から生産性が高い分野に経済資源をシフトさせるのが、起業家である」。だが、八〇対二〇の法則に照らせば、企業も市場もいまだに最適解からはほど遠い状況だ。たとえば、製品、顧客、従業員の二〇％が、利益の八〇％を生み出している。これが本当だとすれば（これまで実施された詳細な調査では、こうした極端な不均衡が確認されている）、現状は効率的な経営、最適な経営からほど遠いことになる。残りの八〇％の製品、顧客、従業員は、利益の二〇％にしか寄与していないのだから、そこにはかなりの無駄があるはずだ。効率の悪い八〇％が、会社を支えている二〇％の足を引っ張っている。良い製品、良い従業員、良い顧客を増やせれば（あるいは、もっと買ってもらえれば）、利益は何倍にも増えるだろう。

そうなると当然、次のような疑問が湧いてくる。企業はなぜ、二〇％の利益しか生まない八〇％の製品をつくり続けるのか。こうした疑問をもつ企業は稀である。なぜなら、この問いに答えようとすると、ただでは済まない。事業の八〇％が中止に追い込まれるかもしれないのだ。

J・B・セイが起業家の役割と呼んだものを、現代の金融専門家は「裁定」と呼んでいる。為替相場をみてもわかるように、国際金融市場では、不合理な価格差があれば、ただちに是正される。だが、企業も個人も一般に、裁定取引が得意ではない。生産性が低い分野から生産性が高い分野に資源を移すこと、役に立っていない資源の投入を抑え、役に立っている資源の投入を増やすことが得意ではない。ほんとうに高い生産性を上げているのはごく一部の資源であり、大半の資源が浪費されているのが現実だが、普段はそのことに気づいていない。生活のあらゆる面で、ジョセフ・ジュランの言う「決定的に重要な少数」と「取るに足らない多数」の差に気づき、何らかの手を打てば、生活はどれほど豊かになることか――。

八〇対二〇の法則とカオス理論

八〇対二〇の現象はあらゆる分野でみられるので、これが何の理由もなく、まったくの気まぐれで起こっているとは、どうにも考えにくい。その背後には、深い意味が隠されているにちがいない。

パレート自身、この不均衡の謎を解こうと、社会学の研究に没頭した。「経験と観察に基づく事実を映し出す理論」、すなわち人間の行動と社会の現象を説明してくれる規則的なパターンや社会の法則性、「統一性」を追い求めた。だが、パレートの社会学は万人を納得させられる理論をついに構築できなかった。八〇対二〇の法則と多くの共通点をもち、その法則を解明してくれるカオス理論が登場するのは、パレートの死後かなり経ってからのことだ。

二〇世紀の最後の三〇年あまりの間に、科学者の世界観に革命が起こり、過去三五〇年の通念が次々と覆されていった。過去三五〇年の通念とは、機械的かつ合理的なものの考え方で、それ自体が神秘的で規則性のない中世の世界観からの大きな進歩だと考えられていた。世の中を動かしているのは不合理で予測不能な神ではなく、時計職人のようにわかりやすい物理の法則なのだ。

一七世紀に生まれ、科学の最先端の分野以外では今なお広く信じられている世界観は、じつに心地よく、便利なものだった。そこでは、すべての現象が予測可能な規則正しい「線形」の関係に還元できた。aが原因でbが生じ、bが原因でcが生じ、aとcが重なり合ってdが生まれるという具合に、すべての現象が直線的に説明できた。この考え方に立てば、人間の心の動きだろうが、個々の市場の動きだろうが、個別に分析することができる。全体は部分の総和であり、部分は全体を分解したものなのだから。

だが二一世紀の現在、全体は部分の総和よりも大きく、部分と部分の関係は直線的でないと考えるほうが、つまり進化する有機体として世界をとらえるほうが、ずっと的を射ているように思える。原因を一つに特定するのは難しく、複雑に絡み合っている。そして、原因と結果の関係は曖昧だ。線形的な思考では説明できないことが次々と現れ、無理やりそれで説明しようとすると、現実を単純化しすぎることがわかってきた。均衡というのは幻想だった。幻想でないとしても、はかないものだった。世界はたえず揺らいでいるものなのだ。

カオス理論は、その名前とは裏腹に、すべてのものが絶望的で理解不能な混乱状態にあると言っているわけではない。そうではなく、無秩序の背後に「自己組織化」の論理、予測可能な非線形の論理が隠れている。経済学者のポール・クルーグマンは、その規則性は「あまりに正確なので、気味が悪い」と書いている[9]。そこに論理があることはなんとなくわかるが、いざ説明するとなると難しい。楽曲の主題の反復に似ていなくもない。ある特徴的なパターンが繰り返し現れるが、その現れ方は千差万別である。

互いに照らし合うカオス理論と八〇対二〇の法則

カオス理論とそれに関連する科学的な概念は、八〇対二〇の法則とどうつながっているのか。一見、何の関係もなさそうだが、わたしに言わせれば大いに関係がある。

《不均衡の法則》

カオス理論と八〇対二〇の法則に共通するのは、均衡の問題、より正確に言うと不均衡の問題である。どちらも膨大な実証的な裏付けをもとに、世界が不均衡であることを示している。世界は線形ではなく、原因と結果が一対一で対応することは滅多にないと言っている。どちらも「自己組織化」を重視し、つねに一部の力が大きな影響力をもち、その力が公平な分配を歪める点に注目している。カオス理論に基づき、さまざまな動きを長期にわたって追っていくと、こうした不均衡がなぜ生まれるのか、どのようにして生まれるかがわかってくる。

《世界は直線的ではない》

八〇対二〇の法則も、カオス理論と同様、非線形という考え方が中心になっている。起こることの大半は取るに足らないもので、無視して差し支えない。ただ、つねに、一部の力が途方もない影響力をもっている。その力を見極め、その力の作用を注意深く見守る必要がある。それが善をなすのであれば、その力を増大させたほうがいいし、悪をなすのであれば、その力を抑える方法を考えなければならない。八〇対二〇の法則は強力なツールであり、どんなものについても、それが非線形かどうかをテストできる。原因の二〇%が、結果の八〇%につながっているかどうか。ある現象の八〇%は、関連する現象の二〇%しか関係がないのかどうか。そう自問してみるといい。この方法は、非線形とはどういうものかを理解するうえで役に立つばかりでなく、不釣り合いに影響力の大きいものを特定するときに役立つ。

《フィードバック・ループが均衡を歪め、乱す》

八〇対二〇の法則は、カオス理論が発見した「フィードバック・ループ」とも一致しているし、それによって説明できる。フィードバック・ループとは、最初はごく小さな動きだったものが、次第にその影響力を増していき、最後には予想もできなかった結果をもたらすが、あとで振り返ってみれば、なぜそうなったかを説明できる、というものだ。このフィードバック・ループがなければ、現象の自然な分布は五〇対五〇になるはずで、一定頻度の投入は、それに見合った産出をもたらすはずだ。実際にそうならないのは、正と負のフィードバック・ループがあるからだ。しかも、強力な正のフィードバック・ループは投入のごく一部にしか影響を与えないようだ。だからこそ、投入のごく一部が途方もない影響力をもつわけだ。

正のフィードバック・ループは、さまざまな分野でみられる。これをじっくり観察すれば、結果的に五〇対五〇ではなく八〇対二〇になるからくりがよくわかる。たとえば、金持ちのところにますますカネが集まるのは、単に本人がすぐれているわけではなく、カネがカネを生むからだ。似たような現象は、池の金魚にも見られる。ほぼ同じ大きさの金魚を池に放しても、時間が経つにつれて、最初はわずかだった体格差がどんどん広がっていく。泳ぐ力と口の大きさにほんのわずかでも差があれば、少しでもたくさんエサを取れる金魚の体が大きくなり、それにつれて一段と泳ぐ力がつき、ますますたくさんのエサを取れるようになり、その金魚がますます大きくなっていく。

《発火点《ティッピング・ポイント》》

発火点も、フィードバック・ループに関連する概念だ。新製品でも病気でもロックグループでも、ジョギングやローラーブレードなどの社会現象や流行でも、ある一点に達するまでは、なかなか人気が出ないし、流行らない。どんなに努力しても、ほとんど報われない。この時点で、多くの先駆者はあきらめてしまう。だが、そこで止めないで、見えない一線を越えることができれば、あとはちょっと油を注ぐだけで、火は一気に燃え上がる。その見えない一線が「発火点」だ。

この概念は、感染症理論から来ている。発火点とは、感染者数が増えて、感染させる恐れが出て、「ごく平凡な現象――普通の風邪の流行が、公衆衛生上の危機」になる一線だ(10)。病気の感染は非線形で、予想外の経過をたどるため、逆に新たな感染者が四万人から三万人に減るという小さな変化が、大きな効果をもたらすこともある。……そして結果はすべて、「変化がいつ、どのようにして起こるかによって変わってくる(11)」

《早い者勝ち》

カオス理論では、入力の差がごくわずかであっても出力に莫大な差が生じる現象を「初期値に対する鋭敏な依存性」[12]と呼んでいる。これは八〇対二〇の法則と呼応し、その理解を助けるものだ。原因のほんの一部が結果の大部分を決定する、というのが八〇対二〇の法則である。現状を写し出したスナップショットにすぎないところに、八〇対二〇の法則自体の限界がある（正確に言えば、スナップショットをとった瞬間、それはもう現在ではなく過去になったということだ）。カオス理論の「初期値に対する鋭敏性」が助けになるのは、この部分だ。最初はごくわずかなリードでも、その差はどんどん広がり、圧倒的に優位になり、均衡が崩れる。そこでまた小さな原因が絶大な影響力を発揮する。

市場にいち早く参入し、競争相手よりも一〇％すぐれた製品を発売した企業は、仮に他社があとでもっとすぐれた製品を開発しても、他社の二倍から三倍の市場シェアを確保できることもある。自動車の大衆化《モータリゼーション》が幕をあけたとき、ドライバーあるいは国民の五一％が道路の右側を走ろうと決めたら、一〇〇％右側通行になる。針のある時計が使われはじめた頃に、時計の五一％が右回りになっていれば、右回りの時計が主流になる。左回りでも一向に不便はなく、実際、フィレンツェの聖堂の大時計は左回りで、二四の目盛りが刻まれているのだが[13]。その聖堂が建てられたすぐあとに、市当局と時計製造会社が一回り一二時間の右回りを標準に定めた。半分以上の時計がそうなっていたからだ。もし、当時の時計の半分以上がフィレンツェの聖堂の時計と同じものであったら、今ごろ、針が左回りで、二四の目盛りがついた時計を使っていたはずだ。

「初期値に対する鋭敏な依存性」の実例は、八〇対二〇の法則とぴったり重なるわけではない。先にあげた実例は、時間とともに変化していくものだが、これに対して八〇対二〇の法則は、ある時点における「静態的な」不均衡状態を示しているだけだ。とはいえ、両者には重要な関係がある。どちらも、世界がいかに均衡を嫌うかを示しているからだ。「初期値に対する鋭敏な依存性」のケースでは、自然に任せておけば、五〇対五〇の均衡は早晩崩れることがわかる。五一対四九になれば、あとは重力の法則に従うかのように九五対五や九九対一に向かって進んでいく。場合によっては一〇〇対〇になることもある。平等も最後は支配に行き着く。それが、カオス理論のメッセージの一つである。八〇対二〇の法則のメッセージはこれとは違うが、それを補足するものだ。ある時点におけるほとんどの現象は、ごく少数の要因によって説明できる、あるいは引き起こされている。これが八〇対二〇の法則の教えるところだ。結果の八〇％は原因の二〇％から起こる。少数が重要で、大多数は重要でないのだ。

八〇対二〇の法則で映画の良し悪しを見分ける

八〇対二〇の法則が見事にあてはまるのが映画である。二人の経済学者が、一年半の間に公開された映画三〇〇本を対象に、興行収入と上映期間を調べた[14]。その結果、四本——わずか一・三パーセントの映画——が全興行収入の八〇％を稼ぎ出し、それ以外の二九六本、九八・七％の映画の興行収入は全体の二〇％にすぎないことがわかった。映画という規制のまったくない市場では、八〇対二〇どころか、八〇対一の関係になっているわけだ。世の中がいかに不均衡かを如実に示した例だといえる。

さらに興味深いのは、その理由だ。映画の観客は、気体の粒子と同じように気ままに振る舞っているにすぎない。カオス理論で認められたとおり、気体も、卓球の玉も、映画の観客もみな不規則に振る舞うが、振る舞いが引き起こす結果は、予想どおり著しく不均衡だ。レビューや公開早々に見た観客の口コミによって、第二陣の観客数の多寡が決まり、その評判によって次の観客数の多寡が決まっていく。『インディペンデンス・デイ』や『ミッション・インポッシブル』のような映画が、満員の映画館で何週にもわたって上映される一方で、『ウォーターワールド』や『デイライト』といった豪華スターがすらりと並ぶ、製作費の高い映画が、あっという間に上映規模を縮小され、姿を消していく。八〇対二〇の法則の凄まじさを物語る例だといえるだろう。

本書の手引

第2章で、八〇対二〇の法則を実践に移し、この法則から派生した有用な方法――八〇対二〇分析と八〇対二〇思考の違いをみていく。八〇対二〇分析は、体系的な計量分析で、原因と結果を比較する。八〇対二〇思考は、もっと幅広く、ざっくりした直観的なもので、心構えと習慣から成る。自分の生活にとって切実な問題は何か、それを引き起こしている重要な原因は何かについて仮説を立てる。それに応じて、優先順位を組み替えて生活を大幅に改善していく。

第Ⅱ部の「企業の成功の奥義」では、ビジネスにおける八〇対二〇の法則の確かな実践法をまとめている。これらは試行錯誤を繰り返してできたもので、その価値は計り知れないが、不思議なことにいまだにビジネスの世界では十分に活用されていない。本書のまとめにはオリジナルなものはほとんどないが、零細企業であれ大企業であれ、大幅な改善を求めている人なら、誰にとってもすこぶる役に立つはずだ。初めてこの本で学んだという人も多いだろう。

第Ⅲ部の「楽して、稼いで、楽しむ」では、八〇対二〇の法則を活用すれば、仕事でもプライベートでも、効率よく楽しめることを示した。これは八〇対二〇の法則の斬新な活用法で、いろいろ不完全なところはあるが、意外な発見につながるはずだ。たとえば、普通の人が幸せを実感したり、成果を上げたりするのは、生活のごく一部のことだ。人生の絶頂期はたいてい伸ばすことができる。「時間が足りない」とよく耳にするが、八〇対二〇の法則を活用すれば、時間は余るものだ。時間はあり余るほどあり、無駄に過ごしているだけだ。

今回の版で新たに加えた第Ⅳ部「八〇対二〇の法則の未来」では、ネットワーク化がますます盛んになることで、この法則の威力も増し、極端な表れ方をするようになった現状を取り上げる。世の中は、八〇対二〇どころか九〇対一〇あるいは九九対一に向かっている。こうした新たなトレンドを踏まえて、どう対処すればうまくいくかを考える。

第Ⅴ部の「八〇対二〇の法則の検証」では、初版を発行してからの読者の反応や、私自身の考え方がどう発展してきたかを紹介しよう。

八〇対二〇の法則は、なぜ朗報なのか

本論に入る前に、ぜひともわたしの信念を述べておきたい。八〇対二〇の法則は大きな

希望をもたらしてくれると信じている。そもそも八〇対二〇の法則は、ごく当たり前の真実をあかるみに出したものだ。いたるところに悲劇的なまでに無駄があふれている。自然の営みにも、企業のなかにも、社会のなかにも、われわれ自身の生活のなかにも……。投入の二〇%が産出の八〇%を生み出すのが典型的なパターンだとすれば、投入の残りの八〇%はいかにも生産性が低いと言わざるをえない。

しかし、無駄が多いからこそ、むしろ希望があるというパラドックスがある。八〇対二〇の法則を工夫して、生産性が低いところを突き止め、その生産性を高めれば、災い転じて福となすことができる。社会と自分の生活をともに見直し、目指す方向を変えれば、改善の余地はいくらでもある。生物の進化でも、科学の進歩でも、社会の発展でも、人間性の向上でも、現状に甘んじず、常識と呼ばれるものを変えようとするところから、すべては始まる。劇作家のジョージ・バーナード・ショーはこう言っている。

> 分別がある者は、自分を世界に合わせようとする。分別がない者は、世界を自分に合わせようと躍起になっている。ゆえに、分別がない者がいなければ、進歩はありえない[15]。

生産性の低い投入を生産性が高い投入並みに改善することができれば、産出は何倍にも増える。創造性と堅い決意をもって八〇対二〇の法則を活用すれば、産出を何倍にも増やせることは、いくつかの企業によって実証されている。

ゴールに到達する道は二つある。

一つは、非生産的なものから生産的なものに、資源を再配分することである。これこそ時代を問わず、あらゆる起業家が成功した秘訣である。丸い穴には丸い杭を打ち、四角い穴には四角い杭を打つ。どの資源にも、その潜在力をもっとも活かせる場所があることを経験則が示している。

もう一つの道は、科学者、医師、宣教師、コンピューターシステム設計者、教育者、研修講師が活用している方法だ。資源の配分は変えずに、非生産的な資源の生産性を高めるべく、生産性の高い資源を手本に学習に力を入れようという発想だ（必要なら、どんなに退屈な反復練習も取り入れる）。

それには、大活躍している少数のものを探し出す必要がある。それが何かがわかったら、それを養い育て、増やしていく。同時に、無駄なもの——箸にも棒にもかからない多数のものは、捨てるか、大幅に減らさなければならない。

本書を書くにあたって、数え切れないほどの八〇対二〇の法則の実例を調べていくうちに、わたしの確信はますます深まった。人間は進歩するもの、それも飛躍的に進歩するものであり、人間には（個人にも組織にも）世界を変える力があるということだ。ジョセフ・フォードはこう言っている。

神は宇宙を相手にサイコロで遊んでいる。ただし、それは鉛を詰めたいかさまのサイコロだ。神がそうして遊ぶのは、目の出方に何か法則性があるかどうかを調べ、人間がそれをどう利用できるかを知りたいからである(16)。

まさにそのために役立つのが、八〇対二〇の法則なのである。

第2章 八〇対二〇の法則の考え方

第1章では、八〇対二〇の法則の背後にある概念を説明した。この章では、その法則を実際にどう活かすか、その法則がどう役立つかを説明する。「八〇対二〇分析」と「八〇対二〇思考」によって、現実を理解し、生活を改善するために役立つ実用的な発想を身につけよう。

八〇対二〇の法則の定義

原因と結果、投入と産出、努力と報酬の間には、必ず不均衡が生じるというのが、八〇対二〇の法則である。一般に、原因と投入と努力は、二つのカテゴリーに分けられる。

●ほとんど影響力がない多数

●圧倒的な影響力をもつ少数

結果と産出と報酬は、それを生み出そうとした原因と投入と努力のほんの一部から引き出されることが多い。したがって、原因と結果、投入と産出、努力と報酬の関係は通常、不均衡になる。

この不均衡を数量的に測定できる場合、その比率はだいたい八〇対二〇になる。たとえば、世界全体のエネルギーの約八〇％を、世界人口の約一五％が消費している。(1) 世界全体の富の八〇％を、世界人口の二五％が所有している。(2) 医療の分野では、国民の二〇％、疾病の二〇％が、国民医療費の八〇％を使うようになるという。(3)

図表2と図表3に、八〇対二〇のパターンを示した。製品が一〇〇種類あり、そのうちの二〇種類の製品が利益全体の八〇％を占めている企業を思い浮かべてほしい。図表2の左の棒グラフは一〇〇種類の製品から成り、一つの製品の構成比は一％である。右の棒グラフは、一〇〇種類の製品がもたらす会社全体の利益だ。収益性の高い製品から順番に上から埋めていく。もっとも収益性が高い製品が、利益全体の二〇％を占めているとしよう。つまり、図表2は、一つの製品、全製品のわずか一％が、利益全体の二〇％を稼ぎ出していることを示している。濃い影をつけた部分が、この関係を示している。

利益全体に占める割合を、収益性が高い順番に二〇番目の製品まで加算していき、その結果を示したのが図表3である（これはもちろん、法則を説明するための架空の企業例である）。製品の二〇％が利益の八〇％を占め（濃い影をつけた部分）、製品の八〇％が利益の二〇％にしか寄与していないことになる。

八〇対二〇というのは目安にすぎず、不均衡がもっと大きくなる場合もあれば、小さくなる場合もある。だが大半の場合、五〇対五〇よりもはるかに八〇対二〇に近くなる。先にあげた例で、一〇〇種類の製品がすべて、同じ利益を上げていたとすると、その関係は図表4のようになる。

注目すべきポイントは、このような調査を行ってみると、図表4より図表3のパターンのほうが圧倒的に多いことだ。必ずといっていいほど、ごく一部の製品が利益の大半を稼ぎ出している。

もちろん、その不均衡の比率が八〇対二〇になるとはかぎらない。八〇対二〇という数字をみると、不均衡の度合いがわかりやすいが、それが唯一のパターンではない。製品の三〇％が利益の八〇％を稼ぎ出し、製品の一〇％が利益の八〇％を稼ぎ出すこともある。つまり、両者の合計が一〇〇になるとはかぎらないが、通常、図表4よりも図表3のほうに近くなる。

八〇と二〇を足すとちょうど一〇〇になるために、誤解を招きやすいかもしれない。八〇対二〇という対比はすっきりしていておぼえやすいが、八〇対二〇の法則というとたん

■図表2　典型的な80対20のパターン①

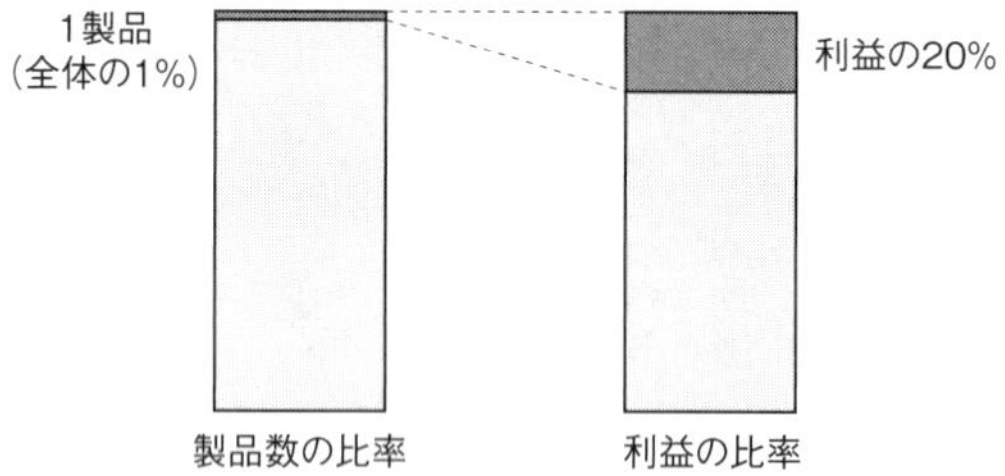

製品の1%が利益全体の20%を占める

■図表3　典型的な80対20のパターン②

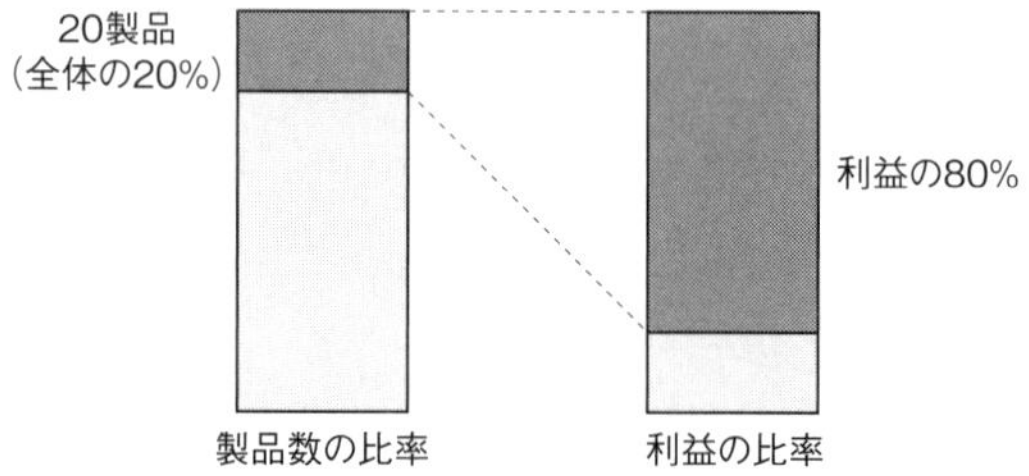

製品の20%が利益全体の80%を占める

■図表4　めったにない50対50のパターン

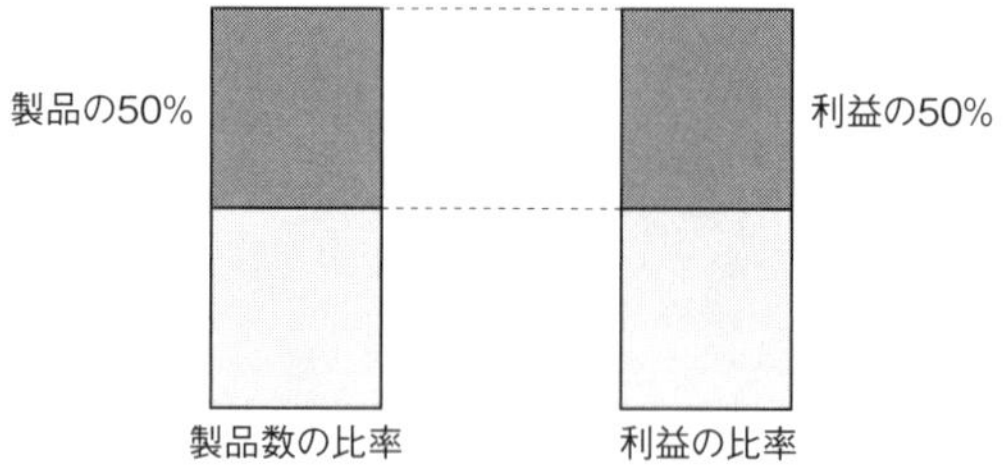

製品の50%が利益全体の50%を占める

なる百分率と混同しやすい（じつは五〇対五〇、七〇対三〇、九九対一などもそうだ）。だが、これは百分率ではない。たとえば、右利きの人が八〇％いて、左利きの人が二〇％いる場合、これは八〇対二〇の法則とは関係がない。八〇対二〇の法則を適用するには、ともに合計が一〇〇％になる二つのデータを用意しなければならない。一つは人や製品の内訳で、それに対応する売り上げや利益などの変数と比較するわけだ。

八〇対二〇の法則はどう役に立つか

わたしが知っている範囲で、八〇対二〇の法則を真剣に受けとめた人はみな、例外なしに貴重なヒントをつかんだ。なかには、人生がすっかり変わってしまった人もいる。ただ、仕事や生活は人それぞれだから、自分に合ったやり方を見つけなければいけない。工夫次第で、活用法は必ず見つかるはずだ。第Ⅲ部（第9章から第16章）で、みなさんの旅立ちをお手伝いしたいと思うが、その前に、わたし自身の経験から、参考になりそうなものをいくつか紹介しよう。

わたしにとって、八〇対二〇の法則はどのように役立ったか

わたしがオックスフォード大学の学生だったとき、指導教官から次のようなことを言われた。

「本は、その気になればいくらでも速く読める。だが、楽しみのための読書は別にして、最初から最後まで読んではいけない。勉強するときは、本を全部読まずに、その言わんとするところを素早くつかめ。まず結論を読み、次に序論を読み、それから結論を読み返し、あとは面白いところだけ拾い読みしろ」

その教官が言いたかったのは、こういうことだろう。本の価値の八〇％は、ページ数にして二〇％以下の中に見つけることができる。だから、通読する時間の二〇％で、本の価値の八〇％を吸収できる。

わたしはこの勉強方法を取り入れ、さらに工夫してみた。オックスフォード大学には、日頃の学習態度を評価するシステムがなく、成績はすべて学期末試験の点数で決まる。わたしは過去の試験問題を調べてみた。すると、問題の少なくとも八〇％（場合によっては一〇〇％）が、その学科に関する二〇％の知識で十分に答えられることがわかった。そのため、広い知識をもつ学生より、狭い範囲の知識しかない学生のほうが高得点を取るケー

スが出てくる。

そのことがわかってから、勉強の能率が格段に上がった。そして、必死に勉強することなく、最優秀の成績で学位を取った。以前はオックスフォードの教授陣が間抜けなのだと思っていたが、今にして思うと、世の中の仕組みを教えてくれた貴重な機会だったような気がする。

シェルに入社したわたしは、製油所に配属された。精神を鍛えるには格好の職場だったかもしれないが、わたしのように実務経験のない若造が手っとり早く稼ぐには、経営コンサルタントになるのがいいと気がついた。そこでフィラデルフィアに行き、ウォートン・ビジネス・スクールに入り、大学時代の勉強方法を取り入れて楽々とMBAを取得した。それからアメリカの大手コンサルティング会社に入ったのだが、最初にもらった報酬は、シェルを辞めたときの四倍だった。わたしと同年代の人たちがもらう報酬の八〇％が、二〇％の職業に集中しているのは疑いようがなかった。

その会社には、頭の切れる同僚がたくさんいたので、勝ち目がないとみて、経営戦略を専門にする小さなコンサルティング会社に移った。その会社を選んだのは、先の会社よりずっと成長していて、おまけに出世を阻む手強いライバルが少なかったからだ。

どんな仕事をするかよりも、どこで働くかが重要

わたしはそれから、八〇対二〇の法則の数々のパラドックスに出くわした。当時の経営戦略専門のコンサルティング業界はいまと変わらず飛ぶ鳥を落とす勢いだったが、成長の八〇%を占める会社のコンサルタントの数は、業界全体の二〇%にも満たなかった。そして、報酬や地位がどんどん上がっていくのも、一握りの会社にかぎられていた。そこでは、才能はほとんど関係なかった。事実、わたしは最初の会社を辞め、別の経営戦略コンサルティング会社に移籍したが、両方の会社の平均知的水準を引き上げたのだ。

とはいえ、新しい会社の同僚が、前の同僚よりも効率よく働いている様子を不思議に思った。あくせくしているようにはみえない。どんな秘訣があるのだろう。二つの点で、八〇対二〇の法則をうまく活用していたのだ。第一に、たいていの企業がそうだが、利益の八〇%はわずか二〇%のクライアントがもたらすことを知っていた。コンサルティング業界で大事な顧客と言えば、大口のクライアントと長期のクライアントだ。大口のクライアントの場合はプロジェクトの規模が大きくなるから、それだけ低コストの若いコンサルタントをたくさん使えるメリットがある。長期のクライアントの場合は強い信頼関係ができているので、クライアントはあえてコストをかけてまでよその会社に乗り換えようとはし

ない。さらに長期のクライアントは、料金にさほど神経質にならないという傾向がある。たいていのコンサルティング会社では、新規のクライアントを獲得した者がヒーローになる。ところが、わたしが移った会社では、既存の大口クライアントの関係を維持する者がヒーローだった。そのヒーローは、クライアントの経営陣と親密な関係を築くことに力を入れていた。

第二に、どんなクライアントでも、成果の八〇%は重要な問題の二〇%に的を絞ることから生まれる点に気づいていたことだ。重要な問題というのは、コンサルタントからみて面白い問題とはかぎらない。ほかのコンサルティング会社が総花的に問題点と対策を羅列し、実行をクライアント任せにしていたのに対し、わたしの会社は最重要課題に的を絞り、クライアントが重い腰をあげて課題に取り組み、成果を上げるまで粘り強く尻を叩いていた。その甲斐あって、クライアントの利益は急増し、コンサルティング予算も大幅に増額されることがよくあった。

働くのは、他人を豊かにするため？　それとも自分を豊かにするため？

経営戦略専門の二つのコンサルティング会社で働いてみて、努力が報酬に直結しないことはすぐにわかった。あくせく働いても、働く場所を間違えると流した汗は報われない。

入力よりも出力に注意を払うべきなのだ。肝心なことさえわかっていれば、必ずよい結果が出る。いくら頭がよく、勤勉な人でも、よい結果が出るとはかぎらない。わたし自身、何年もの間、罪悪感に苛まれたうえ、周りに合わせろという圧力もあって、この教訓を十分に活かせなかった。わたしは働きすぎていたのだ。

わたしが勤めていたコンサルティング会社には、専門のコンサルタントが数百人いて、わたしも含めてパートナーが三〇人ほどいた。それだけの人間がいながら、会社の利益の八〇％が、たった一人のパートナー、つまり会社の創業者の懐《ふところ》に入っていた。その彼がパートナーに占める割合は四％未満、全スタッフに占める割合は一％にも満たなかったにもかかわらずだ。

わたしは、それに納得できず、二人のジュニア・パートナーと組んで、新しく会社をつくることにした。やることは前とまったく同じだ。新会社は、数百人のコンサルタントを抱えるまでになった。やがて創業者三人は、どんな尺度でみても、価値ある仕事の二〇％もやっていないのに、利益の八〇％以上を懐に入れることができるようになった。

だが、また罪悪感に苛まれはじめた。会社創立の六年後、わたしは会社を辞め、持ち株をほかのパートナーに売り払うことにした。当時、会社の売り上げも利益も倍々で増えていたので、高値で引き取ってもらうことができた。その後ほどなく、アメリカの景気は後退し、コンサルティング業界は打撃を受けた。わたしはあとで、罪悪感など捨てなさいと読者にアドバイスするつもりだが、このときは罪悪感が幸いした。八〇対二〇の法則にしたがう者であっても、多少の幸運は必要だ。そしてわたしは、つねに身に余る幸運に恵まれてきたように思う。

資産を増やすなら、働くより投資

わたしは、自分がつくったコンサルティング会社の株を手放して得た資金の二〇%で、システム手帳で有名なファイロファックス社の株を買った。投資アドバイザーは目を剝いた。当時、わたしは上場企業二〇社ほどの株式を保有していたが、ファイロファックス社の株(持ち株数に占める割合は五%)が、ポートフォリオの時価総額の約八〇%を占めていたからだ。幸い、この不均衡はさらに拡大した。その後の三年で、ファイロファックスの株は何倍にも値上がりしたからだ。そして一九九五年にその一部を売却したとき、株価は買値の一八倍近くになっていた。

わたしは、ほかにも大きな勝負に出た。ベルゴという開店まもないレストランと、当時まだホテルを一つも開業していなかったMSIというホテル・チェーンに多額の投資をしたのだ。ファイロファックス、ベルゴ、MSIの三社をあわせた株式購入額は、わたしの純資産の約二〇%にすぎなかったのだが、三社の株式はその後の投資収益の八〇%以上を占めた。いまでは純資産がかなり膨らんだが、その八〇%以上を三社の投資収益が占めている。

第14章で詳しく述べるが、長期株式投資の場合、たいてい資産の増分の八〇%以上が、初期投資の二〇%未満から生み出される。その二〇%の選択を間違わず、それにできる限り集中投資するのが成功する秘訣だ。すべての卵を一つの籠に入れてはいけない、というのが従来の投資の鉄則だが、一つの籠を慎重に選び、その中にすべての卵を入れ、あとは鷹のようにそれを見守る、というのが八〇対二〇の投資の鉄則なのである。

八〇対二〇の法則の利用法

八〇対二〇の法則の利用法は二つある。それをまとめたのが図表5だ。

一つは、「八〇対二〇分析」であり、これは原因と結果、投入と産出、努力と報酬の関係を正確に見極める数量分析である。まず、八〇対二〇の関係が存在すると仮定して、データを集めて、ほんとうの関係をあきらかにする。実証的な分析をしてみると、五〇対五〇という結果になるかもしれないし、九九対〇・一という結果が出てくるかもしれない。投入と産出の間に(たとえば六五対三五や、それ以上の)大きな不均衡があることがわかっ

■図表5　80対20の法則の利用法

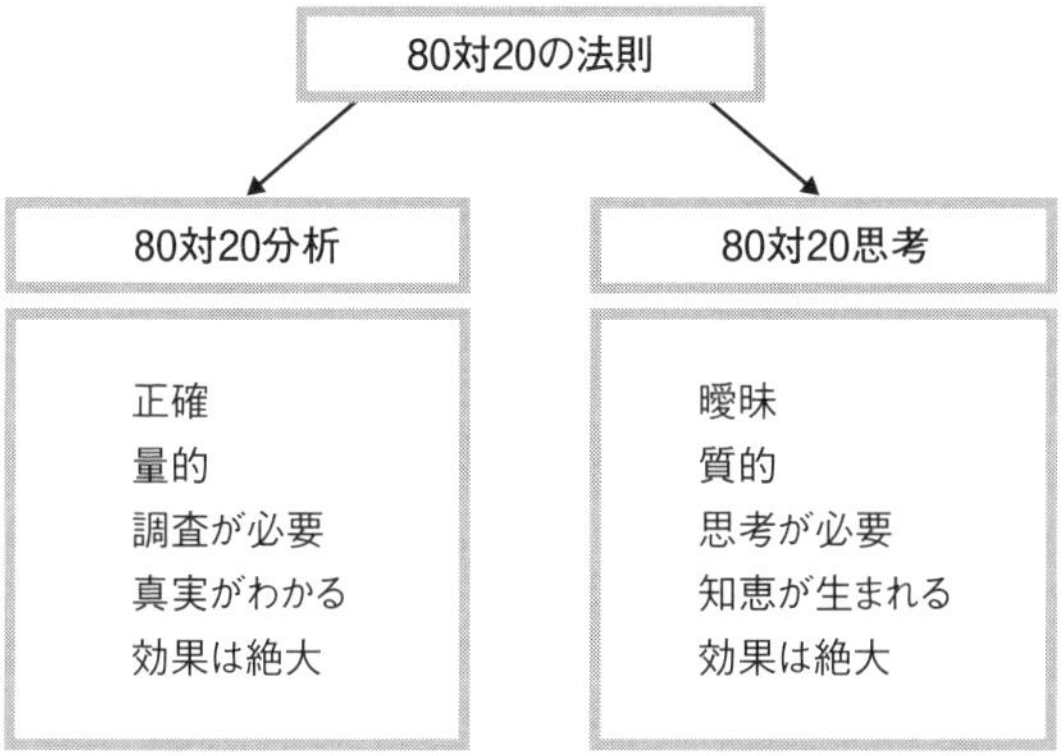

たら、そのときに取るべき行動については、あとで詳しく紹介する。

八〇対二〇の法則のもう一つの補完的な利用法は、「八〇対二〇思考」である。これは、自分にとって重要な問題をじっくり考え、八〇対二〇の法則がその分野でも通用するかどうかを見極めることである。法則が通用すると思えば、それに基づいて行動する。この場合、データを集める必要はないし、仮定を検証する必要もない。それゆえ、結果を大きく左右する二〇%が何であるか、とうにわかっていると高をくくって、判断を間違う場合もある。そうは言っても、常識的な考え方よりずっと判断ミスは少ないと断言したい。「八〇対二〇思考」は「八〇対二〇分析」より手軽で、早く答えが出る。ただし、問題がとくに重要で、自分の判断に自信がもてない場合は、「八〇対二〇分析」をお勧めする。
まずは「八〇対二〇分析」を取り上げ、そのあと「八〇対二〇思考」をみることにしよう。

八〇対二〇分析

八〇対二〇分析は、比較可能な二つのデータの関係を検証するものである。一方のデータは人や物の集合であり、通常、データ数は一〇〇以上で、百分率で表すことができる。もう一方のデータは、その人や物の興味深い特徴に関するデータであり、やはり百分率で表すことができる。

一例として、たまにビールを飲む友人一〇〇人を対象に、この分析を行ってみた。友人一〇〇人に、前の週にグラス何杯のビールを飲んだかを聞く。ここまでは、ごく普通の統計手法と変わらない。「八〇対二〇分析」がユニークなのは、飲んだ量を多い順に並べ、順位のパーセンテージと、飲んだ量のパーセンテージを比較する点にある。

友人一〇〇人全員に、前の週にグラス何杯のビールを飲んだか聞き、多い順に並べる。図表6に、上位二〇人と下位二〇人のデータを示した。

■図表6　飲んだビールの杯数, 上位と下位20人

順位	名前	飲んだビールの杯数	同累積杯数
	上位20人		
1	チャールズ・M	45	45
2	リチャード・J	43	88
3=	ジョージ・K	42	130
3=	フレッド・P	42	172
5	アーサー・M	41	213
6	スティーブ・B	40	253
7	ピーター・T	39	292
8	レッグ・C	37	329
9=	ジョージ・B	36	365
9=	ボンバー・J	36	401
9=	ファティ・M	36	437
12	マリアン・C	33	470
13	スチュワート・M	32	502
14	チェリル・W	31	533
15=	ケヴィン・C	30	563
15=	ニック・B	30	593
15=	リッキー・M	30	623
15=	ニジェル・H	30	653
19	グレッグ・H	26	679
20	キャロル・K	21	700
	下位20人		
81=	ルバート・E	3	973
81=	バトリック・E	3	976
81=	アン・B	3	979
81=	ジャミー・R	3	982
85=	ステファニー・F	2	984
85=	カーリー・S	2	986
87=	ロベルタ・F	1	987
87=	パット・B	1	988
87=	ジェームズ・P	1	989
87=	チャールズ・W	1	990
87=	ジョン・T	1	991
87=	エドワード・W	1	992
87=	マーゴ・L	1	993
87=	ロサベス・M	1	994
87=	シャーリー・W	1	995
87=	グレッグ・P	1	996
87=	ギリー・C	1	997
87=	フランシス・H	1	998
87=	デヴィッド・C	1	999
87=	ダーリン・B	1	1000

■図表7　ビールを飲んだ友人の度数分布

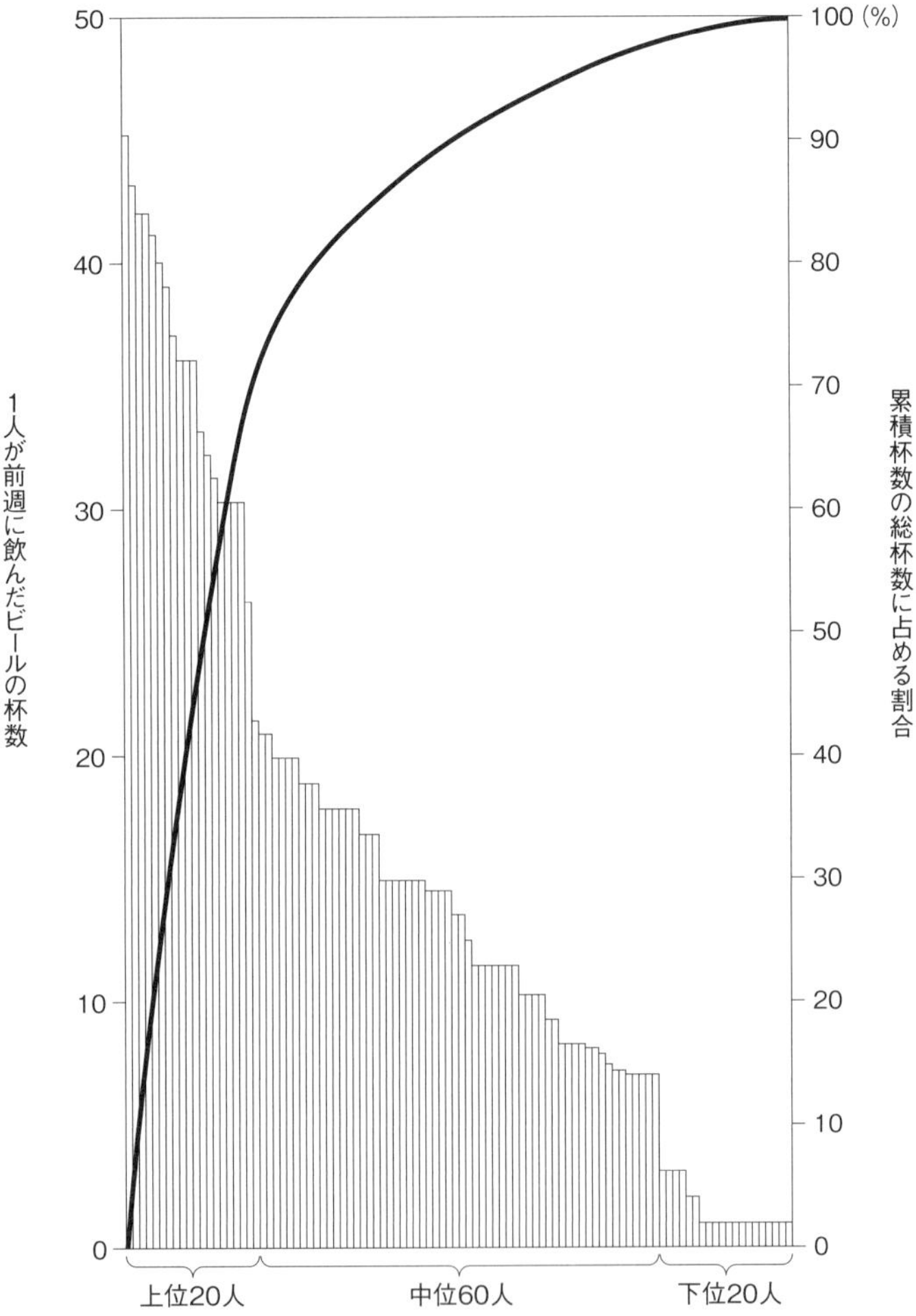

八〇対二〇分析では、友人と飲んだビールの量という二つのデータのパーセンテージを比較することができる。このケースでは、飲んだビールの総量の七〇%を、友人の二〇%が消費したことがわかる。したがって、これは七〇対二〇の関係にあるということになる。図表7は、このデータを視覚的に理解するため、度数分布をグラフにしたものである。

「八〇対二〇分析」と呼ぶ理由

こうした関係を比べてみると、測定する数量の八〇%が人や物の二〇%に起因していることが多かった（こうした観察は、一九五〇年代から盛んに行われていたようだ）。分析の結果が正確に八〇対二〇にならなくても（統計的に、ぴったり八〇対二〇になることは少ない）、こうした不均衡の関係は「八〇対二〇」と呼ばれるようになった。そして、この「二〇」が、下位の二〇%ではなく、上位の二〇%を意味するところがポイントである。八〇対二〇の法則はこれまで、投入と産出の関係を数量的、実証的に測定するために幅広く使われてきたが、この測定方法を、わたしが「八〇対二〇分析」と命名したのである。

「友人一〇〇人が飲んだビール」のデータをみると、下位二〇%が飲んだビールはグラス三〇杯（全体の三％）にすぎないことがわかる。それなら、「三対二〇」の関係と呼んでもよさそうなものだが、そういう言い方はあまりしない。たいてい影響力の大きい人や原因に注目する。ビール会社が販売促進や嗜好調査をしたいと思えば、上位二〇％（ビールをたくさん飲む人）にはたらきかけるのがいいに決まっている。

先の例では、友人一〇〇人で合計一〇〇〇杯のビールを飲んだわけだが、友人のうち何人（何％）で、八〇〇杯（八〇％）のビールを飲んだかを調べてみよう。図表6には出てこないが、二八位のマイクが一〇杯飲んでいて、一位から二八位までを累計すると、ちょうど八〇〇杯になる。したがってこの関係は八〇対二八であり、友人のわずか二八パーセントで全体の八〇％を消費したことになる。

この例からもあきらかなように、実際に「八〇対二〇分析」をしてみて、どんなデータが出てくるかはわからない。ただはっきりしているのは、不均衡が大きいほど興味深く、データの利用価値は高まるということだ。たとえば、友人全員が八杯ずつビールを飲んだことがわかったとしたら、ビール会社は販売促進や市場調査の対象として、この一〇〇人には興味を示さないだろう。この場合は、二〇対二〇の関係（「上位」二〇％の友人が全体の二〇％のビールを飲んだ）、あるいは八〇対八〇の関係（友人の八〇％が全体の八〇％のビールを飲んだ）ということになる。

八〇対二〇の関係がよくわかる棒グラフ

八〇対二〇分析は、二つの棒グラフを比較することで、ある時点の状況を静止画で見事にとらえる。とくに先の例にはぴったりだ。（図表2—4は棒グラフだった）。図表8の左の棒グラフは、一〇〇人の友人を表し、各人が一％ずつを占め、飲む量が多い順に上から並べている。右の棒グラフは、各人（そして全員）が飲んだ量を示す。どの順位にいる友人がどれだけ量を飲んだかがわかる。

図表8は、（図表7からわかったこと）を示したもので、友人の二〇％が全体のビール消費量の七〇％を占めていることがわかる。図表8のシンプルな棒グラフは、図表7からデータを取り、左から右ではなく、上から下に並べていったものだ。好きなほうを使えばいい。

友人の何％で全体の八〇％を消費したのかを知りたい場合は、図表9のように少し手を加えたグラフを描く。二つの棒グラフは、八〇対二八の関係を示しており、友人の二八％で全体の八〇％のビールを飲んだことが一目でわかる。

■図表8　70対20の法則

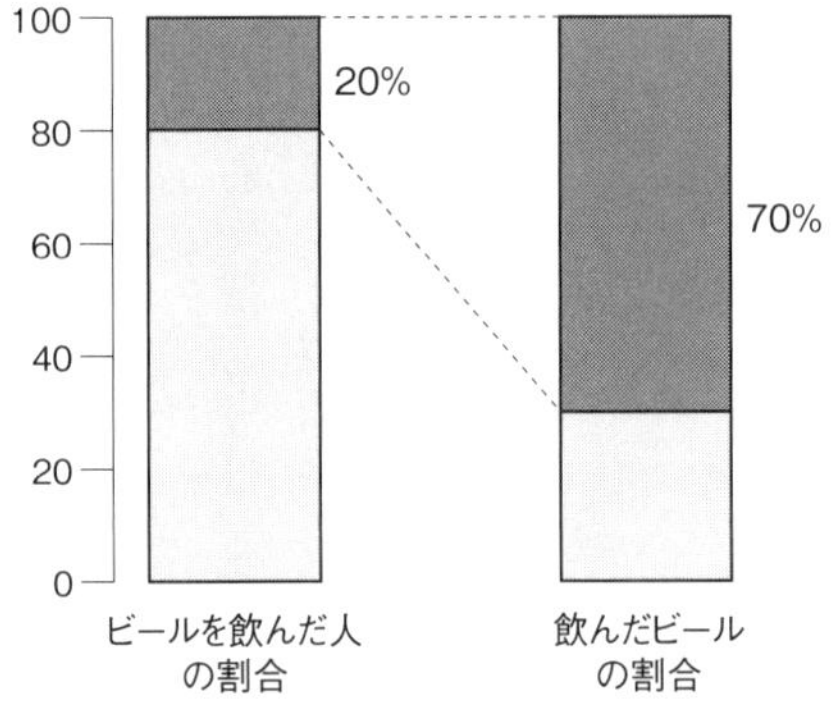

■図表9　80対28の法則

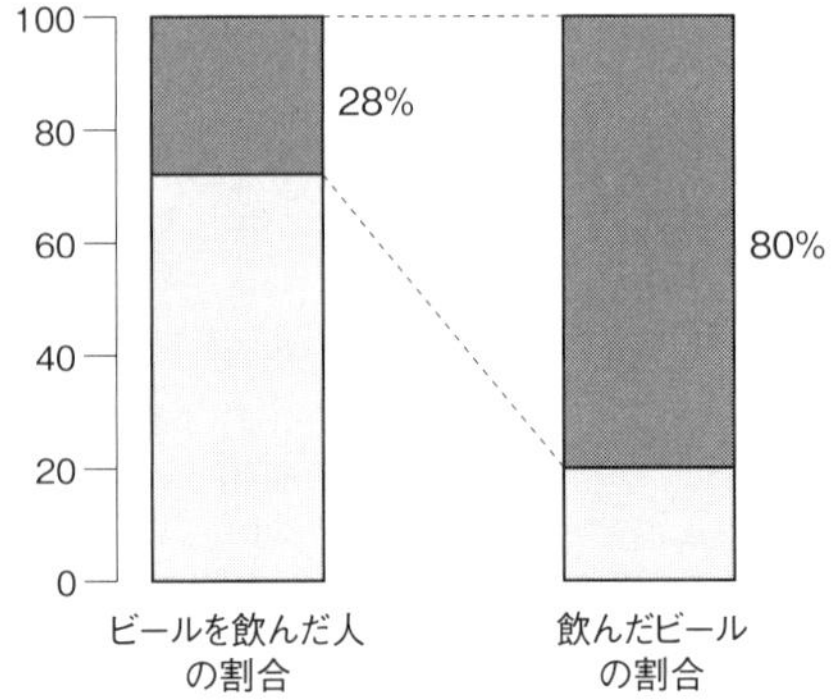

「八〇対二〇分析」をどう活用するか

何のために「八〇対二〇分析」を行うかと言えば、分析対象の関係を変えるため、あるいは、その関係をうまく利用するためである。

その関係を生み出している主な原因——産出の八〇％（正確な数字は何であれ）につながる投入の二〇％に集中するのが、一つのやり方だ。調査対象の二〇％が、ビール全体の七〇％を消費しているとすれば、ビール会社は販売促進のターゲットをその二〇％に絞るべきだ。その二〇％に自社ブランドを選んでもらい、あわよくば飲む量も増やしてもらう。グループ全体の三〇％しか消費しない残り八〇％については無視してもかまわない。そのほうが、販売促進の効率はぐっと高まる。

同様に、利益の八〇％は顧客の二〇％がもたらしていることがわかった場合、企業はその二〇％の顧客の満足度を高め、取引を増やすことに注力すべきだ。すべての顧客に等しく気を配るより、ずっと効率的で、見返りも大きい。また、利益の八〇％を製品の二〇％がもたらしていることがわかった場合も、その二〇％の売り上げを伸ばすことに力を入れるべきだ。

ビジネス以外の分野にも同じことが言える。たとえば、自分が楽しんでいる余暇の活動をすべて分析してみる。二〇％の活動から充実感や満足度の八〇％を得ているのに、余暇時間の二〇％しか使っていないとすれば、その活動にあてる時間を少なくとも八〇％にまで増やすことは理に適っている。

道路の渋滞も同じだ。渋滞の八〇％が、道路全体の二〇％で起きている。毎日同じ道を通って通勤しているとすれば、遅れの八〇％は交差点の二〇％で起こる。だとすれば、当局がとるべき措置は、渋滞の激しい交差点（全体の二〇％）の交通整理に全力をあげることだ。四六時中、すべての交差点で交通整理を行うのは大変なコストがかかるが、一日のうちの二〇％の時間、二〇％の交差点で交通整理を行うだけなら効果的だ。

「八〇対二〇分析」には、もう一つ大きな狙いがある。それは、産出や業績の二〇％にしか貢献していない「出来の悪い」八〇％について、何らかの手を打つことだ。たまにしかビールを飲まない人でも、もっと口当たりのいいビールができれば、飲む回数が増えるかもしれない。いまは大して楽しめていない娯楽でも、工夫すれば、もっと楽しくなるかもしれない。教育の現場では現在、大学の教授法をまねた双方向学習が取り入れられ、教師から無差別に生徒に質問するようになっている。かつては八〇対二〇の法則よろしく、質問の八〇％を発するのは生徒の二〇％にかぎられていたが、こうした状況を変えようというわけだ。アメリカのショッピング・モールでは、人口の約五〇％にすぎない女性が、売り上げの七〇％を占めていることがわかっている。(4) 男性客の売り上げを増やすには、専門店を増やすのも一つの方法だ。

「八〇対二〇分析」の第二の利用法は、ときにはきわめて有効で、「出来の悪い」工場の生産性を大きく向上させてきたが、第一の利用法にくらべると、労力がかかる割に成果は少ない。

「八〇対二〇分析」を線形的に適用してはいけない

「八〇対二〇分析」の使い方を考える際に、注意すべき点がある。シンプルで便利な道具に共通して言えることだが、「八〇対二〇分析」もまた、誤解され、誤用されるおそれがある。新しい発見をするためではなく、従来の考え方を正当化するために使われかねないのだ。「八〇対二〇分析」の使い方を間違え、線形的に利用すると、道に迷い、見当違いの方向に進む。落とし穴にはつねに注意が必要だ。

書籍販売の例で説明しよう。時や場所を問わず、たいてい販売部数の約八〇%を、約二〇%の書籍（タイトル）が占めている。八〇対二〇の法則をよく知っている人なら、別に驚くことではない。ならば、書店は取り扱う点数を大幅に減らし、ベストセラーだけを店頭に並べればいいのだろうか。だが不思議なことに、たいていの場合、そうすると書店の利益はかえって減るのである。

だからといって八〇対二〇の法則などあてにならない、というわけではない。理由は二つある。第一に、考えなければならないのは、売れている本の分布ではなく、顧客が何を求めているかである。わざわざ書店に足を運ぶのは、いろいろな本があるからだ（駅の売店やスーパーにそういう期待はしない）。書店がやるべきことは、利益の八〇％をもたらす顧客の二〇％に注目し、この二〇％の人たちが何を求めているかを正確につかむことだ。

第二に、（顧客ではなく）本を考える場合でも、大切なのは、販売部数の分布ではなく、利益の分布である。つまり、販売部数の八〇％を占める二〇％の本ではなく、利益の八〇％を占める二〇％の本に注目しなければならない。利益の大きな割合を占めるのは、いわゆるベストセラーや有名な著者の本ではないことが少なくない。アメリカで行われた調査によると、ベストセラーが販売部数全体に占める割合は、じつは五％程度にすぎない。[5]ベストセラー・リストに載らないものの、何年経っても売れ行きが落ちず、利幅が大きい本が、ほんとうのベストセラーだと言えるかもしれない。先の調査結果にはこう書いてある。「在庫の中核をなしているのは、季節にかかわりなく売れる本である。こうした本が、八〇対二〇の法則の八〇に相当し、その分野の販売部数でかなりの割合を占めているケースが多い」

この話は大いに参考になる。重要なのはつねに、どの顧客、どの製品が利益の八〇％をもたらしているかであって、「八〇対二〇分析」がまったく役に立たないわけではないのだ。とはいえ、いい加減な使い方をすると火傷することになるのもたしかだ。

八〇対二〇の法則を使うときには、固定観念を捨てて、他人が行かない道を探さなければならない。誰もが注目している変数（この場合は、最近のベストセラー・リストに載っている本）に目を奪われ、みなと同じように、ベストセラーさえ山積みにしておけば儲かるなどと考えてはいけない。これは線形的な発想だ。貴重なヒントは、多くの人が見過ごしている非線形の関係に目を向けることから得られるものだ。

もうひとつ、注意しておく点がある。「八〇対二〇分析」は、ある時点の状況の「静止画像」を分析したものであり、時間の経過にともなう変化を考慮していないので、うっかり間違ったシーンや不完全なシーンを静止画像にしてしまうと、不正確な答えしか出てこない。

「八〇対二〇思考」がなぜ必要なのか

「八〇対二〇分析」はすこぶる役に立つツールだが、分析が苦手な人も多いだろうし、得意な人でも、決断を迫られる度にいちいちデータを調べるわけにはいかないものだ。そんなことをしていると、なかなか先には進めない。これまでとくに重要な決断が、分析によって下されてきたわけではないし、この先、コンピューターがどれだけ賢くなっても、それは変わらないだろう。このため、八〇対二〇の法則を日常に活かそうとするなら、「八〇対二〇分析」ほど手間がかからず、もっと手軽に利用できるツールが必要になる。「八〇対二〇思考」が求められる理由はここにある。

「八〇対二〇思考」とは、数量分析をせずに、八〇対二〇の法則を日常生活に活かす方法だ。この場合も、投入と産出の間に不均衡があるのではないかと考えることが出発点になるが、データを集めて分析するのではなく、データを推測する。これは、ある程度慣れれば、誰でもできるようになる。少数の決定的に重要なことに注目し、枝葉末節は切り捨てる。要するに、大局的に見るわけだ。

完璧なデータが揃っていなくても、完璧な分析をしなくてもかまわない。数字に頼らず、直観や印象に頼ったほうが、物事の本質を的確につかめることがある。「八〇対二〇思考」がデータの助けを借りながらも、データに全面的に依存しない理由はそこにある。「八〇対二〇思考」では、まず、どういう要因の二〇%が結果の八〇%を決定するのかを、つねに問いかける。答えはわかりきっていると思ってはいけない。時間をかけ、固定観念から離れてじっくり考えてみる。枝葉ではなく、大本を見つける。雑音にかき消されている美しい旋律に耳を澄ますのだ。

答えが出たあと何をするかは、「八〇対二〇分析」の場合と同じだ。行動パターンを変え、重要な二〇%に注力するだけだ。「八〇対二〇思考」をうまく使いこなせば、その効果たるや絶大だ。「八〇対二〇思考」から導き出された答えに基づいて行動すれば、これまでより少ない労力で、はるかに大きな成果を上げることができる。

八〇対二〇の法則を利用する際、結果の良し悪しを最初から決めつけてはいけない。影響力の大きい要因が、必ずプラスの方向にはたらくと思い込んでもいけない。それが良いか悪いかを見極めたうえで、良い影響を与えているなら、それを伸ばし、悪い影響を与えているなら、その力を抑えるようにしなければならない。

八〇対二〇の法則がわかると、常識がひっくり返る

八〇対二〇の法則は、何をすべきか教えてくれる。

- 努力の平均水準を上げるのではなく、努力を一点に集中する。
- 決められたコースを走るのではなく、近道を探す。
- 最小の努力で、人生の主導権を握る。

●広く浅くではなく、取捨選択する。
●多くの分野で平均点を取るのではなく、一つの分野で突出した成果を目指す。
●日常生活では、できる限りアウトソーシング（業務の委託・外注）を勧める。庭仕事でも、自動車の修理でも、家の内装でも、自分でなんとかしようとせずに、できるだけ専門家に任せたほうがいい。
●仕事と会社は、よくよく考えたうえで選ぶ。できれば、他人に雇われるより、他人を雇ったほうがいい。
●いちばん得意とすること、いちばん楽しいと思うことだけをやる。
●水面下に隠れている皮肉な現象や奇妙な出来事を探す。
●重要な分野ではすべて、努力の二〇％が結果の八〇％につながるように調整する。
●手あたり次第にチャンスに飛びつくのではなく、頭を冷やして仕事量を減らし、八〇対二〇の法則に則った数少ないゴールを見極め、それに照準を合わせる。
●人生で数回訪れる、脂が乗り切り、何をやってもうまくいく「幸運の連続期」を最大限に活用する。

八〇対二〇の法則に境界線はない

何をするにせよ、八〇対二〇の法則と無縁ではいられない。とはいえ、この法則を活用している人でも、象を評する群盲のように、その一部を知っているにすぎない。八〇対二〇の法則の及ぶ範囲は広く、効果は絶大だ。これを活かさない手はない。そのためには、積極的に八〇対二〇思考を取り入れ、自分なりに工夫することが必要だ。成果が欲しいなら、実践あるのみだ。

準備は整った。八〇対二〇の法則を仕事や会社に活かしたい人は、このまま第Ⅱ部に進むといいだろう。ビジネスでの効果的な活用法が書いてある。仕事や会社よりもプライベートを大きく変えたい人は、第Ⅱ部を飛ばして、第Ⅲ部に進んでもらいたい。日常生活での斬新な活用法に目から鱗が落ちるはずだ。

第Ⅱ部

企業の成功の奥義

第3章
隠れたカルト

今われらは、鏡をもて見るごとく見るところ朧《おぼろ》なり。されど、かの時には顔を対《あわ》せて相見ん。今わが知るところ全からず、されど、かの時には我が知られたるごとく全く知るべし。

——コリント前書、第一三章一二節

ビジネスマンの間で八〇対二〇の法則はどれだけ知られているのだろうか。これまで、この法則を本格的に論じた本は一冊もないが、調べてみると、八〇対二〇の法則が世界中のあらゆるビジネスの現場で活用されていることを示す文献は数多く見つかった。成功している企業や個人の多くは八〇対二〇の法則を活用していて、MBA取得者はたいていこの法則のことを知っていた。

とはいえ、本人に自覚はなくとも、何十億という人々の生活が「八〇対二〇の法則」の影響を受けていることからすれば、もっと知られていても不思議ではない。もうそろそろ、この法則にきちんとスポットライトをあてなければいけない。

八〇対二〇の最初の波――品質革命

一九五〇年から九〇年にかけて品質革命が起こり、さまざまな製品の品質と価値が一変した。品質改善はコストを下げながら継続的に品質を高めていく聖戦になったが、武器になったのは統計的手法と行動科学だった。その目標は、欠陥率ゼロを達成することだった(現在、多くのメーカーがこの目標を達成している)。一九五〇年以降の世界的な生活水準向上の立役者は、この品質改善にあったともいえる。

その歴史はじつに興味深い。二人の偉大な救世主、ジョセフ・モーゼス・ジュラン(一九〇四年～二〇〇八年)とW・エドワーズ・デミング(一九〇〇年～一九九三年)は、ともにアメリカ人(ジュランはルーマニア生まれ)。ジュランは電気技師、デミングは統計学者として、第二次世界大戦後、それぞれ品質改善のアイデアを温めたが、アメリカの大企業は高品質の追求に関心を示さなかった。ジュランが品質改善運動のバイブルともいえる『品質管理ハンドブック』を最初に出版したのは一九五一年だが、アメリカ国内の反応は薄かった。唯一、強い関心を示したのは日本で、一九五〇年代前半、ジュランとデミングはともに日本に渡ることになる。当時、「安かろう悪かろう」の模倣品ばかりと揶揄された日本が、二人の先駆者のお蔭で、高品質と（製造業の）高い生産性を誇る経済大国になったのは御存知のとおりだ。

アメリカ企業（および欧州企業）の多くが品質管理の重要性にようやく気がついたのは、オートバイや複写機などの日本製品がアメリカ市場を侵略しはじめてからのことだ。一九七〇年以降、とくに八〇年以降、ジュラン、デミングとその使徒たちの尽力によって、アメリカも品質基準の引き上げに成功し、品質水準がめざましく向上する一方、欠陥率が劇的に低下し、製造コストが大幅に下がった。

この品質改善を支えたのが、八〇対二〇の法則だった。ジュランは、この法則を「パレートの法則」とか「ごく少数の決定的に重要な法則」と呼び、そのもっとも熱心な伝道師だった。『品質管理ハンドブック』の中で、欠陥品（つまり、品質が悪いがゆえに返品される製品）が発生する要因はそれほど多くはないとし、次のように書いている。

欠陥品の分布はきわめて不均衡であり、つねに品質欠陥の多くはごく一部の品質特性が原因で起こる。*

脚注にはこう記されている。

＊経済学者のパレートは、富の分布が同じような不均衡であることを発見した。犯罪や事故など、不均衡の例は枚挙にいとまがない。不均衡な分布を示したパレートの法則は、富の分布にも、欠陥の分布にもあてはまるのである。(1)

ジュランは、八〇対二〇の法則を統計的品質管理に応用した。品質欠陥の原因となる問題を探し出し、それを重要性が高い順にランクづけした。ジュランもデミングも八〇対二〇という言葉をさかんに使うようになり、大半の欠陥の原因となる少数の問題点を突き止めるよう勧めた。一度にすべての問題に取り組むのではなく、欠陥品の原因となる「ごく少数の決定的に重要な」問題を突き止め、その問題の解決に全力をあげるのである。

品質改善運動が、「あとで修正すればいいというのではなく、最初から欠陥のない製品をつくる」という考えに立った品質「管理」から、総合的な品質「経営」に進化し、ソフトウエアの高度な利用が増えるにつれ、八〇対二〇という数字が重視されるようになり、いまでは品質管理にかかわっている人なら誰でも知っているほど、八〇対二〇の法則は浸透した。最近の雑誌から、八〇対二〇の法則という言葉がどのように使われているかをみてみよう。

たとえばロナルド・J・リカードは、『ナショナル・プロダクティビティ・レビュー』

でこう問いかけている。

戦略上もっとも重要な消費者に悪影響を及ぼしているものは何か。ほかの多くの品質の問題と同様、ここでもパレートの法則が通用する。問題点のうち、もっとも重要な二〇％を解決すれば、成果の八〇％が約束される。この最初の八〇％のなかに、改善がある。(2)

また、あるコンサルタントは企業再建にスポットライトをあてて、こう書いている。

あらゆる業務プロセスで、それが価値を高めるかどうか、問題の根本的解決につながるかどうかを自問しなければならない。そうでないなら、それは無駄である。そのプロセスは削除したほうがいい。これが八〇対二〇の法則である。無駄を一〇〇％なくすために要するコストの二〇％を費やすだけで、八〇％の無駄をなくすことができる。さあ、すぐに実践してみよう。(3)

品質改善プログラムで「シンゴ賞」を受賞したフォード・エレクトロニクス・マニュファクチャリングも、八〇対二〇の法則を活用している。

八〇対二〇の法則（価値の八〇％は数量の二〇％に集中している）を使って、ジャスト・イン・タイム方式を取り入れ、設備稼働率をつねに分析している。製品ラインごとにサイクルタイム分析を行って、労賃と間接費を見直した結果、製品のサイクルタイムが九五％短縮した[4]。

品質を高めるために、八〇対二〇の法則を組み込んだコンピューターソフトも販売されている。

スプレッドシートのエリアにデータを入力またはインポートしてください。あとは、メニューを開き、つくりたいグラフの上にカーソルを合わせ、クリックするだけで自動的にグラフを作成できます。選べるグラフは、棒グラフ、管理図、ランチャート、散布図、円グラフ、パレート図の六種類です。パレート図には八〇対二〇の法則が組み込まれています。たとえば、顧客の苦情一〇〇〇件のうち約八〇〇件は、原因の二〇％を取り除くだけで解消できます（ＡＢＣデータ・アナライザーの使用説明書[5]）。

八〇対二〇の法則は、製品の設計や開発にも応用されるようになっている。たとえば国防総省は、この法則を使った総合品質管理についてこう述べている。

開発の初期段階で下した決定次第で、ライフサイクル・コストの大半が決まる。これは八〇対二〇の法則があるためで、通常、開発がわずか二〇％進んだ段階で、ライフサイクル・コストの八〇％が固定されてしまう。[6]

品質革命は、顧客の満足度や価値判断、個々の企業の競争上の地位、さらには国全体の競争力にまで計り知れない影響を及ぼした。この革命で、八〇対二〇の法則が「ごく少数の決定的に重要な」要因の一つであったことは疑いようがない。だが、水面下での影響力はもっと大きかった。今日のグローバルな消費社会をつくり上げた第二次革命でも、八〇対二〇の法則は大きな役割を果たした。

八〇対二〇の第二の波——情報革命

一九六〇年代に始まった情報革命によって、労働慣行と事業の大部分の効率は一変した。だが、それは幕開けにすぎず、現在主流になっている組織の体質が根底から変わろうとしている。これまでもそうだが、今後も八〇対二〇の法則は情報革命に欠かせないものであり、その担い手をうまく導く指針となるはずだ。

　情報革命を支えてきたソフトの専門家は、品質改善運動の近くにいたせいか、八〇対二〇の法則に精通し、それを広範囲に活用してきた人が少なくない。コンピューター関連の雑誌をみると、八〇対二〇の法則に言及している記事がじつに多い。それから判断すると、ハードやソフトの開発に従事している人たちは、この法則をよく理解し、日々の仕事に活かしているようだ。

　対象をよく選び、単純化するという八〇対二〇の法則の考え方を活用すると、めざましい成果が上がる。あるプロジェクトの責任者はこう語っている。

> 的を絞って考えろ。初日に遠い将来のことまで考えるな。通常、投資収益は八〇対二〇の法則に従う。利益の八〇％はシステムのもっとも単純な二〇％のなかにあり、システムのもっとも複雑な八〇％から生まれる利益は二〇％にすぎない。[7]

　アップルも電子手帳〈ニュートン・メッセージパッド〉を開発するときに、八〇対二〇の法則を利用した。

〈ニュートン〉の開発者は、八〇対二〇の法則の変形バージョンを活用した。手のひらサイズのコンピューターで人がやりたいと思うことの五〇％は、知っている語彙の〇・〇一％で済むことがわかったのだ[8]。

次第にハードよりソフトの重要性が増すなか、ソフトの開発にも八〇対二〇の法則が活用されている。一九九四年に開発されたＲＩＳＣの例をみてみよう。

ＲＩＳＣは八〇対二〇の法則の変形に基づいている。ほとんどのソフトでは、処理時間の八〇％を、実行可能な指示の二〇％にしか使っていない、と想定する。ＲＩＳＣプロセッサーは、……この二〇％のパフォーマンスを最適化し、その他の八〇％を除外することで、チップを小型化し、コストを引き下げた。（システムで主流だった）ＣＩＳＣが半導体でやったことを、ＲＩＳＣはソフトで実現したのだ[9]。

どんなに使いやすいコンピューターソフトでも、その使われ方は八〇対二〇の法則どおりになっている。あるソフト開発者はこう語る。

ビジネスの世界は長い間、八〇対二〇の法則どおりに動いていた。コンピューターソフトはとくにそうで、利用時間の八〇％が機能のわずか二〇％に集中している。これは、望んでもいないこと、必要でもないことに、ユーザーが無駄なお金を払っているということだ。ソフト開発業者もようやくこのことに気づいたようで、この問題をモジュラー・アプリケーションで解決しようと考えはじめている。(10)

ソフトの設計は重要であり、よく使われる機能を、使いやすくしなければならない。新たなデータベース・サービスの開発でも、同じ方法が使われている。

ソフト開発者が何をやるかと言えば、まず、ユーザーがもっとも望んでいるものは何か、それをどう使いたがっているかを調査する。これはお馴染みの八〇対二〇の法則である（ソフト機能の二〇％が使用時間の八〇％を占める）。すぐれたソフト開発者は、よく使われる機能を、できる限り単純化し自動化して使いやすくする。

これをデータベース・サービスにあてはめると、利用頻度の高い顧客に注意を払えということになる。……どのファイルを探せばいいか、そのファイルはどこにあるかという問い合わせがどんなに多いことか。きちんと設計すれば、そんな問い合わせは来なくなる。(11)

データの蓄積でも、検索でも、処理でも、情報を有効に活かそうとする分野ではどこでも、カギを握る二〇％に重点を置いている。

情報革命はまだまだ進む

情報革命ほど破壊力をもつものは、いままでなかった。「人民に与えられた情報パワー」によって、現場の人間が知識と権限をもつようになり、これまで情報を独り占めして地位を保ってきた中間管理職が次々とお払い箱になっている。情報革命は、物理的にも会社の分散化に拍車をかけている。電話、パソコンは小型化し、どこでも携帯できるようになり、通信の高速化が進み、本社という宮殿の土台が揺らぎ、その宮殿でふんぞり返っていたお偉方の権力は破壊されている。最終的には、管理職そのものが要らなくなり、ほんとうの「実力者」が直接、顧客のためにいままでよりはるかに大きな価値を創造するようになるだろう。[12]自動化された情報の価値は高まる一方だが、ともすれば情報の洪水に溺れやすい。いま、そしてこれから情報の力を存分に活かすためのカギは選別にある。つまりは、八〇対二〇の法則を応用することにある。ピーター・ドラッカーは『未来への決断』

でこう書いている。

　データベースにいくらデータが詰まっていても、それは情報とは言えない。情報の原石にすぎない。……企業がもっとも必要とする情報は、それが得られるにしても、原始的な形、未整理な形でしか得られない。決定を下す際、とくに戦略を決定する際に、いちばん必要となるのは社外の情報である。機会も脅威も、業績を大きく左右する要因はすべて、会社の外にしかない(13)。

　ドラッカーは、富の創造を測定する新しい方法が必要だと言っている。わたしとイアン・ゴッデンは、そうした新しいツールを「自動化パフォーマンス尺度(14)」と呼んでいる。そうした尺度を採用している会社はまだまだ少ない。だが、情報革命の資源の八〇％以上が（おそらく九九％前後が）、企業が創造した富を測定するためにではなく、これまで大事だと思われてきたこと（すなわち、まったく馬鹿馬鹿しいこと）のために使われている。まったく新しい形の企業を創造するために情報革命を使おうとする努力の、ほんのささやかな部分が、今後、爆発的なインパクトをもたらすだろう。

いまなおビジネスの秘密兵器——八〇対二〇の法則

八〇対二〇の法則がいかに重要かはこれまで述べてきたとおりだが、経営陣への浸透具合をみると、まだまだ知られていないのが実情だ。八〇対二〇という言葉自体もなかなか浸透せず、目立たない。八〇対二〇の法則は手軽に使えるのに、徐々にしか広がっていないことから、この法則を知っている人も、十分に活用しているとは言い難い。この法則は変幻自在だ。どんな産業、どんな企業にも応用でき、企業内の部門にも、個々の仕事にも応用できる。八〇対二〇の法則は、経営者からラインのマネージャー、専門職や知識労働者、研修生まで活用できる。そして、その活用法は幅広いが、そこには八〇対二〇の法則がなぜ有効かを説明できる共通のロジックがある。

八〇対二〇の法則がビジネスで使える理由

ビジネスで八〇対二〇の法則を活用する最大の狙いは、できるだけ少ない資源と労力で、最大の利益を上げることにある。

一九世紀から二〇世紀初めにかけて経済の均衡理論と企業理論が発達して以来、経済学ではこれらの理論が長らく主流を占めてきた。その理論が言うところはこうだ。完全な自由競争のもとでは、企業は超過利潤を上げることができず、利潤はゼロに近づくか、「正常」資本コストに近づく(「正常」資本コストとは、妥当な金利負担を意味する)。この理論は、理論としては一貫しているが、一つだけ欠点がある。現実の経済活動に適用できず、個々の企業の経営にあてはめることなど到底できないのだ。

企業の八〇対二〇理論

現実にはありえない完全自由競争を前提にした理論とは違って、企業の八〇対二〇理論は行動の指針として役立ち、その効果はすでに実証済みである。企業の八〇対二〇理論は、次のようにまとめられる。

- どんな市場でも、他社よりも顧客のニーズにうまく応えられる企業が出てくる。こうした企業は、高い価格を設定して、大きなシェアを獲得する。
- どんな市場でも、他社よりも売上原価を抑えられる企業が出てくる。同じ製品をつくり、同じ売り上げを上げるにせよ、他社より少ないコストでそれを達成できる。

●他社よりも、はるかに多くの「黒字」を生み出す企業が出てくる（ここで「利益」という言葉を使わず、「黒字」という言葉を使ったのは、「利益」というのは株主に配分すべきものだからだ。「黒字」というのは、事業の継続に必要な資金を差し引いたあとの、株主配当と再投資に回せる資金の水準を意味する）。「黒字」が増えると、以下の四つのうち一つまたは二つ以上のことが起こる。

①製品やサービスに再投資できる資金が増え、製品やサービスの質が一段と向上し、顧客の満足度がさらに高まる。

②販売やマーケティング、あるいは企業買収に回せる資金が増え、市場シェアが一段と拡大する。

③従業員の給与・ボーナスを上げることができ、給与・ボーナスが増えると、優秀な人材を引き留めることができ、新たに優秀な人材を確保しやすくなる。

④株主への配当が増え、それが株価の上昇を招く。そうなると資本コストが低下して、投資や買収がしやすくなる。

●長期的にみると、上位二〇％以内の企業が市場シェアの八〇％を占める。これらの企業のほうが収益性が高い。

この時点で、市場構造が均衡に達することはありうる（もっとも、経済学者お気に入りの完全な自由競争モデルとはまったく違う均衡だが）。八〇対二〇の均衡では、ごく少数の企業（高い市場シェアを占める大手企業）が、その他大勢の企業よりも顧客を満足させ、多くの利益を上げる。これは、完全自由競争の理論ではありえない話だが、現実の世界ではよくみられる現象である。より現実的なこの理論を、「競争の八〇対二〇の法則」と名づけてもいいかもしれない。だが、現実の世界では、安定した均衡はそう長続きしない。遅かれ早かれ（たいていは予想以上に早いが）、競争相手のイノベーションによって市場構造は変わる。

●既存の企業も新規参入の企業もイノベーションを追求し、ニッチ市場で高いシェアを確保しようとする。特定の顧客のニーズに合わせて、得意な製品やサービスに特化することで、市場のセグメント化が可能になる。市場は長期的にこうした棲み分けが進んでいく傾向がある。

だが、それぞれの市場セグメントでも、競争の八〇対二〇の法則がはたらく。その分野だけに特化している企業がリーダーになる場合もあれば、幅広く事業を行いながら、特定分野に強みをもつ企業がリーダーになる場合もある。どちらのケースも成功のカギを握っているのは、最小限の努力で最大限の収益を上げられるかどうかだ。この点で抜きんでている企業があれば、その企業の市場シェアはどんどん拡大していく。

大企業なら、幅広く事業を展開している。製品の種類が多く、大勢の顧客を抱えている。したがって、最小限の労力で最大限の収益を上げる方程式も、市場で競争する相手も、部門によって変わってくる。ある部門では大きな「黒字」を上げながら、別の部門では「黒字」が少ない、あるいは「赤字」を出しているということもありうる。二〇％の部門、二〇％の顧客、二〇％の製品が、「黒字」ないし利益の八〇％を上げていることは少しもめずらしくない。そして、もっとも利益を上げている部門が（つねにではないが）たいてい市場シェアがもっとも高く、もっとも顧客の信頼を得ている場合が多い（古くからの常連で、他社になびきにくい）。

●環境と人間の努力に依存している組織はすべてそうだが、企業では、投入と産出、努力と報酬の間に不均衡が生まれやすい。社外をみれば、市場、製品、顧客には収益性に大きな格差があるという現実がある。社内をみても、従業員、工場、機械などの経営資源には、生産性に大きな格差がある。それを測定できれば、少数の人たちが多くの「黒字」を生み出し、多数の人たちがわずかな「黒字」にしか貢献していないどころか、「赤字」を生み出していることがわかるはずだ（営業担当者の販売成績をみれば、これは簡単に数値化できる）。大きな「黒字」を出している企業はたいてい、従業員一人あたりの平均「黒字」額も大きくなるが、どの企業でも必ず、個々の従業員が生み出す「黒字」には大きな差がある。たいてい二〇％の従業員が八〇％の「黒字」を生み出している。

●このことは、企業の資源の最小単位である従業員一人ひとりについても言える。創造する価値の八〇%を、仕事に費やす時間の約二〇%で達成している。個人の性格と仕事の性質などの環境との組み合わせ次第で、時間帯によっては通常の何倍もの仕事を効率的にこなしているのだ。

●したがって、市場全体、各セグメント、製品、顧客、部門、従業員など、ビジネスのあらゆるレベルで、努力と報酬は釣り合わない。すべての経済活動に共通するのは、理論上の均衡ではなく、この不均衡なのである。小さな違いに思えるものが、大きな格差につながる。競争相手より一〇%価値が高い製品をつくれば、売り上げが競争相手の一・五倍、利益は競争相手の二倍になるということが起こりうるのだ。

三つの教訓

教訓その一。成功している企業は、最小限の労力で最大限の収益を上げられる市場で事業を行っている。投資収益率の絶対水準が高く、なおかつ利益率が競争相手より高くなければ、企業として成功しているとは言い難い。

教訓その二。これはすべての企業に言えることだが、現在、最大の「黒字」を上げている市場分野や顧客グループに的を絞れば、業績を伸ばすことはつねに可能である。そのためには、もっとも「黒字」を出している分野に資源を再配分し、資源と経費の全体の水準を下げなければならない（要するに、生産性の低い人員とコストを削減しなければならない）。

最大限、あるいはそれに近い水準の「黒字」を達成できる企業は稀である。それは、「黒字」の原動力を経営者がよく理解していないからであり、同時に、収益性よりも規模を重視する経営者が多いからでもある。

教訓その三。あらゆる企業が、社内の不均衡を解消することで、「黒字」を増やすことができる。そのためには、最高の「黒字」を出している会社の部分（人材、工場、営業所、部門など）を特定し、それを強化し、権限と資源をもっと与えることだ。逆に言えば、「黒字」がもっとも少ないか、「赤字」を出している部分をみつけ、抜本的な改善策を練り、改善の見込みがなければ、その部分への資源投入を止めることで、それが可能になる。

こうした法則は実践に役立つが、杓子《しゃくし》定規に考えてはいけないし、決定論として考えてはいけない。こうした法則は自然の関係を反映しており、秩序と無秩序、規則と不規則が複雑に絡み合っていて当然なのである。

八〇対二〇の法則から、「不規則なヒント」をみつける

八〇対二〇の関係の背後にある流動的な力を理解しておくことが重要だ。これがわからないと、八〇対二〇の法則を杓子定規に解釈してしまい、この法則がもつ力を十分に活用できない。

ほんの些細《ささい》な原因でも、それが重なり合うと、重大な結果を引き起こす場合がある。ミルクを温めるときのことを考えてみよう。ある温度を超えると、ミルクは突然沸き上がり、泡立つ。ミルクを適度に温めれば、そのあとおいしいカプチーノが飲めるが、火を止めるのが一秒でも遅れると、コンロは見るも無残な状態になる。ビジネスの場合はもう少し時間がかかるが、コンピューター業界の雄ＩＢＭが、些細な原因が積み重なってあっという間に破たんの危機に瀕したりする。

創造的なシステムは、均衡状態から離れるものだ。原因と結果、投入と産出は、非線形の関係にある。通常、投入したものと同量が返ってくるわけではない。ずっと少ない場合もあれば、ずっと多い場合もある。ビジネスのシステムでは、些細に思えた要因から、大きな変化が起こることがある。教育水準、技能、熱意がまったく同じ人が同じ仕事をして

も、結果に大きな差が生じるのは、構造上の小さな差異がいろいろ絡んでくるからだ。同じようなパターンが繰り返される傾向があるとはいえ、結果を完全に予測することはできない。

幸運の連続を探す

したがって、ことの成り行きを制御することはできない。だが、成り行きに影響を与えることはできるし、さらに重要なことに、その中に不規則なもの、異常なものをみつけ、それをうまく利用することはできる。八〇対二〇の法則を利用するコツは、現実の流れを把握し、その流れに乗ることだ。カジノでルーレットをやる場合を想像してみよう。すべてストレート・ベットで勝負すると仮定する（オッズは三五倍だ）。ある数が出る確率はカジノ全体ではほぼ同じだが、台によってかなり差が出る。たとえば、ある台では5が二〇回に一回出るが、隣の台では五〇回に一回しか出ない。どの台を選び、どの数に賭けるかで勝負は決まる。5が五〇回に一回しか出ない台で、5に賭け続ければ、最初にいくら山のようにチップを積んでいても、きれいさっぱり消えてなくなるだろう。

ビジネスも同じである。投資効率がよい分野がわかれば、その分野への賭け金を増やし、大儲けできる。同様に、投資効率が悪い分野がわかれば、その分野からは撤退して、損失を回避できる。その「分野」とは、ありとあらゆるものを指し、製品、市場、顧客あるいは顧客のタイプ、技術、販路、部門、国、取引の種類、従業員あるいは従業員のタイプといったものが考えられる。大きな「黒字」を生み出す数少ない分野をみつけだし、「黒字」を最大化すること、同時に「赤字」を出している分野をみつけだし、そこから撤退すること——それがゲームのすべてである。

一般社会では、ものごとを考える際、因果関係や規則的関係、平均収益率、完全自由競争、予想される結果といった概念を使って考えるようクセづけられているが、現実はそうなっていない。原因と結果は曖昧で、複雑なフィードバック・ループで入力が歪められ、均衡は束の間の幻で、同じようなパターンが繰り返されながら不規則性があり、競争力には大きな差があり、ほんのひと握りの企業が市場をほぼ独占してしまう——それが現実だ。

こうした観点でみると、大企業というのは恐ろしく複雑で、たえず力の組み合わせを変えている。自然の摂理にしたがって大儲けしている勢力がある一方、自然の摂理に逆らって大赤字を出している勢力もある。だが、こうした現実はなかなかみえてこない。こちらに複雑さを読み解く力がないためでもあるし、会計制度で結果の凹凸が均され、歪められているからでもある。八〇対二〇の法則はあちこちにはびこっているというのに、ほとんど気づかれていない。

一般に、ビジネスについてみることが許されているのは、プラスとマイナスを相殺したものであり、それは全体像からはほど遠い。水面下では、プラス要因とマイナス要因は激しくせめぎ合っている。影に隠れたそうした要因をすべて白日の下にさらけ出し、マイナス要因を抑え、プラス要因に最大のパワーを与えるようにすれば、八〇対二〇の法則は力強い味方になる。

八〇対二〇の法則で利益を増やすには

八〇対二〇の法則の歴史、哲学、理論は、もう十分わかった！　そんな声が聞こえてきそうだ。ここからは実践編に移ろう。どんな企業でも、八〇対二〇の法則を実践することで、利益を大幅に増やすことができる。その方法をお教えしよう。

第4章から第7章では、八〇対二〇の法則で利益を増やすためのとくに重要な方法を取り上げている。第Ⅱ部を締めくくる第8章では、仕事に八〇対二〇思考を取り入れるためのヒントをお教えする。これを身につければ、同僚やライバルに圧倒的な差をつけることができる。

次の第4章では、どんな企業にも通用する、八〇対二〇の法則のもっとも重要な使い方をみていこう。どこで利益を出しているのか、どこで赤字を垂れ流しているのかを見極める。そんなことなら知っていると思うかもしれないが、たいてい間違っている。正しく認識できれば、ビジネスががらりと変わるはずだ。

第4章
あなたの戦略はなぜ間違っているか

八〇対二〇の法則を使って見直したのでもないかぎり、あなたの戦略には大きな欠陥がある。どこで利益を上げ、どこで損失を出しているかを、正確につかめていないからだ。そして、過剰な人員で、手を広げ過ぎるという落とし穴にはまる。

事業戦略というのは、大雑把なご託宣であってはいけない。もっと緻密なものであり、水面下で何が起きているかを詳しく観察しなくてはいけない。正しい戦略を打ち出すには、会社のさまざまな部門を、とくに収益とキャッシュフローの観点から注意深く分析する必要がある。事業が一つの零細企業でもないかぎり、おそらく利益の八〇%、キャッシュフローの八〇%を生んでいるのは、事業活動の二〇%、売り上げの二〇%のはずだ。その二〇%を見つけ出すことがカギになる。

どこで利益を上げているか

ドル箱部門、採算すれすれの部門、赤字を垂れ流している部門を見分けるには、さまざまなカテゴリーに分けて、各部門の利益を「八〇対二〇分析」する必要がある。

●製品、あるいは製品グループ／タイプ
●顧客、あるいは顧客グループ／タイプ
●データが揃っているその他のカテゴリー、たとえば地域や販売チャネル
●競争相手

まず、製品から考えてみよう。まともな企業なら、製品別・製品グループ別のデータがあるはずだ。（一カ月、四半期、一年など）一定の期間を区切って、その期間について、製品別・製品グループ別に、あらゆるコストを差し引いて利益を計算する。

これが簡単にできるかどうかは、情報がきちんと管理されているかどうかによるだろう。十分なデータが揃っていなければ、自分でデータを集めて整理しなければならない。

製品別、製品グループ別に売上高を集計し、粗利益（売上高から売上原価を引いたもの）を計算する。それから会社全体のコストを集計し（間接費もすべて計算に入れる）、合理的な基準で、間接費の合計を製品ないし製品グループ別に配分する。

手っ取り早いのは、売上高の構成比に基づいて会社全体のコストを配分する方法だが、これだけだと不正確な答えしか出てこない。販売努力と付加価値が見合っておらず、製品によって大きなばらつきがあるからだ。たとえば、多額の宣伝費をかけて何とか売り上げを確保している製品もあれば、まったく宣伝しないのに売れ行きが好調な製品もある。製造に細心の注意を要する製品もあれば、自動的に量産できる製品もある。こうした要因をきちんと踏まえたうえで、会社全体の間接費の配分を調整できたら、その答えをみてみよう。

売り上げ全体に占める割合は小さくても、収益性がきわめて高い製品がみつかるはずだ。大半の製品はそこそこの利益か、採算ぎりぎり。なかには全体の間接費を配分し、それを差し引いてみたら、大幅な赤字になるという製品が出てくるはずだ。

図表10は、最近、ある計器メーカーについて分析した結果である。図表11は、一部のデータを視覚的にわかりやすくしたものだ。数字よりもグラフがいいなら、こちらを見てほしい。「製品グループA」は売り上げ全体に占める割合は三％にすぎないが、利益全体に占める割合は一〇％近くある。「製品グループA・B・C」を合わせると、売り上げに占

■図表10　ある計器メーカーの製品別の売上高と利益

（単位：1000ドル）

製品	売上高	利益	売上高 利益率（%）
グループA	3,750	1,330	35.5
グループB	17,000	5,110	30.1
グループC	3,040	601	25.1
グループD	12,070	1,880	15.6
グループE	44,110	5,290	12.0
グループF	30,370	2,990	9.8
グループG	5,030	(820)	(15.5)
グループH	4,000	(3,010)	(75.3)
合計	119,370	13,380	11.2

■図表11　ある計器メーカーの製品別の売上高と利益

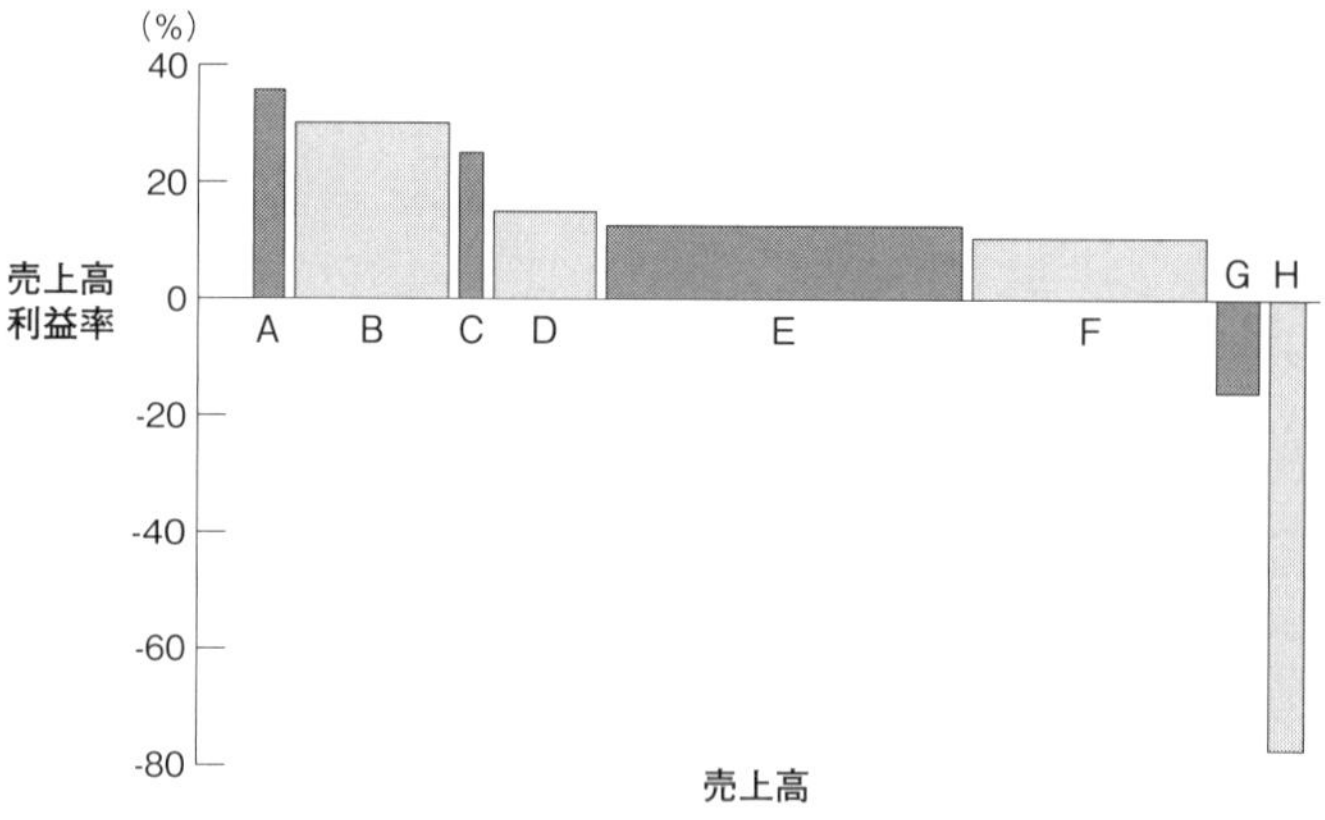

■図表12　ある計器メーカーの製品別の80対20テーブル

製品	売上高に占める割合		利益に占める割合	
	単独	累積	単独	累積
グループA	3.1	3.1	9.9	9.9
グループB	14.2	17.3	38.2	48.1
グループC	2.6	19.9	4.6	52.7
グループD	10.1	30.0	14.1	66.8
グループE	37.0	67.0	39.5	106.3
グループF	25.4	92.4	22.4	128.7
グループG	4.2	96.6	(6.1)	122.6
グループH	3.4	100.0	(22.6)	100.0

める割合は二〇％だが、利益全体に占める割合は五三％にもなる。図表12と図表13を見ると、一目瞭然だ。

売り上げの二〇％が利益の八〇％を占めているわけではないが、売り上げの三〇％を占める製品で計算してみると、利益の六七％近くを占めていることがわかる。八〇対二〇ほどではないが、六七対三〇の大きな不均衡があるわけだ。この数字をみたら、「製品グループA・B・C」の売り上げをもっと伸ばすにはどうすればいいかを考えはじめていいのではないだろうか。たとえば残り八〇％の営業担当者を配置転換し、「A、B、C」の販促に力を入れる。それができれば、売り上げを二〇％伸ばすだけで、利益は五〇％以上伸びる。

同時に、「製品グループD・E・F」につ

■図表13　ある計器メーカーの製品別の80対20チャート

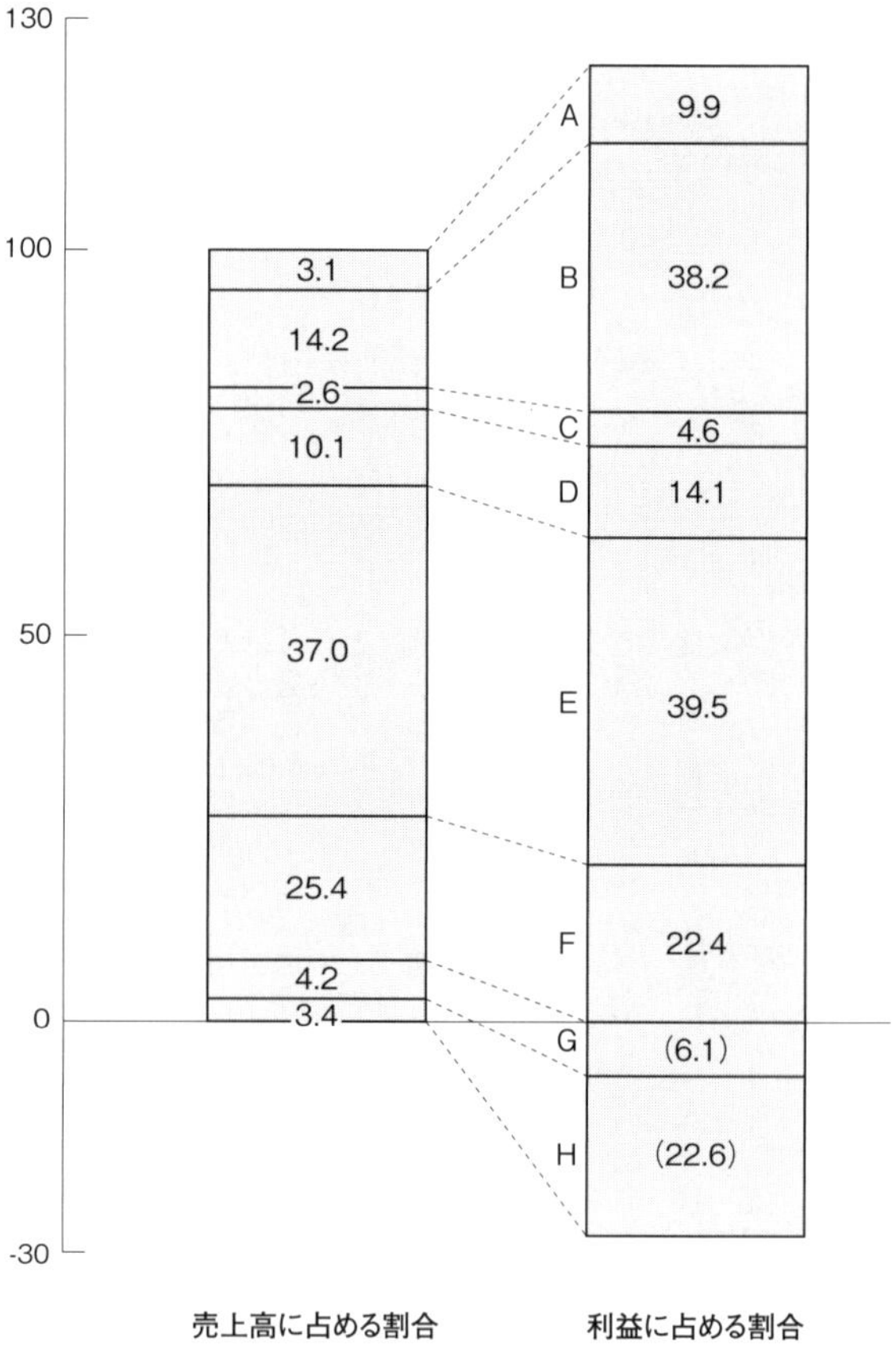

いては、コストの削減や製品の値上げを考えたほうがいい。「製品グループG・H」は、思い切った事業の縮小や完全撤退を考えてもいい。

どの顧客がドル箱になっているか

次は顧客について考えてみよう。分析のやり方は同じだが、顧客別、顧客グループ別に計算する。中小企業は、高い価格を払ってくれるが、サービスのコストがかかり、大企業は手間がかからず、製品を大量に買ってくれるが、値下げを厳しく要求してくる傾向がある。プラス要因とマイナス要因が相殺される場合もあるが、そうならない場合のほうが多い。先ほどの計器メーカーについて、顧客別の分析結果をまとめたのが、図表14、図表15だ。

どういう基準で顧客を分類したかを、以下で説明しよう。「タイプA」は、販売額は小さいが、直販であり、高い価格を受け入れてくれるため、粗利益率がきわめて高い。サービス・コストはかさむが、高い粗利がこれを埋め合わせている。「タイプB」は流通業者であり、大量発注してくれるのでサービス・コストが大してかからず、しかも高い価格を受け入れてくれる。コスト全体に占める電子部品の割合が小さいからだろう。「タイプ

■図表14　ある計器メーカーの顧客別の売上高と利益

（単位：1000ドル）

顧客	売上高	利益	売上高 利益率（%）
顧客A	18,350	7,865	42.9
顧客B	11,450	3,916	34.2
顧客C	43,100	3,969	9.2
顧客D	46,470	（2,370）	（5.1）
合計	119,370	13,380	11.2

■図表16　ある計器メーカーの顧客別80対20テーブル

顧客	売上高に占める割合		利益に占める割合	
	単独	累積	単独	累積
顧客A	15.4	15.4	58.9	58.9
顧客B	9.6	25.0	29.3	88.2
顧客C	36.1	61.1	29.6	117.8
顧客D	38.9	100.0	（17.8）	100.0

■図表15　ある計器メーカーの顧客別の売上高と利益のチャート

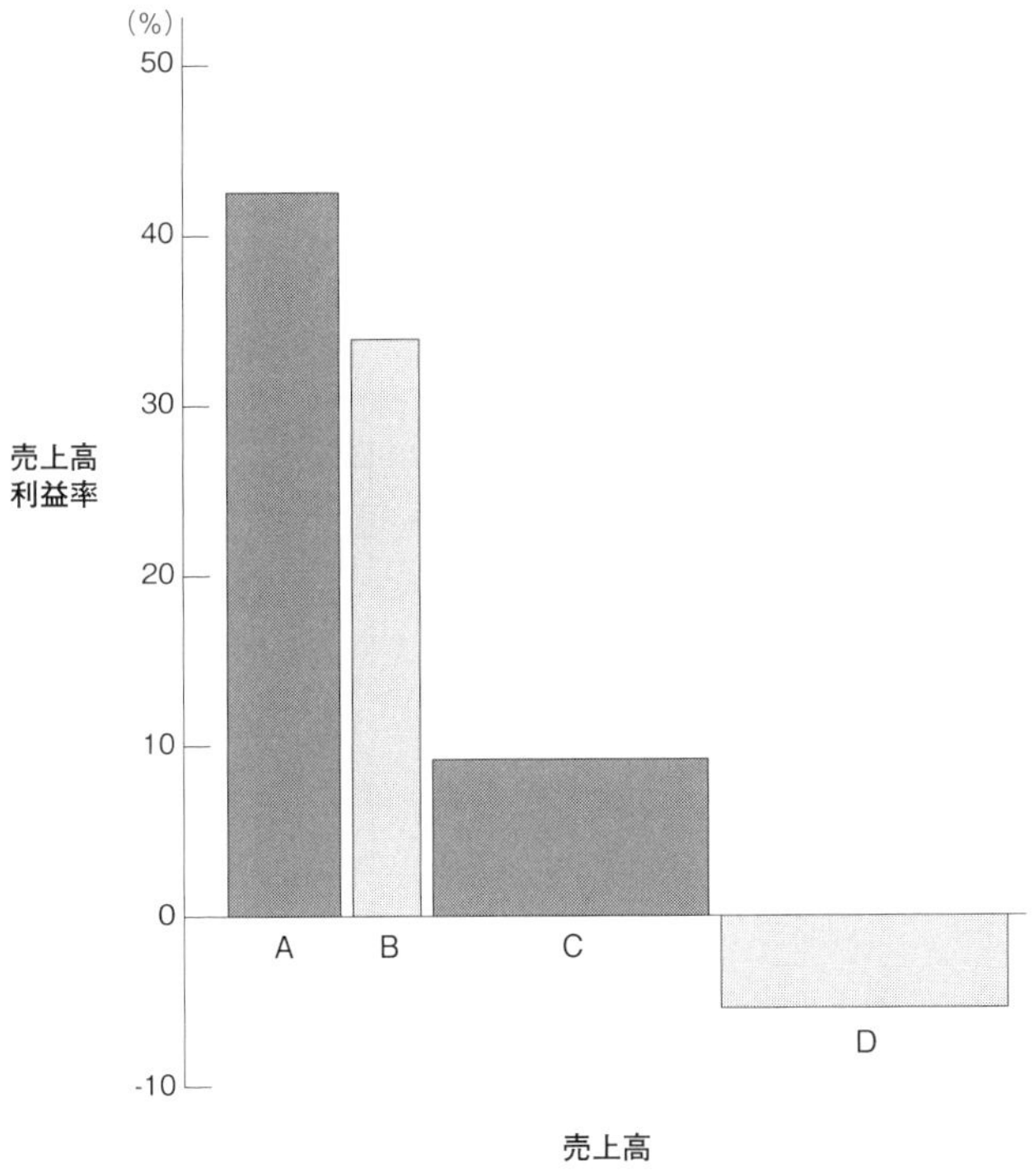

■図表17　ある計器メーカーの顧客タイプ別80対20チャート

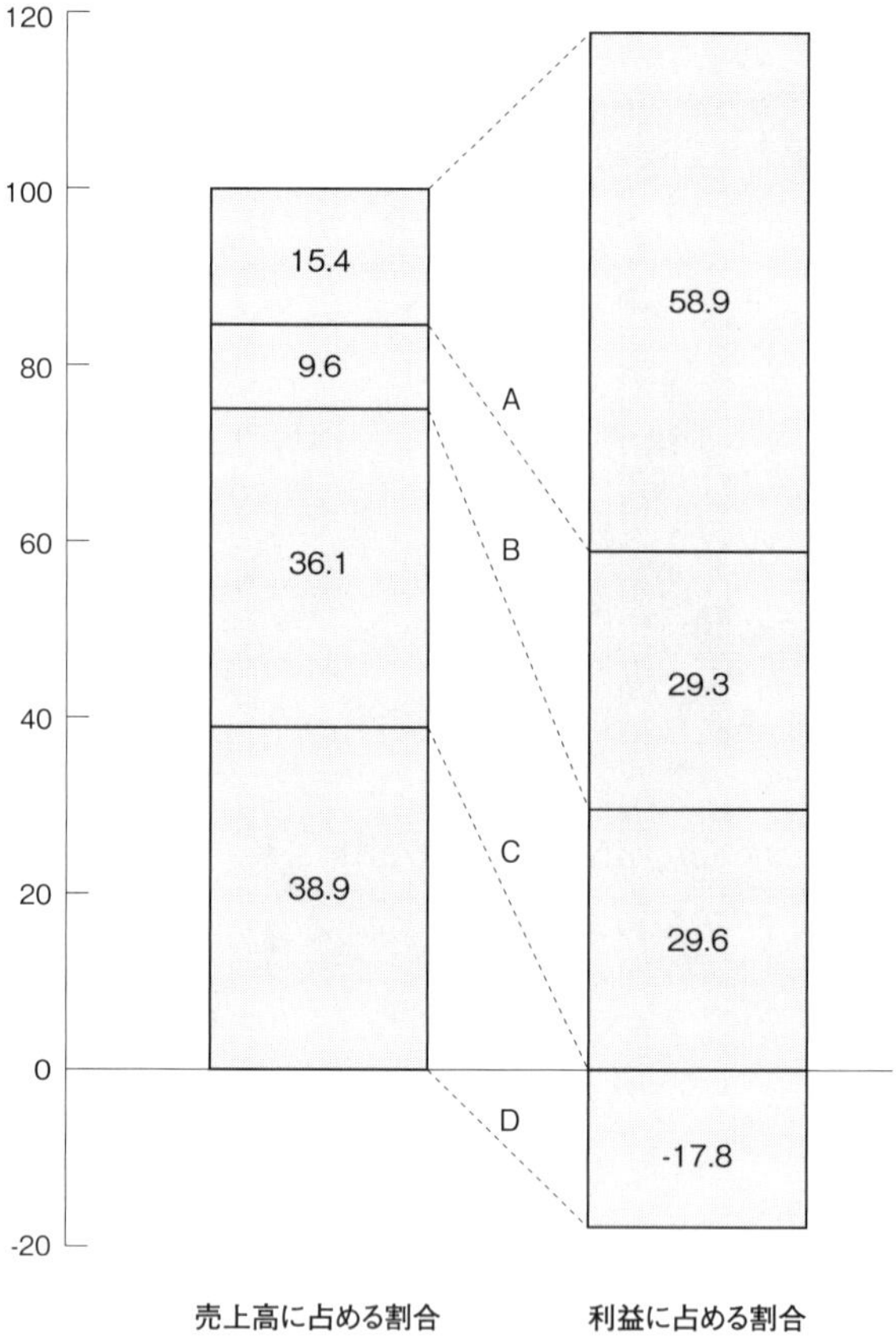

C」は輸出業者で、高い価格で買い取ってくれるのはいいが、大変なコストがかかる。「タイプD」は大手電子機器メーカーで、絶えず値下げ圧力をかけてくるうえ、アフターサービスに対する要求が厳しく、特注品も多い。

図表16と図表17は、分析したデータをそれぞれ、図と表にしたものだ。これをみると、五九対一五、あるいは八八対二五になっていることがわかる。「タイプA」は、売り上げに占める割合は一五%だが、利益に占める割合は五九%と高く、「タイプA」と「タイプB」を合わせると、売り上げに占める割合は二五%だが、利益に占める割合は八八%に達する。これは、収益性の高い製品を買ってくれているからでもあるが、サービス・コストが相対的に低いからでもある。

計器メーカーは、この分析結果をもとに、「タイプA（直販）」と「タイプB（流通業者）」の顧客を増やすキャンペーンに乗り出した。当然コストがかかったが、それ以上の成果があった。「タイプC（輸出業者）」については、製品価格を一部引き上げ、サービス・コストを引き下げる方法をみつけた。対面ではなく電話による取引を増やしたのだ。「タイプD（大手の電子機器メーカー）」については、個別に交渉した（九社で「タイプD」全体の売り上げの九七%を占めていた）。技術開発料を別途請求した場合もあれば、製品の値上げ交渉に成功した場合もあった。交渉が決裂した三社は入札をして、他社に乗り換えることになった。経営陣は厄介払いができて、ほっとしている（この三社を顧客にしたライバル企業は、採算が悪化するにちがいない）。

コンサルティング会社の場合

製品、顧客の次は、自社に関連の深い項目について分析してみる。先の計器メーカーに関しては、製品と顧客以外にとくに分析されていないため、あるコンサルティング会社を分析した図表18、図表19を例に、注意すべき点をみてみよう。これをみればわかるように、このケースでは五六対二一になっている。大規模プロジェクトは、売り上げの二一％を占めるにすぎないが、利益の五六％を占めている。

さらに、（取引三年以上）の「古い顧客」と（取引半年未満）の「新しい顧客」に分けて分析した結果が、図表20と図表21である。

ここでは、売り上げの二六％を占める「古い顧客」が、利益の八四％を占めていた。八四対二六の関係だ。メッセージはあきらかだ。値上げしても離れていかず、サービス・コストが少なくてすむこうした顧客との取引に一層力を入れることが戦略上重要になる。長期的な関係に発展しない新しい顧客は採算割れになるので選別が必要だ。したがって今後は、むやみに顧客を増やすのではなく、長期的に取引できそうな顧客をどれだけ増やせるかがカギになる。

■図表18　あるコンサルティング会社のプロジェクト規模別の収益性

（単位：1000ドル）

プロジェクトの規模	売上高	利益	売上高利益率（%）
大プロジェクト	35,000	16,000	45.7
小プロジェクト	135,000	12,825	9.5
合計	170,000	28,825	17.0

■図表19　あるコンサルティング会社のプロジェクト規模別の収益性

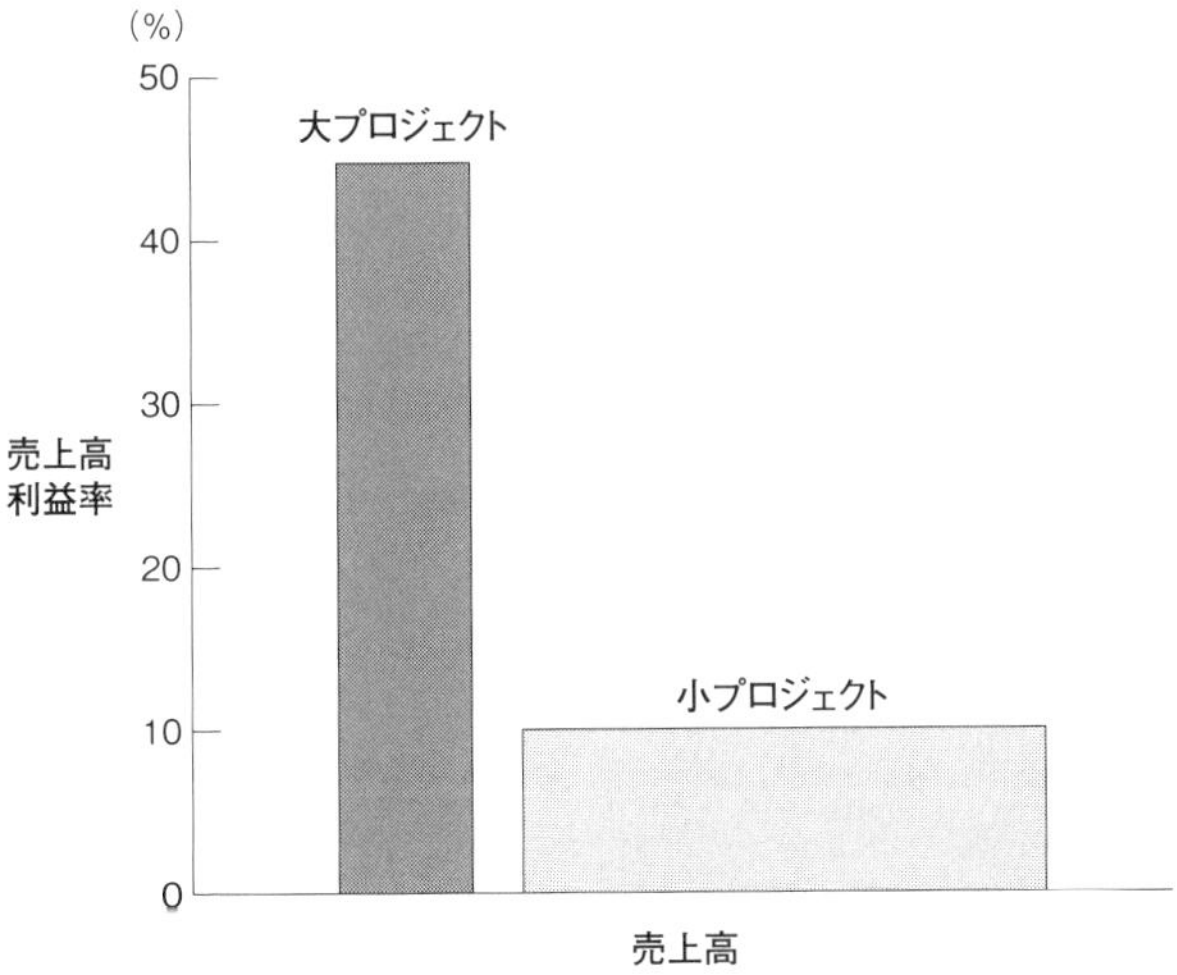

■図表20　あるコンサルティング会社の顧客別（取引期間別）の収益性

（単位：1000ドル）

顧客の種類	売上高	利益	売上高利益率（%）
古い顧客	43,500	24,055	55.3
中間顧客	101,000	12,726	12.6
新規顧客	25,500	(7,956)	(31.2)
合計	170,000	28,825	17.0

■図表21　あるコンサルティング会社の顧客別（取引期間別）の収益性

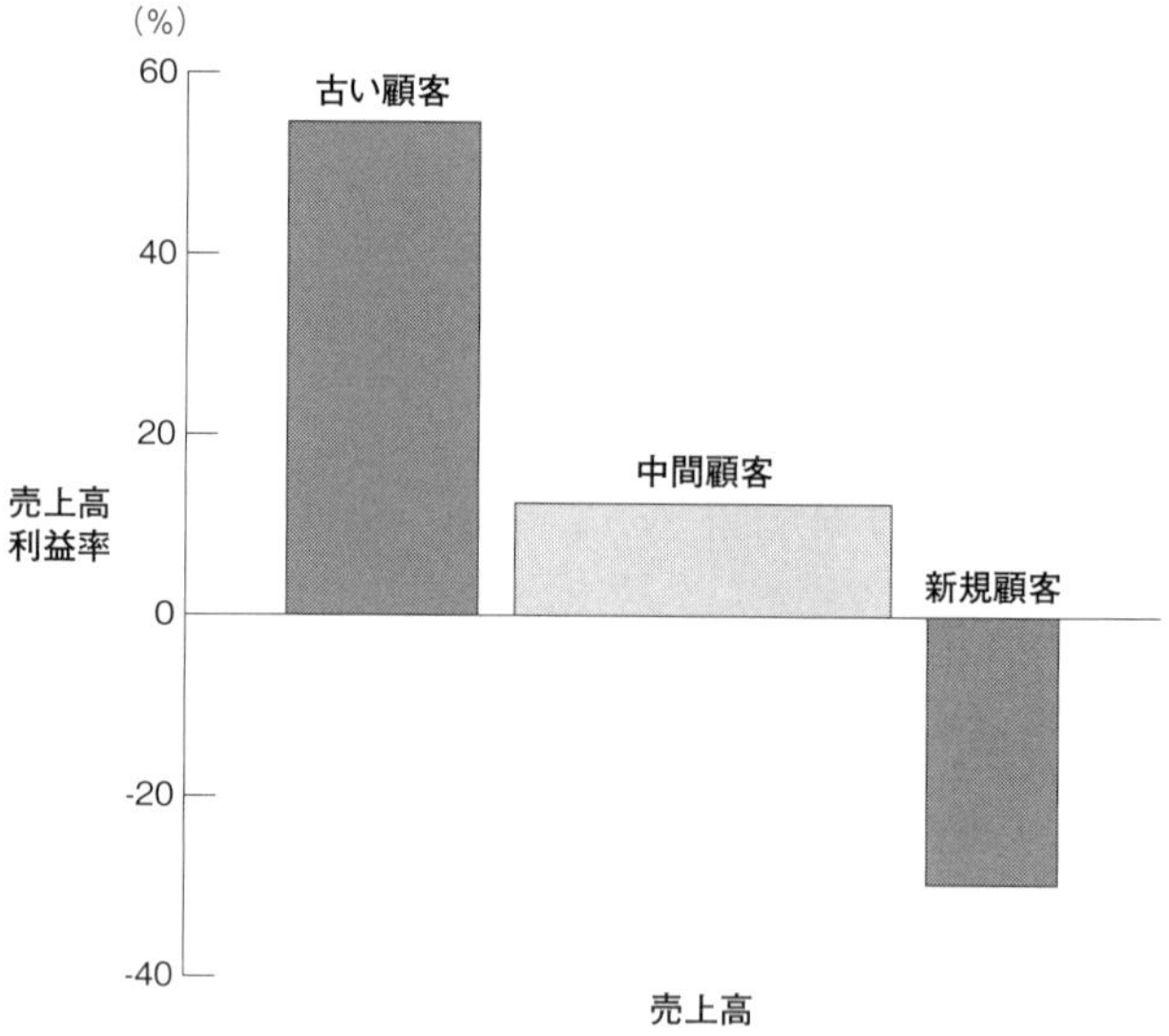

■図表22　あるコンサルティング会社のプロジェクト別の収益性

（単位：1000ドル）

プロジェクト	売上高	利益	売上高 利益率（%）
M&A	37,600	25,190	67.0
戦略分析	75,800	11,600	15.3
事業プロジェクト	56,600	7,965	14.1
合計	170,000	28,825	17.0

■図表23　あるコンサルティング会社のプロジェクト別の収益性

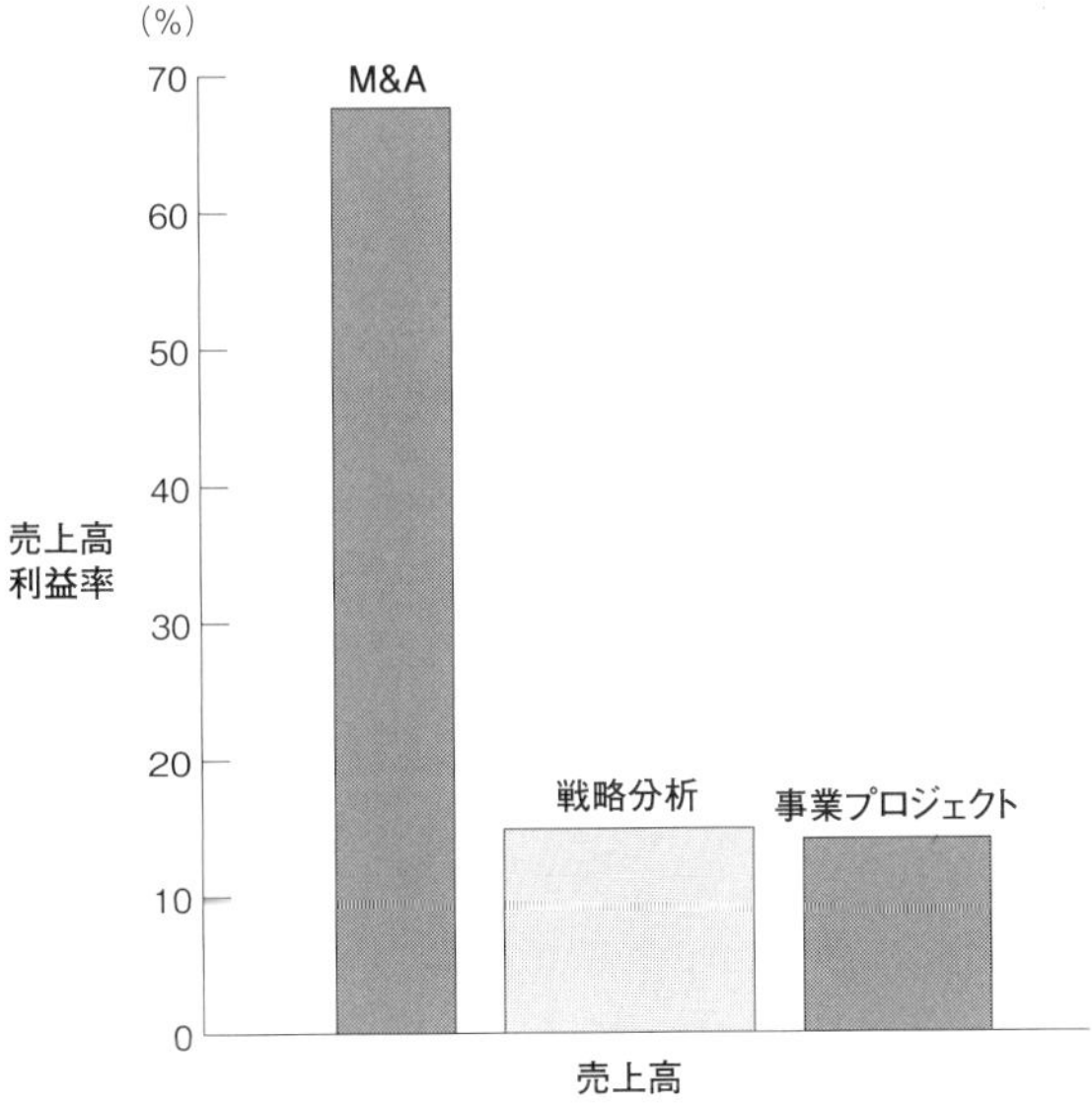

次に、コンサルティングを、「M&A（合併・買収）」「戦略分析」「事業プロジェクト」の三つに分けて分析した結果が、図表22と図表23である。「M&A」の収益性が飛び抜けて高いことがわかる。売り上げでは二二%を占めるにすぎないこの分野が、利益では八七%を占めている。どこに力を入れればいいかは、火を見るよりあきらかだ。

「事業プロジェクト」をさらに、古い顧客と新しい顧客に分けて計算してみると、古い顧客は収支トントンで、新しい顧客は大幅な赤字になっていることがわかった。これを受けて、「事業プロジェクト」の分野では、新規の顧客を開拓することはやめて、既存の顧客についてはコンサルティング料の大幅な引き上げを要求するか、事業プロジェクトを専門に扱っているほかのコンサルティング会社を紹介することにした。

収益性を理解し、高めるカギはセグメント化にある

収益性を点検するには、競争の性質で分類するのが一番だ。製品や顧客別の分析はもちろん大切だが、いちばん重要なのは、最大のライバルとの関係で製品と顧客をどう組み合わせるかだ。これはそれほど難しいことではないが、実際にやっている企業は少ないので、若干の説明が必要だろう。

どこに強みをもっているか

企業はさまざまな面で他社と競争しているが、製品によって、あるいは顧客によって、競争相手も違えば、競争の力学も違う。読者は自分の会社にあてはめて、製品やサービス（コンサルタントの場合ならM＆Aなど具体的な事業）を思い浮かべながら、次の二つのシンプルな質問に答えてほしい。

①その製品やサービスでは、ほかの分野とはまったく違う強力なライバルがいるか。

答えが「イエス」であり、ライバルがその分野に特化しているとすれば、次の点を考えてみる必要がある。顧客はどちらを選ぶだろうか。その製品やサービスを提供する自社のコストは、ライバル企業に比べて多いか少ないか。何よりも収益性を大きく左右するのは、ライバル企業の動きである。

したがって、ライバル企業を打ち破る戦略、あるいはライバル企業と互角に戦う戦略を打ち出すには、その分野を切り離して考えるのが理に適っている。その分野の収益性を別途分析する必要があることは言うまでもない。この分析を行うと、意外な結果が出てくるかもしれない。また、その分野のライバル企業が、他の分野でもライバルであったとしても（たとえば、製品Aと製品Bの競争相手が同じ会社であっても）、次の問題を考えてみる必要がある。

②売り上げに占める製品Aと製品Bの割合、あるいは市場シェアはライバル企業と同じだろうか。そして、ライバル企業は製品Aと製品Bのどちらに強みをもっているだろうか。

市場シェアをみてみると、たとえば製品Aでは自社が二〇％に対し、ライバル会社は二倍の四〇％もあるのに、製品Bでは、自社が一五％で、ライバル社は一〇％しかない。製品で競争力に差があるわけだ。

これには理由がある。消費者の好みもある。おそらくライバル会社は製品Bにはあまり力を入れていないのだろう。事業効率と価格競争力で、あなたの会社は製品Aでは負けているが、製品Bでは勝っている。この段階で、その理由を知る必要はない。製品Aと製品Bで、競争相手は同じでも、競争力に優劣があるという事実をつかめればそれでいい。その製品Aと製品Bを別々に分析してみれば、収益性に大きな差があることがわかるはずだ。

競争相手のことを考えると、どこに的を絞るべきかがわかってくる

企業は一般に、製品の種類別、組織の部門別にデータを集計するが、そうしたやり方ではなく、競争の性質の違いに注目することこそが、業績向上の近道になる。

先に紹介した計器メーカーの場合、事業をどう分析するかで、経営陣の意見が割れた。製品別の分析が重要だと主張する人がいれば、顧客の業種別分析が重要だという人もいた。また、国内市場と海外市場を分けて考える必要があると主張する人もいた。どの考え方も一理あるが、経営幹部によって考え方の前提が違うため、事業の組織化が混乱をきたし、意思疎通もうまくいっていなかった。

競争の性質で分類すれば、こうした議論に決着がつく。ルールは簡単だ。どの分野も競争相手が同じで、競争上の地位も変わらないとすれば、この分類は必要ない。誰もがすぐに理解できる従来の分類方法に従えばいい。しかし、その計器メーカーの市場を分析してみると、すべてとは言わないまでも、ほとんどの分野で、製品によって競争相手がまったく違うことがわかった。競争相手が同じ分野では、競争上の地位にほとんど差がなく、汎用部品を量産していた。だがそれは例外で、大半の分野では、製品ごとに仕様が違っていた。

そこでわたしは経営陣に質問した。顧客が石油精製会社と食品加工会社の場合では、競争上の地位に違いがあるかと……。一つの製品を除き、「違いはない」というのが答えだった。だが、その一つの製品——液体濃度計測器の場合、顧客の業種によって、競争相手がまったく違った。そこで、液体濃度計測器については、石油会社向けと食品会社向けに分けて考えることで話が決まった。

次に、国内市場と海外市場では、競争相手や競争上の地位が違うかどうかを聞いてみた。ほとんどの製品について、「違う」という答えが返ってきた。輸出が重要だというので、さらに国別に、同じ質問をしてみた。イギリスの競争相手はフランスと同じか、アジアと同じか……。「違う」という答えが出たところで、その事業を国別に分類することにした。

こうした検討を重ねた結果、事業を一五に分けて考える必要があることがわかった（ほんとうはもっと細かく分類されたのだが、煩雑になるのを避けるため、主なものだけを取り上げる）。だいたいは製品別、地域別の分類になったが、一つだけ、液体濃度計測器については、顧客の業種別に分類することにした。それから、一五の分野ごとに、売り上げと利益を計算し直した。その結果をまとめたのが、図表24と図表25である。

八〇対二〇テーブル（図表26）か八〇対二〇チャート（図表27）にすると、売り上げと利益の不均衡が際立つ。

■図表24　ある計器メーカーのセグメント別の収益性

（単位：1000ドル）

セグメント	売上高	利益	売上高利益率(%)
1	2,250	1,030	45.8
2	3,020	1,310	43.4
3	5,370	2,298	42.8
4	2,000	798	39.9
5	1,750	532	30.4
6	17,000	5,110	30.1
7	3,040	610	25.1
8	7,845	1,334	17.0
9	4,224	546	12.9
10	13,000	1,300	10.0
11	21,900	1,927	8.8
12	18,100	779	4.3
13	10,841	(364)	(3.4)
14	5,030	(820)	(15.5)
15	4,000	(3,010)	(75.3)
合計	119,370	13,380	11.2

■図表25　ある計器メーカーのセグメント別の収益性

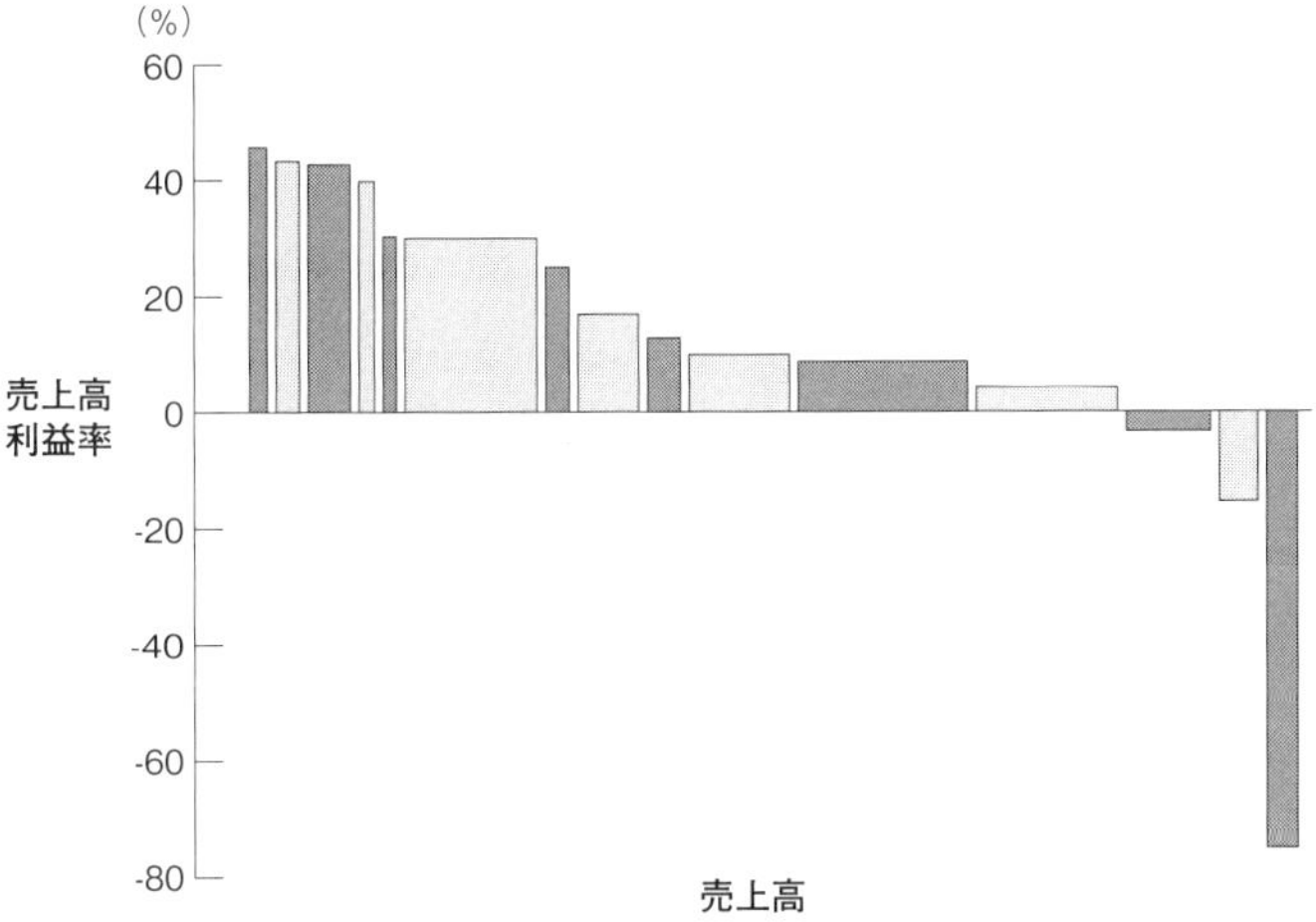

■図表26　ある計器メーカーのセグメント別の収益率

セグメント	売上高に占める割合 単独	累積	利益に占める割合 単独	累積
1	1.9	1.9	7.7	7.7
2	2.5	4.4	9.8	17.5
3	4.5	8.9	17.2	34.7
4	1.7	10.6	6.0	40.7
5	1.5	12.1	4.0	44.7
6	14.2	26.3	38.2	82.9
7	2.5	28.8	4.6	87.5
8	6.6	35.4	10.0	97.5
9	3.5	38.9	4.1	101.6
10	10.9	49.8	9.7	111.3
11	18.3	68.1	14.4	125.7
12	15.2	83.3	5.8	131.5
13	9.1	92.4	-2.7	128.8
14	4.2	96.6	-6.0	122.6
15	3.4	100.0	-22.6	100.0

■図表27　ある計器メーカーのセグメント別の収益性の80対20チャート

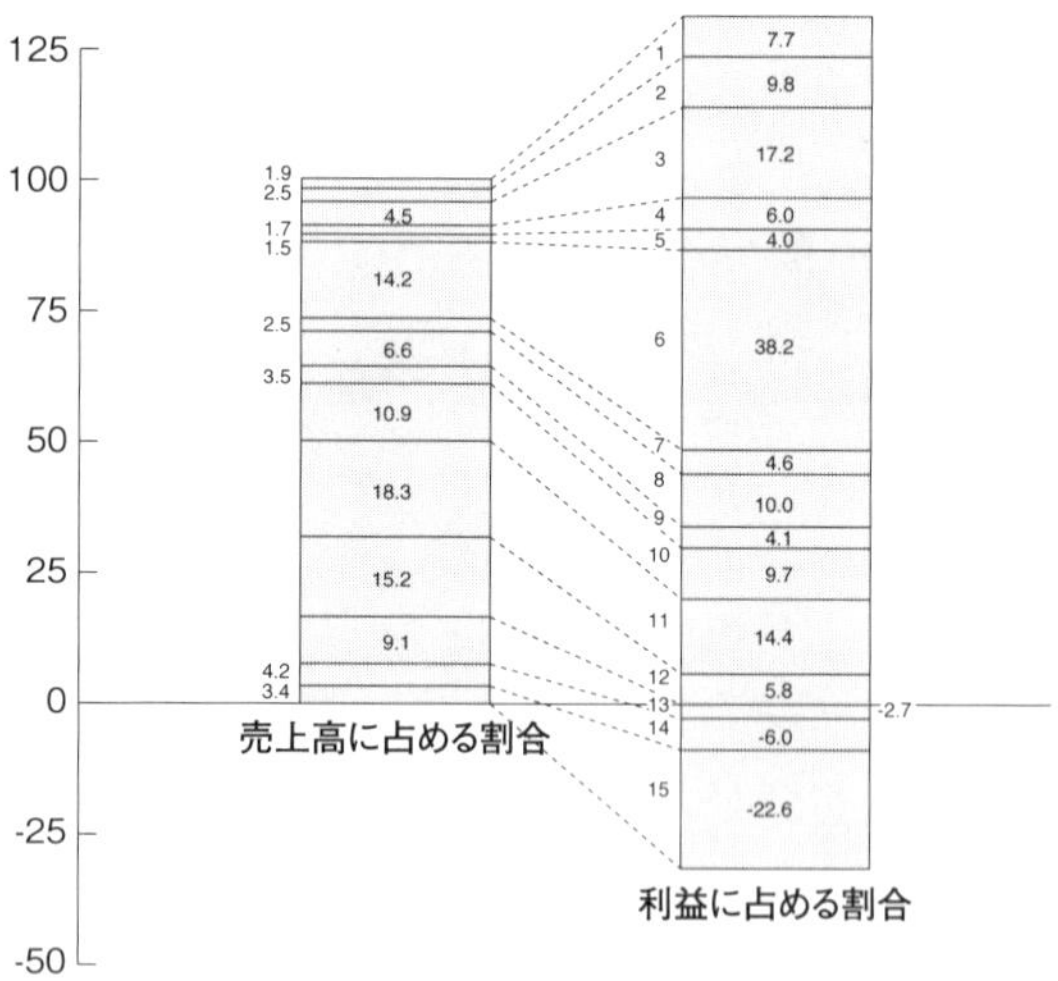

上位六つのセグメントが売り上げに占める割合は二六・三パーセントにすぎないが、利益の八二・九パーセントを占めること、つまり八三対二六の法則が成り立っていることがわかる。

この計器メーカーは利益を増やすために何をしたか

図表26と図表27は、事業の三つのタイプに注目している。

過去最高益を記録した四半期でみると、「セグメント1〜6」がドル箱であることがわかり、その分野は「優先順位A」に分類された。この六つだけで、利益の八〇％以上を稼ぎ出し、そのうえ平均して、販売管理に費やす時間が少なかった。経営者はこのデータをみて、その六つのセグメントに費やす時間を、全体の三分の二まで増やす決定を下した。その販売部門は、既存、新規を問わず、その分野の顧客への売り込みに照準を合わせた。その分野では、サービスの予算を増やし、価格を若干引き下げても、きわめて高い利益率を維持できることがわかった。

その次は「セグメント7〜12」である。この六つを合わせて、売り上げに占める割合は五七％で、利益に占める割合は四九％だった。つまり平均すると、収益性の平均水準を若干下回っている。この六つは「優先順位B」に分類されたが、その中で「7・8」と

「11・12」ではかなり差があることははっきりしている。したがって、先の二つの質問に対してどういう答えが出るかで、同じグループ内でもさらに優先順位が変わってくる。その答えについては後述する。この時点で、経営管理の約六〇%を「優先順位B」に振り向けていたのだが、それを半分に減らす決定が下された。このグループでは、製品価格を一部引き上げた。

最後のグループが、赤字を出している「優先順位X＝セグメント13〜15」である。このグループについては、「優先順位B」の市場ごとの魅力度と競争力の分析が完全に終わってから決定を下すことにした。とはいえ図表28に示したように、暫定的に優先順位を見直すことは可能だった。

計器メーカーの経営陣は各セグメントについて最終決定を下すまえに、収益性とは別に、経営戦略のカギを握る二つの質問に答えなければならなかった。

① そのセグメントは事業を存続するほど魅力的か。
② 自社は各セグメントでどれだけの競争力をもっているか。

その答えを整理し、最終的な戦略をまとめたものが、図表29である。

■図表28　ある計器メーカーの80対20分析の結果

優先度	セグメント	売上高に占める割合	利益に占める割合	行動
A	1〜6	26.3	82.9	販売体制を強化する 管理に費やす時間を増やす 価格を柔軟に設定する
B	7〜12	57.0	48.5	管理に費やす時間を減らす 販売体制を縮小する 一部の製品を値上げする
X	13〜15	16.7	(31.4)	事業の継続を見直す
合計		100.0	100.0	

■図表29　ある計器メーカーの戦略診断

セグメント	市場に魅力があるか?	市場での地位は?	収益性は?
1	ある	強い	きわめて高い
2	ある	強い	きわめて高い
3	ある	強い	きわめて高い
4	ある	強い	きわめて高い
5	ある	強い	高い
6	ある	強い	高い
7	ある	普通	高い
8	ある	普通	かなり高い
9	ある	ない	まずまず
10	さほどない	強い	まずまず
11	さほどない	強い	まずまず
12	ない	普通	低い
13	ある	改善	赤字
14	ない	普通	赤字
15	ない	ない	赤字

この分析のあと、どういう行動を取ったか

グループAは、どのセグメントの市場も魅力的だった。つまり、急成長しており、新規参入の障壁が高く、需要が供給を上回っており、競合する技術の脅威もなく、顧客に対しても、部品メーカーに対しても、強い交渉力をもっていた（競争相手のほとんどが、高い収益を上げていた）。

グループAは、どのセグメントでも好位置をキープしており、市場シェアが高く、上位三社に食い込んでいた。競争相手よりも技術力にすぐれ、コスト効率もよかった。グループAは収益性もいちばん高いので、「セグメント1〜6」を今後も最優先し、既存顧客への販売促進と新規顧客の開拓に全力をあげることになった。

グループBについては、セグメントによって戦略を見直す必要が出てきた。たとえば「セグメント9」の収益性は物足りないが、それは市場が魅力に乏しいからではなかった。競争相手の多くが多額の利益を上げていることをみれば、市場が十分に魅力的であることがわかる。だが、その計器メーカーの市場シェアは低かった。古い技術に頼っていたのが主因で、コスト効率が悪かったのだ。

新しい技術に切り替えようとすれば、大変な時間とコストがかかる。このため、このセ

グメントについては「刈り取る」ことにした。つまり、市場シェアにはこだわらず、価格を引き上げる決定が下された。値上げすると販売数量は落ち込むと予想されるが、当面の採算は向上するはずだ。蓋をあけてみると、値上げしても販売数量はほとんど変わらず、利益率が上がった。価格が多少上がっても、顧客には選択の余地がほとんどなかったのだ。それまで一二・九％だった「セグメント9」の利益率は、二〇％を突破した（ただ、これが一時的な現象であることは、経営陣にもわかっていた）。

「セグメント10と11」はトップシェアを誇っていたが、その市場は構造的に魅力がなかった。市場規模は縮小傾向にあり、業界全体の生産能力が過剰になってきたため、「買い手市場」の様相を呈し、顧客が大幅な値下げを要求してくることも十分に予想された。そのため、市場のリーダーではあったが、このセグメントの設備投資計画はすべて白紙に戻した。

理由は違うが、「セグメント12」についても同様の決定を下した。市場の魅力が薄れる一方で、市場シェアはそれほど高くなかった。このためマーケティングと設備投資の予算を全額凍結した。

赤字を出しているグループXについては、どういう手を打ったか。三つのセグメントのうち「セグメント14と15」の二つは、市場規模こそ大きいが、魅力に乏しく、市場での存在感はない。そこで市場からの撤退を決め、一つのセグメントでは工場を競争相手に売却した。安値でしか売れなかったが、多少の現金が入り、出血を止めたうえ、その工場で働く従業員の雇用も確保された。もう一つのセグメントについては、事業から完全に撤退した。

同じグループXでも、「セグメント13」は違う運命をたどった。この分野は赤字を出していたものの、市場は構造的に魅力があった。市場は年一〇％のペースで拡大しており、競争相手は高い収益を上げていた。全体の間接費を配分すると赤字になるが、単独での利益率はかなり高かった。問題は、一年前に市場に参入したばかりで、初期投資の負担が重荷になっていることにあった。だが、市場シェアは拡大しており、現在のペースで伸び続けると、三年後には市場の主要プレーヤーになれる見通しだ。その頃には初期投資を回収し、高い利益率が確保できると期待できた。したがって、必要最小限の規模で、できるだけ早期に採算に乗るよう、「セグメント13」には一段と力を入れることになった。

「八〇対二〇分析」から単純な結論を出してはいけない

「セグメント13」の例をみればわかるように、利益の「八〇対二〇分析」を行えば、それで必ず正しい答えが出るわけではない。この分析は、ある時点の「静止画」であり、収益

■図表30　ある計器メーカーが80対20分析のあとに取った行動

セグメント	優先度	特性	行動
1〜6	A	魅力的な市場 高い市場シェア 高い収益性	経営資源を集中投入 販売体制を強化 柔軟な対応で販売を伸ばす
7〜8	B	魅力的な市場 まずまずのシェア 高い収益性	現状を維持 特別な対策は不要
9	C	魅力的な市場 技術力に劣る 低い市場シェア	収穫（コスト削減と値上げ）
10〜11	C	魅力がない市場 高い市場シェア まずまずの収益性	体制を縮小
12	C⁻	魅力がない市場 まずまずのシェア 低い収益性	体制を大幅に縮小
13	A	魅力的な市場 現状は苦しいが地位は改善 採算割れ	市場シェアの拡大を急ぐ
14〜15	Z	魅力がない市場 低い市場シェア 採算割れ	売却または閉鎖

性に変化を及ぼすトレンドをとらえることはできない。収益性の「八〇対二〇分析」は、正しい戦略を立てる際の必要条件だが、十分条件ではない。

一方、損失を減らすのが、利益を増やす最善の方法であることは疑う余地がない。「セグメント13」を除き、一五のセグメントのうち一四のセグメントで、つまり九〇%以上の確率で、単純な利益分析が正しい答えを出している点に注目してもらいたい。この八〇対二〇分析だけでいいというわけではないが、それが戦略立案の出発点になる。出てきたすべての答えについて、セグメントごとに、市場の魅力度と自社の競争上の地位を検討してみなければならない。計器メーカーが取った行動を整理したものが、図表30である。

未来へのガイドになる八〇対二〇の法則

あなたの会社はまったく別の生き物に生まれ変わる

既存事業のセグメントを戦略的に見直す際には、まず八〇対二〇の利益分析から始めるようお勧めしたい。すでにみたように、この分析はセグメント戦略の立案には絶対欠かせないものである。だが、これだけではまだ、八〇対二〇の法則を戦略に活かしきったとは言えない。大きく飛躍するためには何をすべきか。その答えをみつけるためにも、八〇対二〇の法則は活用できる。

人は誰しも、自分の会社、自分の業界は精いっぱいやっていると考えやすい。自分がかかわっている事業はきわめて競争が激しく、ある種の均衡に達しており、ゲームは終わりに近いと考えがちだ。だが、これほど現実とかけ離れていることもない。

自分が属している業界はどうしようもなく、つくり変えたほうが顧客のニーズに応えられる、という前提から出発したほうがはるかにいい。自分の会社について言えば、これからの一〇年間で、まったく違う会社に生まれ変わらせてみせる、というくらいの気概が欲しい。一〇年後に振り返って、「あんなことをやっていたなんて信じられない。うちの会社はよほど頭がおかしかったにちがいない」と言えるようになりたい。

勝敗を決するのはイノベーションだ。将来、競争上優位に立つためには、これが絶対欠かせない。イノベーションは難しいと考えている人が多いが、八〇対二〇の法則をうまく使えば、それは意外と簡単なものである。と同時に、じつに楽しいものになる。たとえば、こんなふうに考えてみよう。

●あらゆる産業を合わせた利益の八〇%は、二〇%の産業が上げている。製薬やコンサルティングなど、巨額の利益を上げている産業を思いつくかぎり挙げてみよう。そのリストができたら、自分の業界がなぜ、その中に入れないのかを考えてみよう。

●ある業界全体の利益の八〇%は、二〇%の企業が上げている。自分の会社がその中に入っていないとしたら、その原因はどこにあるのか。

●顧客が受け取る価値の八〇%は、企業活動の二〇%から生まれる。自分の会社で、その二〇%とは何か。その二〇%にもっと力を入れることができない理由は何か。

●ある産業が提供しているものの八〇%は、顧客の利益の二〇%にしか貢献していない。その八〇%とは何か。なぜ、それをやめることができないのか。たとえば、銀行だからといって、必ず支店が必要だとはかぎらない。電話やパソコンで提供できるサービスがあるはずだ。セルフサービスを増やした場合、どういう問題点が出てくるか。顧客を巻き込んだサービスは提供できないのか。

●ある製品やサービスの価値の八〇%は、コストの二〇%で提供できる。多くの顧客は、余計なものを削ぎ落とした低価格品を買うだろう。そんな製品やサービスを提供している企業はないか。

●ある産業の利益の八〇%は、顧客の二〇%から上げている。あなたの会社は、その二〇%の顧客をしっかりつかんでいるか。つかんでいないとすれば、何をする必要があるか。

なぜ人手が必要なのか

産業の変遷を振り返ってみると、参考になることがある。わたしの祖母は昔、小さな食料品店を営んでいた。注文を受けると、その商品を揃え、子どもだったわたしが自転車でそれを配達した（ときには、わたしより頼りになる少年が配達することもあった）。しばらくして、近くにスーパーができた。客は自分で品物をカゴに入れ、持ち帰らなければいけないが、その代わり、スーパーの品揃えは豊富で、値段が安く、広々とした駐車場があった。祖母の店の客が新しくできたスーパーに流れていくのに、そう時間はかからなかった。

ガソリンスタンドなど、いち早くセルフサービスを取り入れた商売がある一方で、家具店や銀行など、そういったサービスには向いていないと思われる商売もあった。ところが、家具のＩＫＥＡなど、新しい発想をする新規参入者が次々と現れて、セルフサービスにして価格を下げるほうが、消費者が喜ぶことがわかってきた。

ディスカウント・ショップもまた、小売のあり方を大きく変えた。品数や装飾や店員のサービスを減らし、思い切って価格を下げるやり方だ。売り上げの八〇％は、商品の二〇％に集中しているのだから、その二〇％だけ店に並べればいいという発想である。わたしは以前、ワイン・ショップでアルバイトしたことがある。その店では、ボルドーの赤を三〇種類も揃えていた。それだけの種類を誰が必要としているのか。値段がはるかに安いチェーン店に客を取られて、その店は間もなくつぶれた。そしていま、その店があったところには、ワイン専門の倉庫型ディスカウント・ストアが立っている。

五〇年前、ファストフード店がこれほど繁盛すると想像できた人がいただろうか。いまでは、限られたメニュー、それもありきたりなメニューしかなく、内装や調度品の趣味がいいとは言い難い大型の大衆レストランに人が集まっている。値段は安いが、一時間半で追い出される。そうしたレストランが、昔ながらのレストランからどんどん客を奪っている。

機械がはるかに安くやってくれることを、なぜ人間にやらせなければいけないのか。そのうち航空会社の客室乗務員は、すべてロボットに代わるかもしれない。人間のサービスのほうがいいと言う人は多いだろうが、機械のほうが信頼できるし、圧倒的にコストが安い。機械なら、二〇%の費用で、八〇%の便益を提供してくれるかもしれない。銀行のATMをみても、窓口の行員より、サービスははるかにいいし、はるかに速い。そして、コストは人間の何分の一かですむ。いずれ、人とのふれあいを望むのは、わたしのような〝かび臭い〟人間だけになるかもしれない。いや、そのわたしでさえ、そのときになれば、価格が安い機械のほうを選んでいるかもしれない。

カーペットは時代遅れか

想像力をはたらかせてほしい。八〇対二〇の法則をどう応用すれば、会社の運命が変わり、業界全体が一変するだろうか。

ジョージア州にあるインターフェースという会社を紹介しよう。年商八億ドルのカーペット・メーカーである。以前はカーペットを販売していたが、いまはリースで提供している。それも、昔ながらのカーペットではなく、カーペット材料を矩形《くけい》に切ってつくったタイル状の床材、すなわちタイルカーペットをリースしている。汚れがひどくなったり、破れたりする箇所の八〇%が、二〇%の部分に集中していることに気づいたからだ。普通のカーペットは、たとえ一か所でも擦り切れれば、ほかの部分はまだ十分に使えても、一枚全部を取り替える。

インターフェースのリース契約はこうなっている。定期的に検査を行い、汚れや損傷の激しい部分があれば、その部分だけ取り替える。そうすれば、メーカーも顧客もコストを下げられる。ほんのちょっとした八〇対二〇の現象に気づいたことで、会社が生まれ変わり、将来のトレンドを先取りした好例である。

まとめ　発想を切り替える

八〇対二〇の法則に照らすと、戦略の間違いがみつかるはずだ。活動のほんの一部から大きな利益を上げたいと思うなら、発想を切り替え、そのほんの一部を拡大再生産するために全力をあげるべきだ。だが、それは答えの一部にすぎない。一点集中はもちろん必要だが、そのほかにもう一つ、ビジネスに関して忘れてはならない真実がある。その真実を次の章であきらかにしよう。

第5章

シンプル・イズ・ビューティフル

わたしはいつも、ものごとを単純化したいと努力している。そういう努力をする人が少ないので、生活必需品でさえ、ずいぶん値段が高くなっている（贅沢品は言うまでもない。そして人間の生活は必需品さえあればいいというものではないだろう）。それは、ほとんどのものが必要以上に複雑になっているからだ。衣類も、食品も、家具も、もっと単純にできるし、もっといいものがつくれる。

——ヘンリー・フォード(1)

事業によって収益性に大きな差があることは、前章でみたとおりである。八〇対二〇の法則のとおりだとすると、とんでもない仮説が成り立つ。会社の売り上げの五分の一が利益の五分の四を占め、逆に、売り上げの五分の四は利益のわずか五分の一を占めるにすぎない。

だとすれば、売り上げが一億ドルで、利益が五〇〇万ドルの会社の場合、二〇〇〇万ドルの売り上げが四〇〇万ドルの利益をもたらすことになり、この分の売上高利益率は二〇%である。一方、八〇〇〇万ドルの売り上げがわずか一〇〇万ドルの利益しか上げていないことになり、この分の売上高利益率はわずか一・二五%である。これは、事業の五分の一の収益性が、残りの五分の四より一六倍も高いことを意味する。これは架空の例だが、実際の企業のデータを調べてみると、大体そうなっていて、およそ的外れということはない。

なぜ、そんなことになるのか。事業によって収益性に差があることは直観的にわかる。だが、一六倍もの差があるとは信じられないだろう。だから、製品の種類ごとの収益性分析を部下に命じた経営幹部は、あがってきた分析結果をなかなか信じようとしない。分析の前提をチェックし、前提が正しいことがわかっても、そんなはずはないと首をひねる。

そして、収益性が低い事業の八〇%に大鉈《おおなた》を振るおうとはしない。莫大な経費が無駄になっていることを考えれば、事業を見直すのが筋である。その八〇%の事業をやめてしまえば、利益が増えるのはあきらかだ。少し時間はかかっても、間接費のほぼ八〇%を削減できるからだ。

だが、証券アナリストやコンサルタントがそう進言しても、経営者が強く反対し、結局、巨額の赤字を垂れ流している事業をやめるだけで終わる。そして、収益性がきわめて高い事業の強化には、あまり力を入れようとしない。こうした中途半端なやり方で満足してしまうのは、真実をきちんと理解していないからだ。収益性の低い事業がなぜ、それほど悪いのかを真剣に考えてみようとする人は少ない。収益性の高い事業だけを行うこと、間接費の八〇%を削ることが現実にできるかどうかを、じっくり考えてみる人はさらに少ない。

真実はこうだ。ある事業の採算がなぜ悪いのかといえば、間接費がかかるからであり、あまりに事業を多角化すると、組織がおそろしく複雑になるからだ。一方で、とくに採算がいい事業には、それほど間接費がかからないというのも事実である。組織や仕組みさえ変えれば、高採算の事業だけを行って、利益率を落とさないことは十分に可能なのである。

なぜ、それが可能かといえば、理由は同じである。「シンプル・イズ・ビューティフル」――単純化にまさるものはないからだ。経営者は複雑性が好きらしい。最初は単純な事業でも、軌道に乗ってくると経営者は途端に複雑にしたがる。だが、収益性は複雑さを嫌う。事業が複雑になるにつれて、利益率はどんどん落ちていく。つまらない仕事が増えるせいもあるが、それ以上に重要なのは、複雑化ほど収益を圧迫する要因はないからだ。

それさえわかれば、対策は簡単で、その逆をやればいいだけだ。事業を単純化するほど、収益性は高まる。あとはただ、複雑化のコスト（あるいは単純化の価値）を理解する力と、低採算の元凶になっている間接費の八〇%を削る勇気さえあればいい。

単純は美しく、複雑は醜悪

八〇対二〇の法則をよく知っている人でも、単純が美しいこと、そして、それはなぜなのかを理解しないかぎり、事業の八〇%、間接費の八〇%を諦めようとしないので、業界を変えることはできない。したがって、基本に戻り、ビジネスの成功に関する常識を見直す必要がある。そのためにはまず、会社の適正規模をめぐって議論しなければならない。この議論に決着がつけば、単純がなぜ美しいかがわかるだろう。

目下、産業構造には、非常に興味深い、前例のないことが起こっている。産業革命以来、会社の規模はどんどん大きくなり、事業は多様化してきた。一九世紀末まで、ほとんどの企業が収益の大半を国内市場から上げていた。そして、本業ははっきりしていた。二〇世紀は変革の時代であり、ビジネスの性質も生活様式も大きく変わった。まず、自動車の「民主化」を追求したヘンリー・フォードが大成功をおさめたこともあり、量産技術が威力を発揮し、多くの企業の収益が飛躍的に伸びた。人類史上初めて大衆ブランドの消費財が誕生し、消費財の実質コストが大幅に下がり、大企業の力がますます強まっていっ

く。

た。そして、多国籍企業が台頭する。当初は、欧米に、やがて世界中で事業を展開していた。

次に登場した複合企業《コングロマリット》は、一つの業種に絞ることをよしとせず、さまざまな業種に手を広げ、夥しい数の製品を投入した。さらに新たに考案され、洗練された敵対的買収という手法が、経営者の野心と金融のレバレッジ効果によって多用され、企業規模の拡大に拍車がかかった。そして、二〇世紀最後の三〇年は、産業界のリーダー、とくに日本の経営者が世界制覇を目指し、市場シェアの拡大に血眼になってきた。これで「大きいことはいいことだ」という信仰が完全に定着したかにみえた。

つまり、二〇世紀の最初の七五年間は、さまざまな理由から、ひたすら拡張の時代であり、企業規模の拡大はとどまるところを知らなかった。最近まで、経済活動と言えば、たいてい大企業のビジネスのことだった。ところが二〇世紀の最後の二〇年に、突然、流れが大きく変わりはじめる。〈フォーチュン五〇〇〉企業の総売上高がアメリカのＧＤＰに占める割合は一九七九年には六〇％近かったが、九〇年代初頭には四〇％程度にまで下がったのである。

ならば、小さければいいのか

それならば、小さければいいのかと言えば、決してそうではない。経営者が長い間信奉してきた「規模と市場シェアが大切だ」という信仰が間違っているわけではない。量産できれば、いわゆる「規模の経済」がはたらいて単位あたりの生産コストが下がり、固定費用が下がる（現在、工場の生産効率はきわめて高くなっているので、総コストに占める間接費の割合が大きくなっている）。また、市場シェアがあれば、値上げしやすくなる。最大の市場シェアを確保し、もっとも人気があるブランド商品をもち、もっとも評判が高い会社は、そのいずれでも劣る競争相手より、高い価格を設定できる。

ではなぜ、大きな会社が小さな会社に市場シェアを食われる現象が起こっているのか。なぜ規模とシェアの利点が収益性向上に結びつかないケースが増えているのか。「規模の経済」の理論では、売り上げが増えれば採算が向上するはずだが、売り上げをどんどん伸ばしながら、売上高利益率も資本利益率も落ちている企業が現実にいくつも存在する。どうして、こんなことが起こるのか。

複雑化のコスト

その答えは、複雑化のコストにある。問題は規模の拡大ではなく、複雑化なのだ。複雑化せずに規模が拡大すれば、必ず単位当たりのコストは下がる。そして、それまでと同じ価格で製品やサービスを提供すれば、必ず利益率は上がる。

とはいえ、規模だけ拡大して、他の条件はすべて変わらないということは滅多にない。仮に顧客が同じでも、既存の製品を改良したり、新製品を開発したり、新しいサービスを追加したりしないかぎり、販売数量は伸びないのが普通だ。そのため間接費がかさむが、それはみえにくい。そして、新たな顧客が増えてくると、事態はさらに悪化する。新規顧客の獲得には初期コストがかかるし、新規顧客のニーズは既存顧客のニーズとは違うことが多いからだ。このため、仕事がいっそう複雑になり、コストがかさんでいくのだ。

社内の複雑性は膨大な「隠れコスト」

新規事業は既存事業とは違うので、たとえその違いがわずかなものであっても、コストは膨らんでいく。販売数量に比例してコストが膨らむならまだいいが、販売数量の伸びを

■図表31　複雑化のコスト

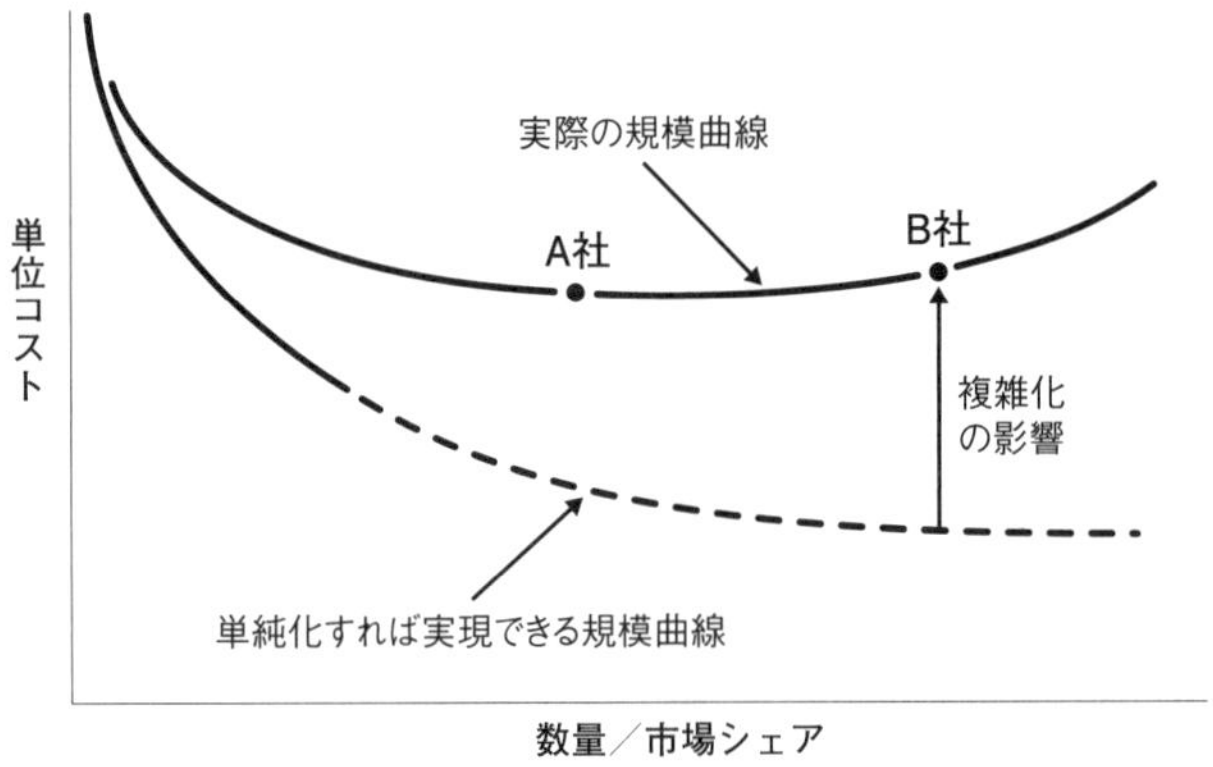

はるかに上回るペースでコストが膨らんでいく。複雑になるほど組織の動きが鈍くなり、新たな問題が起こるたびに経営幹部の介入が必要になるからだ。人間が増えれば、それだけ意思の疎通は難しくなる。誤解が誤解を呼ぶケースも出てくるだろう。仕事の手を休めて誰かの指示を待ち、指示を受けて少し手を加え、完成していないものをまた別の人に回すといったことも増える。こうしたコストが積み重なっていくと膨大なものになるが、目にみえにくいだけに余計に始末が悪い。違う階、違う建物、あるいは違う国に行かなければ意思の疎通を十分に図れないようになると、事態はますます悪化していく。

これをグラフにしたのが、図表31である。B社はA社よりも規模が大きいが、コストも高い。数量が増えるほどコストが下がるという「規模曲線」が狂っているのではなく、B社の場合、数量が増加するにつれ複雑化のコストが増大しているからだ。この影響は甚大で、A社の目にみえる追加コストよりもはるかに大きい。規模曲線は作動しているが、規模拡大のメリットより、複雑化のデメリットが上回っているのである。

キーワードは「シンプル・イズ・ビューティフル」

複雑化のコストがわかると、企業の規模に関する議論は一気に前進する。「スモール・イズ・ビューティフル」なのではない。他の条件がすべて同じだとすれば、「ビッグ・イズ・ビューティフル」なのである。だが、そうでなければ、複雑になる分だけ、大きいことには無駄が多くなる。大きいことが「ビューティフル」な場合もある。だが、「シンプル」のほうは、つねにビューティフルなのである。

経営の専門家でさえ、単純なことがいかに大切かに気づくのに時間がかかった。ギュンター・ロンメルトがドイツの中堅企業三九社を対象に行った調査によれば、業績好調の会社と業績不振の会社を分けるポイントは一つしかなかった。(2) それはシンプルかどうかだった。業績が伸びている会社は、製品の種類が少なく、顧客も取引先も少なかった。調査はこう結論づけている——複雑な製品を売るのにもっとも適しているのは、単純な会社である。

この章の冒頭に記したように、八〇対二〇の法則をそのまま企業の利益に適用すると、信じられないような数字が出てきた。だが、シンプルが大事だと頭を切り替えれば、それが現実に起こりうることを理解できるはずだ。売り上げの上位五分の一で、利益の五分の四を生み出す。売り上げ上位二〇％の利益が、下位二〇％の一六倍も高くなる（あるいは下位二〇％が赤字なら、上位二〇％の収益性は無限大になる）。それを実現するには、どうすればいいのか。キーワードは「シンプル・イズ・ビューティフル」である。

「シンプル」を実現するステップ

●純然たる市場シェアは、一般に考えられているよりもはるかに重要である。規模の「水増し」にともなう複雑化のコストが正確に計算されていないため、純粋な規模の利益率はわかりにくい。通常、事業分野によって競争相手も違えば、競争相手との力関係も違う。ニッチ市場で圧倒的なシェアを確保できれば、その事業の利益率は、競争相手が圧倒的なシェアを占める別の事業の何倍も高くなる。

●成熟したシンプルな事業は、収益性がきわめて高くなりうる。製品、顧客、仕入先の数を減らせば、たいてい利益は増える。高採算の製品と顧客に力を入れられるうえ、間接費や中間管理職など、複雑化のコストを大幅に削減できるからだ。

●製品の種類が多ければ、当然、仕入先は増える。複雑化のコストを削減するには、アウトソーシングが一番である。最善の方法は、研究開発、製造、マーケティング、販売、配送、サービスなどバリューチェーンのうち、自社の最大の強みはどこかを見極め、それ以外のものはすべて外部に委託することである。そうすれば、複雑化のコストを大幅に削り、人員を思い切って削減でき、製品を市場に投入するまでの時間も短縮できる。その結果、コストが大幅に下がり、そのうえ、製品を大幅に値上げできることもめずらしくない。

●そうすれば、これだけは欠かせないという機能とコストだけが残る。先にあげたバリューチェーンのうち、一つだけに特化すれば、本社もいらないし、事業部門ごとのオフィスもいらなくなる。そして、本社をなくすと利益に直結する。本社の最大の問題は、コストではない。顧客に価値をもたらす現場の人間から、責任感と自主性を奪ってしまうことだ。本社がなくなれば、昇進争いにかまけるのではなく、顧客のニーズに目を向けることができる。

本社からの予算の割り当てや干渉の度合いは部門によって異なる。本社からの「助け」を得られず、自力で頑張っている製品やサービスの収益性がもっとも高いことが少なくない。八〇対二〇分析の結果が出たとき、いちばん無視していた分野がいちばん収益性が高いことを知って、経営幹部がショックを受けるのはこのためだ（残念ながら、八〇対二〇分析はいいことばかりではない。ずば抜けて高い収益性を上げている部門は、経営幹部の関心を集めることになる。そうなると、逆に収益性が下がり始めることもある）。

●組織や仕組みが単純なほど、顧客に近づくことができ、経営陣が口をはさむ余地が少なくなる。要望をきちんと聞いてもらえる顧客は、自分が大切に扱われていると感じる。そうなると、もっとお金を払っていいと思う。顧客にとって、大切に扱われることは、価値の追求と同じくらい重要だ。このため、事業を単純化すると、コストを下げられるばかりでなく、値上げもしやすくなるのだ。

何もしないことの苦しい言い訳――「それだって間接的に貢献している」

八〇対二〇分析の結果をみせられた経営者はよく、高採算のセグメントだけに力を入れるわけにはいかないと言う。低採算のセグメントでも、あるいは赤字を出しているセグメントでさえ、会社全体の業績に間接的に貢献していると言う。これは現状を変えたくないことの苦しい言い訳であり、保身を正当化する以外の何ものでもない。

もっとも収益性が高いセグメントに力を入れれば、その事業は驚くほどのスピードで成長する。年二〇％近いペース、あるいはそれ以上のペースで成長する。その分野ではすでに地位を確立し、顧客もしっかりつかんでいるのだから、その事業を伸ばすのは、会社全体の業績を伸ばすよりはるかに簡単である。低採算のセグメントから受けている間接的な貢献など、すぐに要らなくなる。

要らないものはさっさと捨てるにかぎる。意思さえ強ければ、必ずできる。低採算のセグメントは、買い手があれば売却すればいいし、買い手がいなければ閉鎖すればいい（経理の人間は「撤退コスト」などを持ち出して大反対するだろうが、そんなものは紙の上の数字にすぎない。コストといっても、たいていの場合、現金支出が発生するわけではない。現金支出が発生する場合でも、それはすぐに取り戻せる。単純化の効果は絶大なので、経理畑の人間が言うよりはるかに早く取り戻せる）。

ただ、売却せず、閉鎖もしない第三の道がある（これが案外、絶妙な手なのだ）。それは、市場シェアが低下するに任せる方法である。収益性の低い顧客や製品のことは放っておく。サポートをどんどん打ち切り、販促の予算を減らし、価格を引き上げる。そうすれば、売り上げが減っていく間も、儲かって笑いが止まらない。

もっとも単純な二〇%に磨きをかける

単純で標準化されたもののほうが、複雑なものより、はるかに生産性が高く、コスト効率が高い。単純なメッセージほど、人の心をとらえ、同僚にも顧客にも仕入先にも広く訴えるものだ。構造とプロセスは単純なほど魅力があり、同時にコストもかからない。セルフサービスがそうだが、顧客のほうに来てもらうようにすれば、選択肢が増えるし、安上がりで、スピードも速く、カネも落としてもらいやすい。

製品でも、プロセスでも、市場へのメッセージでも、販売チャネルでも、設計でも、製造でも、アフターサービスでも、顧客からのフィードバックでも、もっとも単純な二〇%が何かを、つねに考えておくべきだ。それが何かがわかったら、さらに磨きをかけ、これ以上は単純化できないというところまで単純化していく。製品やサービスの提供は、どのような条件下でも、世界中どこでも通用するように、できるだけ標準化する。無駄な装飾や過剰なものはどんどん捨てる。単純化した二〇%の品質をできるだけ高め、一貫性をもたせる。複雑になってきたものがあれば、それを単純化する。単純化できなければ捨てる。

複雑なものを捨てたコーニング社の例

問題を抱えている企業が八〇対二〇の法則を使って、複雑さを減らし、利益を増やすにはどうすればいいか。格好の事例を提供してくれるのが、ガラス製品メーカーのコーニング社だ。コーニングは、アメリカのオハイオ州グリーンビルとドイツのカイザースロウテルンで、自動車の公害防止装置用のセラミック基質をつくっている。[3]

一九九二年、アメリカの事業は不振をきわめ、翌年には、ドイツの市場も急速に悪化した。だが、コーニングの経営陣は慌てず騒がず、あらゆる製品の収益性を長期的な観点で精査した。

世界中のほとんどの企業と同様、コーニングも標準原価を計算して、何をつくるべきかを決定していた。だが、ここに八〇対二〇の法則が入りこむ余地があるのだが、標準原価法では、製品のほんとうの収益性はわからない。生産量の多い製品と少ない製品を区別していないからだ。コーニングはその欠点に気づき、残業手当、研修費用、設備の更新費用や定期点検コストなどの変動費用をすべて、標準原価に加算してみた。その結果は、驚くべきものだった。

ドイツの工場では、左右対称の単純な形のセラミック基質と、奇妙な形のセラミック基質の二種類を生産していた。ここでは便宜上、前者をR10、後者をR5と呼ぶことにする。R10は大量生産していたが、R5の生産量は少なく、R5の標準原価はR10より二〇%高かった。だが、付加的な設計や工程の工夫など、R5の製造にかかわるあらゆるコストを勘案すると、その製造原価はR10より五〇万%（！）も高いことがわかったのだ。

だが、よく考えてみると、それほど不思議なことではない。R10はほぼ自動的につくれるが、R5のほうは、仕様どおりにつくるには、高賃金の技術者がつきっきりでなければいけなかったからだ。R10だけの生産に絞れば、技術者の数はずっと少なくて済むはずだ。そこでコーニングは決断した。売り上げにはほとんど貢献せず、利益の足を引っ張っているR5の生産をやめ、技術者の数を二五%削減したのである。

五〇対五の法則

コーニングの分析結果をみると、八〇対二〇の法則のほかに、五〇対五の法則があることがわかる。

顧客、製品、部品、仕入先の五〇%は、売り上げと利益に占める割合が五%以下であることが多いという法則である。生産量が少なく、採算がとれない五〇%を取り除くことが、複雑さを減らすカギになる。

コーニングでは五〇対五の法則がはたらいていた。グリーンビル工場では四五〇種類の製品をつくっていたが、そのうち半分が売り上げの九六・三%を占め、残りの半分は売り上げのわずか三・七%を占めるにすぎなかった。同期間、ドイツの工場では、生産量が少ない下位五〇%の製品は売り上げの二~五%にしか寄与していないことがわかった。どちらの工場でも、下位五〇%の製品は赤字になっていた。

つくればつくるほど儲からなくなる

数量の拡大だけを追い求めると、地獄へまっしぐらだ。数量が増えると、付け足しのような製品や顧客が増え、管理が複雑になっていく。管理職にとっても複雑なほど自分の存在理由ができるし、権限も拡大するため、どうにも身動きが取れなくなるまで、複雑化が許容され、奨励されることが多い。

コーニングの工場では、赤字を垂れ流しながら複雑な製品を数多くつくっていた。解決策は、製品の種類を半分以下に減らすことだった。それまで一〇〇〇社から材料や部品を購入していたが、その購入総額の九五%を占める二〇〇社に仕入先を絞ることにした(九五対二〇の法則)。そうすることで組織は合理化され、フラットになった。

不況の真っ只中にあって業績が落ち込んでいるときに、コーニングは力を入れるのではなく、力を抜いた。話が逆のように思えるが、これが功を奏した。事業を単純化し、縮小した結果、利益はまもなく急回復した。やることが少ないほどいいのである。

管理職は複雑にすることがお好き

ではなぜ、複雑になれば採算が悪化するのに、利潤の最大化を追求するはずの企業が複雑になっていくのか。

その答えは、先ほどもふれたとおり、管理職は複雑にするのが大好きだからである。話がこんがらがってくると、管理職は俄然、活き活きしてくる。細かいことに口出ししたり、形式だけの手続きを増やしたりと、管理職にとって面白い仕事がたくさんできるからだ。放っておくと、知らないうちにものごとがどんどん複雑になっていくことにお気づきの読者もいるだろう。複雑化と管理職は、相互扶助の関係にあるのは間違いない。

たいていの企業は、消費者や投資家、そして一般社会に損をさせるために、管理職が共謀しているのではないかと思える。商業主義の権化、資本主義の鑑《かがみ》のような企業も例外ではない。倒産の危機に直面しないかぎり、あるいは、身内の管理職の利益よりも、消費者や投資家の利益を優先する類い稀なリーダーが出てこないかぎり、管理職は安心して複雑化ゲームを楽しむことができる。複雑化は、管理職の利益に適っているのである。(4)

単純化によってコストを削減する

とかく人生はそういうものだが、企業もまた、放っておけばどんどん複雑になる傾向がある。どんな組織も、大きくなり、複雑になるほど、非効率で無駄が多くなる。やるべきことに的を絞らない。既存の顧客、あるいは潜在顧客に価値を提供するのが、企業の使命のはずだ。この目的に沿わない活動は、どんなものであれ非生産的というしかない。それなのに、ほとんどの大企業は、無駄にカネをかけて、非生産的な活動にかまけている。

どんな人も、どんな組織も、なんらかの連立の一員だが、連立の内部では綱引きが行われている。取るに足らない多数と、決定的に重要な少数の間の綱引きである。取るに足らない多数の力によって、停滞と非効率が生まれ、決定的に重要な少数の力によって、活気と効率が生まれる。大半の活動は、ほとんど価値を生み出さず、ほとんど変化をもたらさない。ほんの少数の強力な介入が、とてつもなく大きい影響力をもつ。この綱引きは目にみえにくい。一人の人間、一つの組織が、生産性の低い仕事と高い仕事を同時にしているからだ。そして、全体の結果しか認識できず、ゴミと宝石を見分けることができない。

だとすれば、どんな企業でも、コストを削減する余地は大いにあり、顧客にもっと高い価値を提供する能力ももっている、ということだ。ものごとを単純化し、生産性が低い仕事、あるいはマイナスの価値しか生まない仕事をやめれば、それが可能になる。そのために、以下の六点を肝に銘じてもらいたい。

●複雑になるほど無駄が増える。効率を高めるには、単純化するしかない。
●仕事の大半はつねに、無意味で、場当たり的で、見当違いで、無駄が多く、顧客のニーズからかけ離れている。
●仕事のごく一部はつねに、効率がきわめて高く、顧客に喜ばれている。それが実感できないのは、宝石がゴミの山に埋もれてしまっているからだ。
●どんな企業でも、生産的な力と非生産的な力が混在している。人、関係、資産、すべてがそうである。
●生産性が低い仕事のダメさ加減が目立たないのは、ごく一部の生産性が高い仕事に陰で支えられているからだ。
●仕事のやり方を変え、やることを減らせば、飛躍的な改善がつねに可能である。

つねに八〇対二〇の法則を思い出すことが肝要だ。自社の製品やサービスを調べてみると、五分の一が利益の五分の三から五分の四を占めていることが多いはずだ。残りについては、採算を改善するか、切り捨てることだ。

八〇対二〇の法則を使ってコストを削減する

八〇対二〇の法則を活かしたコスト削減の効果的な方法は、「単純化」、「集中」、「パフォーマンスの比較」の三つである。先ほどみたように、「単純化」では、利益を生まない活動を取り除いた。以下、あとの二つについて説明しよう。

取捨選択

すべてのことに均等に力を入れてはいけない。コスト削減にもカネがかかるのだ。コストを大幅に削減できそうな分野をつきとめる（おそらく、事業全体の二〇％程度にすぎないだろう）。そして、コスト削減努力の八〇％をそこに集中する。

ミクロ分析に深くはまってはいけない。八〇対二〇の法則を使うのがいい。まず、無駄に使っていると思える時間のうちいちばん削れるところはどこか、仕事の遅延の八〇%はどこに起因しているか、現在のプロセスのうち不要な部分はどこかを考えてみる。それがわかったら、その撃退法を考える。(5)

成功するには、何がほんとうに重要かを知らなければならない。……大半の企業で、パレートの法則が通用する。すなわち、重要なことの八〇%は、コストの二〇%で支えられている。……たとえば、パシフィック・ベルの料金支払いセンターを調査したところ、同センターの業務の二五%は、料金総額の〇・一パーセントしか処理していないことがわかった。料金総額の三分の一は、二重に処理されていた。なかには、三重、四重に処理されているものもあった。(6)

コストを削減し、製品やサービスの質を上げようとするときに、何より忘れてはならないのは、コストが同じでも、顧客満足は同じにならないということだ。コストのごく一部はきわめて有効に使われているが、コストの大半は顧客満足にほとんどつながっていない。数少ない生産的なコストを見極め、それに力を入れて、ほかは切り捨てなければならない。

八〇対二〇分析で改善すべき分野を特定する

八〇対二〇分析を使えば、特定の問題がなぜ発生するのかを見極め、改善すべき分野に力を入れることができる。単純な例として、出版社を経営していて、制作コストが予算を三〇%オーバーしている状況を考えてみよう。責任者は、予算オーバーの理由をあれこれ並べる。やれ著者の原稿が遅れた、やれ校正や索引づくりに予想以上に時間がかかった。いちばん多いのは、原稿が想定より長くなった、というものだ。図表はたいてい修正が必要だし、そのほか特殊事情はいくらでもある。

こうした状況を改善するには、たとえば三カ月など期限を区切って、その間、コストが予算をオーバーした原因を徹底して調べることだ。主な原因と、それに伴うコストを記録する。原因を頻度の多い順に並べたのが図表32だ。

図表33では、これを八〇対二〇チャートにした。原因を棒グラフにし、頻度の多い順に左から並べてある。右軸には、累積の比率を示した。この作業は簡単だが、「見える化」の効果は絶大で、実態がよくわかる。

図表33を見ると、一五の原因のうち三つ（ちょうど二〇%）が、予算オーバーの八〇%

■図表32　出版社の製作費超過の原因

	原因	実数	比率	累積比率
1	著者の校正遅れ	45	30.0	30.0
2	著者の原稿遅れ	37	24.7	54.7
3	著者の修正が多過ぎ	34	22.7	77.4
4	図表の修正	13	8.6	86.0
5	ページ数が計画を上回る	6	4.0	90.0
6	校正者のチェックの遅れ	3	2.0	92.0
7	目次作成の遅れ	3	2.0	94.0
8	許諾の遅れ	2	1.3	95.3
9	組版のコンピューターのミス	1	0.67	96.0
10	写植の修正ミス	1	0.67	96.6
11	編集者による予定変更	1	0.67	97.3
12	マーケティングの予定変更	1	0.67	98.0
13	印刷の予定変更	1	0.67	98.7
14	組版会社の火事	1	0.67	99.3
15	組版会社との訴訟	1	0.67	100.0
	合計	150	100	100

■図表33　出版社の製作費超過の原因80対20チャート

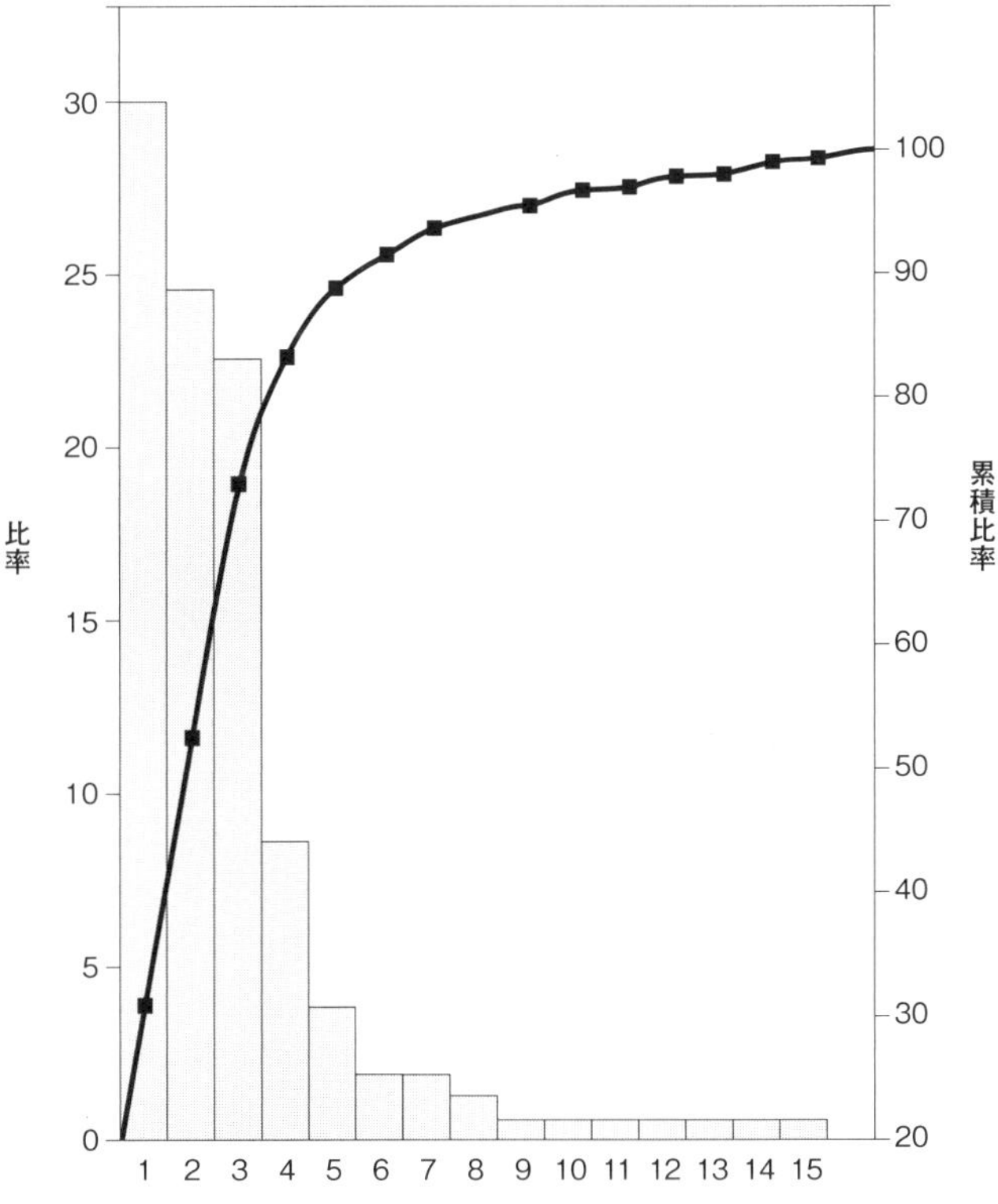

近くを引き起こしている。累積線は、上位五位以降平らになっていて、「取るに足らない多数」の原因に達したことがわかる。

主な三つの原因は、すべて著者に関連したものだ。そのため、解決策として、著者との契約に、原稿の遅れや膨大な修正のために組版のコストが余計にかかった場合は著者の負担とする、という一文を入れておくことが考えられる。こうしたわずかな変更で、問題の八〇%は解消されるはずだ。

問題の原因ではなく、問題（あるいは機会）が財務に与える影響をもとに八〇対二〇チャートを描いたほうが有効な場合もあるが、やり方は同じである。

パフォーマンスを比較する

生産性が高いものは数が少なく、生産性が低いものは数が多い、というのが八〇対二〇の法則である。この三〇年間、コスト削減で大きな成果を上げた方法はすべて、パフォーマンスの比較を重視したものだった（そうした手法を説くビジネス書には、八〇対二〇の法則に言及したものが多い）。業績の足を引っ張っている分野については、収益性がもっとも高い分野の七五%から九〇%の水準まで、生産性を高められるかどうかを基準にして、その見込みがあれば残し、見込みがなければ切り捨てる。それを冷徹にやってきた企業だけが、大きな成功をおさめてきた。

ベンチマーキング、ベストプラクティス、リエンジニアリングなどのコスト削減方法や価値増大手法について、ここでは詳しく論じる余裕はないが、これらはどれも八〇対二〇の法則を体系的に拡張したものであり、徹底的に取り組めば大きな効果を期待できる。だが残念ながら、こうした手法は「流行の追っかけ」に終わってしまうケース、経営陣だけが満足する「お題目」に終わってしまうケースが多過ぎる。八〇対二〇の法則を活かし、抜本的な対策を打ち出せば、成功の確率が高まる可能性は大いにある。

●役に立っているのは、事業のごく一部だけ。
●顧客に提供する価値は、目にみえにくく、つねに不均等である。
●大きく飛躍するには、顧客に提供している価値とその価値に見合うコストを測定し、比較しなければならない。

まとめ　単純は力なり

ビジネスは無駄が多く、複雑になるほど無駄が増えるため、つねに単純なビジネスが複雑なビジネスにまさる。規模が大きくなれば、通常、スケール・メリットが出てくるため、複雑さが変わらないのであれば、事業規模は大きいほどよい。大きくて単純な企業がベストなのだ。

偉大なものをつくろうと思うのであれば、単純なものをつくればいい。顧客のことを真剣に考えている者なら誰でも簡単にできる。複雑なものをなくせばいいだけの話だからだ。道路にたとえるなら、大企業は交通渋滞を引き起こしている。採算に合わない製品、プロセス、取引先、顧客、そして何より、採算に合わない管理職が多過ぎるのだ。このため、一向に前に進めない。前に進むには、ものごとを単純化する必要があり、単純化するには冷徹さが必要になる。単純は美しいが、その美しさにめったにお目にかかれない理由の一つはここにある。

第6章

良い顧客をつかまえる

成功の理由を分析する者は、八〇対二〇の法則の使い方を知っている。成長、収益性、満足の八〇%は、顧客の二〇%がもたらす。将来の望ましい姿を明確に描くには、企業は最低限、この大切な二〇%の顧客をつかんでおく必要がある。

——ヴィン・マナクタラ(1)

適切な製品やサービスを選択し、製造や流通を含めた総合戦略に基づいて、マーケティングや販売活動を行うには、八〇対二〇の法則が欠かせない。そのために、八〇対二〇の法則をどう使えばいいのか説明しよう。

だが、その前に、工業化とマーケティングに関する数々の俗説を検証しておこう。たとえば、脱工業化社会が到来したので、企業経営は生産主導ではなく、マーケティング主導、顧客中心でなければならない、とよく言われる。この説は、せいぜい半分の真実しか含んでいない。それを理解するには、歴史を簡単におさらいしておく必要がある。

当初、大半の企業は、ほとんど無意識のうちに、自分たちの市場（すなわち大切な顧客）に集中していた。分野別、事業別にマーケティングを行わなくても、小さな会社なら顧客のニーズに適切に対応できた。

やがて産業革命が起こり、大企業が生まれ、分業が進み（アダム・スミスのピン工場が有名だ）、生産ラインができた。大企業は、顧客のニーズよりも、低コストの量産体制の確立を急ぐ傾向があった。T型フォードについて、顧客は「黒でありさえすれば、どんな色でも選べる」と、ヘンリー・フォードが言ったことは有名だ。一九五〇年代後半まで、大企業ではどこでも圧倒的に生産主導だった。

現代の最先端のマーケッターやビジネスマンが、こうした生産最優先の経営方針をあざ笑うのは簡単だ。だが当時は、フォードのやり方が正しかったのだ。製品を単純化することでコストを引き下げながら、製品の魅力を高めるという使命が、今日の豊かな消費社会の基盤をつくった。生産コストがどんどん下がったからこそ、庶民には高嶺の花だった製品が、「手頃」な価格で市場に出回るようになった。ひとたび大衆市場が生まれると、あとは自然増殖的に市場が拡大していった。生産コストが低下すると消費が高まり、生産が増えると雇用が拡大して購買力が高まり、生産量が増えるとそれだけ単位当たりの生産コストが下がり、それがまた消費の拡大につながる、という好循環に入ったのである。いわゆる「上昇スパイラル」である。

この観点からみると、ヘンリー・フォードは生産ばかりを優先する時代遅れの愚か者ではなかった。時代の流れを先取りした天才だったのだ。一九〇九年には、「自動車を民主化すること」が自分の使命だと宣言している。金持ちしか自動車を買えなかった当時、これはたわごとにしか聞こえなかった。だが、大量生産されたT型フォードは、それまでの車とは比べ物にならない低価格で販売され、飛ぶように売れた。良きにつけ悪しきにつけ（全体的に見れば、「良き」が圧倒的に上回っていると思うが）、われわれはフォード型の世界がもたらした「ありあまる豊かさ」[2]を享受している。

大量生産とイノベーションは自動車産業にとどまらなかった。冷蔵庫からソニーのウォークマン、CD－ROMにいたるまで、多くの製品は市場調査の結果から生まれたわけではない。一九世紀、冷凍食品を欲しがる人は一人もいなかった。そういったものがあっても、保存しておく冷凍庫がなかったからだ。火が発明され、自動車が発明されてからのイノベーションはすべて、生産が先にあり、つくった製品が市場を生み出す流れになっていた。

そして、いまは脱工業化社会だと言われているが、それは馬鹿げた俗説にすぎない。いわゆる工業化時代に製品がつくられたのと同じように、いまはサービスが工業化されている。かつての小売、農業、花卉《かき》栽培、語学、娯楽、教育、クリーニング、ホテル、レストラン経営といったものは、もっぱら個人事業主の領域で、工業化も輸出もできないものだった。それがいまや、急速に工業化が進み、グローバル化したケースもある。(3)

一九六〇年代にマーケティングが再発見され、九〇年代に顧客が再発見された

生産主導のアプローチ——生産拡大とコスト削減に重点を置いたやり方——は大成功をおさめたが、やがて、その欠点が目立つようになる。一九六〇年代に入ると、セオドア・レヴィットらビジネス・スクールの教授が、経営者はもっとマーケティングを重視すべきだと主張しはじめる。レヴィット教授が一九六〇年に『ハーバード・ビジネス・レビュー』に発表した論文「マーケティングの近視眼」はいまや伝説になっているが、その中で教授は、「ものづくり」よりも「顧客満足」にもっと力を入れるべき、と論じた。この主張は瞬く間に広がった。顧客の心をつかもうと、企業は一斉に動きはじめた。顧客が望んでいる新製品をみつけだそうと、目新しい「市場調査」がもてはやされた。

マーケティングがビジネス・スクールの人気科目になり、製造畑の人間に代わって、マーケティング畑の人間が経営トップに就任する例が増えていった。大衆消費市場は死に、製品と顧客のセグメント化がキーワードになった。一九八〇年代〜九〇年代になると、「顧客満足」や「顧客本位」、「顧客に喜んでもらう」、「顧客の声に耳を傾ける」といった

フレーズが、最先端企業の経営方針に掲げられるようになった。

顧客重視は諸刃の剣

マーケティング主導で、顧客を中心に据える経営方針はまったく正しい。だが、自分の首を絞めかねない危険性もある。新規分野に手を広げすぎると、あるいは「お客様は神様だ」という強迫観念にとらわれてむやみに顧客を増やしていくと、単位コストが上昇し、利益率が下がる。取り扱う品目が増えると、複雑化してコストが膨らみ、間接費が急増する。

生産現場の合理化・効率化が進んだため、いまや製造原価がコスト全体に占める割合は小さい（製品の販売価格の一〇％程度が一般的だ）。会社全体のコストの大半は、生産現場以外で発生している。そして、製品の種類が増えすぎると、生産以外のコストも莫大なものになる。

同じように、やみくもに顧客を追いかけると、マーケティングと販売のコストが急増し、流通コストがかさむ。そして、これがいちばん危険な落とし穴なのだが、値下げ競争に巻き込まれやすい。新規の顧客だけでなく、既存の顧客に対しても、販売価格をどんどん引き下げていかざるをえなくなる。

八〇対二〇の法則がきわめて重要な理由はここにある。この法則を使えば、生産主導とマーケティング主導のやり方を統合し、収益性の高いマーケティングと顧客に的を絞ることができるからだ（現状はこの逆で、儲からない顧客中心になっている）。

八〇対二〇マーケティングの福音

企業が照準を合わせるべき「正しい市場」、「正しい顧客」は、現在の市場や顧客のごく一部である。経験則から言えば、二〇％にすぎない。

忘れてはならない鉄則が三つある。

●マーケティングをはじめ全社をあげて、利益の八〇％を生み出す二〇％の超優良な製品やサービスの提供に注力すべし。

●マーケティングをはじめ全社をあげて、全売上または全利益の八〇％をもたらす二〇％の顧客を喜ばせ、引き留め、そうした顧客への販売をさらに伸ばすために全力を尽くすべし。

●生産とマーケティングは本来、対立するものではない。ターゲットとする顧客に、他社が提供できないものを提供するか、製品・サービス・価格の総合的な価値が他社よりもすぐれていれば、マーケティングに成功するというだけの話である。これらの条件を、既存の製品ラインの二〇%以上が満たしている例は少ない。その二〇%に注力すれば、利益の八〇%以上を手にできる。そして、既存の製品ラインに先の条件にあてはまるものがないとすれば、イノベーションに取り組まないかぎり希望はない。この場合、マーケティング担当者は生産重視にならざるをえない。あらゆるイノベーションは必然的に生産主導になる。新しい製品やサービスを開発しないかぎり、イノベーションはありえない。

製品や市場のごく少数の正しいセグメントで、マーケティングを重視する

間接費を含め、各製品に関連するすべてのコストを勘案すると、売り上げの二〇%を占めるにすぎない製品が利益の八〇%に貢献している。また、製品の二〇%が利益の八〇%を占めているケースが多い。カリフォルニア州サクラメントの化粧品店で仕入れを担当しているビル・ローチはこう言っている。

二〇%の商品が八〇%の利益を生んでいる。小売店にとっての問題は、店のイメー

ジを傷つけることなく、残りの八〇%の商品をどこまで削れるかである。……これを販売代理店に言うと、そんなことをすれば大変なことになると答える。同じことをよその小売店にたずねると、かなり削れると答える。(4)

いちばん儲かる商品や売れ行きが好調な二〇%の商品の陳列スペースを増やし、利幅が薄く、売れ行きの悪い商品を棚から撤去するのが正解である。そのうえで儲けの多い二〇%の商品に的を絞り、その納入業者と協力して販促キャンペーンを行う。あまり儲からない八〇%の商品も店頭に並べるべきとの主張には、いつももっともらしい理屈がつく。品揃えが少なくなると、店のイメージダウンにつながるというわけだ。だが、これはおかしい。買いたくないものがたくさん並んでいる店に、客が大勢集まるという理屈になってしまう。この点について調査してみると、一〇〇回のうち九九回は同じ結果が出る。売れ行きが悪い商品の数を減らすと利益が増え、しかも客足が鈍ることはない、という結果である。

ワックスや光沢剤などのカー・クリーニング用品を製造するあるメーカーは、洗車場に商品を卸していた。理屈のうえでは、もっともな方法だ。洗車場にしてみれば、ほかに使い道のないスペースに商品を並べておくだけである。売れなくても損はしないし、売れればそれだけ儲かる。良い場所を提供し、販売努力をしている、というのが洗車場の言い分だ。

だが、カー用品メーカーは身売りされ、新しい経営陣が販売成績を細かく分析してみると、典型的な八〇対二〇の法則どおりになっていることがわかった。売り上げの八〇％が、洗車場の二〇％に集中していたのだ。[5]新CEOが売り上げの少ない五〇の洗車場を訪問したところ、自社の商品がまったくの死角か、目につきにくい場所に置かれ、埃をかぶっていることがわかった。在庫の数も少なかった。

そのCEOは洗車場の経営者に文句を言った。もっとやる気を出してくれ、こんな陣列の仕方で売れるわけはないだろう、ドライバーの目にふれやすいところに商品を並べてくれ……。だが、その効果はなかった。CEOは販売成績のいい上位二〇％の洗車場をまわり、そちらに力を入れるべきだった。どんなやり方をしているのか。そのやり方を広げることができるのか。優良な洗車場に共通点はあるのか。どうすれば、こうした有望な販売先を増やすことができるのか……。よく調べてみると、販売成績のいい洗車場は、規模が大きく、会社組織でチェーン展開しているところが多かった。CEOは、個人商店をテコ入れするのではなく、こうした大規模で有望な販路を開拓すべきだったのだ。

ごく少数の正しい顧客に的を絞る

数少ない儲かる商品に的を絞ることは重要だが、それ以上に重要なのは、数少ない儲かる顧客に的を絞ることだ。成功しているマーケティングのプロの多くは、このことを心得ている。そうしたプロの言葉をいくつか紹介しよう。

まずは、通信産業の場合。

競争の脅威が存在するところに目を向けろ。たいてい、八〇対二〇の法則があてはまる。売り上げの八〇％は、顧客の二〇％がもたらしている。その二〇％の顧客が誰かをつかみ、そのニーズに全力で応えるべし。(6)

契約管理の場合。

八〇対二〇の法則を思い出せ。収益の八〇％を占める二〇％の顧客を絶対手放すな。毎週日曜の夜には、その二〇％の顧客のファイルに目を通し、メモを取り、ご無沙汰している顧客があったら、手紙を書くか電話をするべし。(7)

アメリカン・エキスプレスは一九九四年以降、カードの利用額が多い小売店や顧客を対象に、カード利用促進のキャンペーンを次々と打ち出している。南フロリダの営業責任者のカルロス・ビエラはこう言っている。

ビジネス・チャンスの大半は、市場の二〇%に集中している。これは昔からある八〇対二〇の法則だ。このキャンペーンは、外食習慣のある人に回数を増やしてもらうのが狙いだ。(8)

マーケティングで成功するコツはただ一つ。自社の製品やサービスをさかんに利用してくれる少数の顧客に的を絞ることだ。たまに買ってくれる客は多いが、毎日のように買ってくれる客は少ない。たまにしか客にならない人は無視していい。大事にしなくてはならないのは、気前がいい常連客だけだ。たとえば、ラジオ局のＷＱＨＴとＷＲＫＳを抱えるエミス・ブロードキャスティングは、コアの聴取者《リスナー》に的を絞ったキャンペーンで大きな成果を上げている。

お気に入りのラジオ局を週に一二時間聴いていた人たちが、いまでは週に二五時間聴くようになった。……当社では傘下のラジオ局すべてで八〇対二〇の法則に従い、二〇の部分に力を入れた。……ターゲットとするリスナーを一人残らず把握し、一五分ごとにこうしたリスナーの意見を聞いている。(9)

二〇%の顧客に照準を合わせることは、一〇〇%の顧客に照準を合わせるよりずっと簡単だ。そもそも、一〇〇%の顧客を満足させることなどできない。だが、核となる二〇%の顧客を喜ばせることなら十分可能だし、見返りも大きい。

核になる顧客を囲い込む四つのステップ

第一に、核になる顧客が誰だかわからなければ、照準を合わせようがない。顧客数が少ない企業なら、顧客を一人ひとりチェックできる。だが、顧客が何万、何百万という企業なら、核になる顧客が誰かをつきとめ（それが販路の場合もあるだろう）その属性を調べる必要がある。

第二に、核になる顧客には特別なサービス、場合によっては「常軌を逸した」サービスを提供する必要がある。コンサルタントのダン・サリヴァンは、保険代理店で成功する秘訣として、こうアドバイスしている。「核となる二〇%の顧客をつかまえたら、サービス攻めにする。ありふれたサービスでは駄目。良いサービスでも駄目。常軌を逸したサービスでなければいけない。顧客のニーズをできるだけ先取りし、何かを頼まれたら、何をさておいても急いでかけつけることだ」[10]。業界の常識を覆す、あっと驚くようなサービスを提供できるかどうかが成否を分ける。短期的にはコストが膨らんでも、長い目でみれば、大きな見返りが待っている。

第三に、新しい製品やサービスを考える際には、核となる二〇%の顧客を念頭におき、その二〇%のニーズを満たすことだけを開発の目標にする。市場シェアを拡大しようと思うなら、何よりも核である既存顧客への販売を増やすことに力を入れるべきだ。これは一般的な売り込み技術の問題ではないし、既存の製品の販売をどれだけ伸ばすかという問題でもない――もっとも常連客向けの販促は、たいてい利益率が高く、短期的にも長期的にも利益を増やすが。それもある程度は重要だが、それよりはるかに重要なのは、核となる顧客、あるいは今後核になりうる顧客の要望に合わせて、可能であれば顧客と共同で、既存の製品を改良したり、まったく新しい製品を開発したりすることである。イノベーションを、核となる顧客との関係の基礎に据えるのだ。

第四に、核となる顧客は絶対に放してはならない。核となる顧客は、銀行預金のようなものだ。それが少しでも減れば、収益が悪化する。となれば、核となる顧客を繋ぎ止めるための並外れた努力が必要だ。それで一時的に利益の足を引っ張ったとしても、長い目でみれば大きな利益につながる。採算度外視のサービスでも、核となる顧客がたくさん買ってくれれば、短期でも利益が増える可能性だってある。ただ収益というのは、あくまで過去の事実を記録した健康診断の結果のようなものだ。企業のほんとうの健全性は、核となる顧客との関係の強さと深さと長さによって測られる。収益の基盤になるのは、結局のところ、顧客との信頼関係だけである。

核となる顧客が逃げ出しはじめたら、現在の業績がどんなによくても、会社が足元から崩れはじめたと考えていい。そんなときは、できるだけ早く会社を売却したほうがいい。それが嫌なら、経営陣をクビにし（自分が経営者なら、自分をクビにし）、核となる顧客を呼び戻すために、あるいは少なくとも逃げ足を止めるために、全力をあげなければならない。必要とあれば、大ナタをふるう。逆に、核となる顧客が心から満足していれば、その会社は長期的に安泰だ。

核となる二〇％の顧客には、全社をあげて奉仕する

大切な二〇％の顧客に的を絞りさえすれば、マーケティングを業務の中心に据えることができる。この章の冒頭で、生産優先からマーケティング優先へのシフトに注目した。そして、ややもすると、マーケティングが行き過ぎて、一〇〇％の顧客を追いかける危険性

も指摘した。核となる二〇%の顧客については、どんなに力を入れても、入れ過ぎるということはない。資金も手間も惜しんではいけない。そうすれば必ず大きな見返りが期待できる。

どんな会社でも、一〇〇%の顧客に集中することはできない。集中できるのは二〇%の顧客だ。この二〇%に集中することが、マーケティングの主な任務になる。だが、それはマーケティング部門にかぎらず会社全体の主要任務にもなる。顧客はマーケティングの人間だけをみて、判断を下すわけではないからだ。

この意味で、八〇対二〇の法則は新しい地平を切り開くものである。マーケティングが会社の中心になるばかりでなく、社員全員が実質上、マーケティングをやることになるのだからだ。そして、社員全員にとってマーケティングとは、核となる二〇%の顧客を最大限に喜ばせることでなければならない。

販売戦略のコツ

販売とマーケティングは、親戚のような関係にある。販売とマーケティングが意思疎通を密にすることは、顧客の声を聞くのと同じくらい重要である。マーケティングばかりでなく、販売にとっても八〇対二〇思考がきわめて重要であることを以下に説明しよう。

ずば抜けた販売成績を上げるには、平均思考をやめて、八〇対二〇思考に切り替えることがカギになる。販売成績を平均化してしまうと、結論を見誤りかねない。販売成績は個人差が大きい。年間一〇万ポンド稼ぐ者がいる一方で、最低賃金を辛うじて上回る成績しか上げられない者が大勢いる。それを平均化することは、従業員にとっても経営者にとっても意味がない。

どこかの営業部を例にとり、八〇対二〇分析をやってみればすぐにわかることだが、売上高と営業担当者の関係は不均衡である。ほとんどの調査で、成績上位二〇%の担当者が、売り上げの七〇%から八〇%を稼ぎ出しているという結果が出ている。[11] 八〇対二〇の法則が及ぶ範囲は想像以上に広い。それに気づいていない人は、こうした結果に驚くかもしれない。

だが、手っとり早く利益を増やす重要なカギがここに潜んでいる。短期的に、利益に直結する変数はなんといっても売り上げである。なぜ売り上げに八〇対二〇の法則があてはまるのか。それについて何ができるのだろうか。

販売成績の個人差が大きい理由は二つある。一つは、純粋に販売努力にかかわる問題であり、もう一つは、顧客本位にかかわる構造的な問題である。

営業担当者のパフォーマンス

たとえば、最近の販売成績を調べたところ、二〇％の担当者が七三％の売り上げを稼ぎ出していることがわかったとしよう。この場合、何をすべきだろうか。

第一に、成績優秀な営業担当者を囲い込む。これは当たり前のように思えるが、案外忘れられがちだ。「壊れていないものは直すな」という諺があるが、これでは前に進まない。壊れていないものがあったら、それが絶対に壊れないようにすることが重要だ。顧客を手放したくないなら、トップの営業担当者をがっちりつかんでおくことだ。それには優秀な担当者が楽しく、活き活きと働ける環境づくりが必要だ。これはカネだけの問題ではない。

第二に、成績優秀な営業担当と同じタイプの人間を雇う。学歴や経歴は必ずしも問題にならない。人間性や仕事に取り組む姿勢のほうがはるかに重要な場合がある。営業のスーパースターを一堂に集めて、その共通点を調べるといい。新たな担当者の採用について、アドバイスを求めるとさらにいい。

第三に、トップの営業成績がいちばん伸びる時期はいつか、ほかの担当者とどこが違うのかを調べる。八〇対二〇の法則は、人間だけでなく、時間にも適用できる。担当者一人ひとりの仕事をよくよく調べてみると、売り上げの八〇％が業務時間の二〇％の時間帯に集中していることが多い。どの時間帯に幸運の女神が微笑むのかを調べ、なぜそうなるのかを考えてみる必要がある。

あなたが営業にたずさわっているなら、売り上げが最高だった週のことを思い出してみよう。その週だけ違った行動を取らなかっただろうか。野球選手や営業担当が験《げん》をかつぎやすいかどうかは知らないが、……どの分野でも成功している人は、好調時にどんな状況だったかを思い出し、できるだけその状況を変えないようにしようとするものだ。

ただし、野球選手と違って、好成績を上げている営業担当者なら、下着は替えたほうがいい[12]。

第四に、もっとも効率がいい方法を全員に試させる。それは広告の場合もあれば、個別訪問の場合もあれば、ターゲット別のダイレクト・メール、電話による勧誘の場合もあるだろう。何にしろ、時間とカネのもっとも有効な使い方を考えることだ。データを分析して答えが出る場合もあるだろうが、それよりもトップの時間の使い方を観察するほうが手っ取り早い。

第五に、成績が優秀なチームと成績が不振なチームの担当地域を交換してみる。これは実験だと思えばいい。販売不振の地域でも、優秀なチームが担当すれば、すぐに販売が伸びるかもしれない。あるいは何か構造的な問題があって、優秀なチームといえども分厚い壁に跳ね返される恐れもある。もしチームが変わって販売成績が好転したら、前のチームが何をやっていたかを調べる。場合によっては、チーム編成を変えてもいいかもしれない。

わたしのクライアントに、海外の販売はぐんぐん伸びているが、国内チームの士気が上がらず、国内の市場シェアが下がっている企業があった。そこで、チーム編成を変えるようアドバイスした。ＣＥＯはなかなか首をタテに振らなかった。海外チームは外国語が得意なスタッフばかりで、それを国内チームにまわすとせっかくの語学力が無駄になると考えていたからだ。だが最終的に、海外チームの一つを解散し、国内チームの販売責任者を解雇し、代わりに海外チームの若手を据えることに同意した。すると、下がり続けていた市場シェアは、あっという間に回復に転じた。こうすれば必ずうまくいくとはかぎらないが、一般に営業の世界では、人が代われば同じ失敗を繰り返さず、人が代わらないと同じ失敗を繰り返す、というのは真実である。

第六に、研修のやり方を変える。成績不振の八〇％の担当者を鍛えれば、成績が上がるだろうか。それとも、研修をしてもしなくても、そうした営業担当の多くは自然淘汰される運命にあるので、研修するのは時間の無駄なのだろうか。[13] ほかのさまざまな問題と同様、八〇対二〇の法則からどんな答えが引き出されるか考えてみよう。わたしの答えはこうだ。

●十分な根拠があって、会社に長く引き留めたい人材だけを研修する。
●成績優秀な営業担当者に研修を任せる。そして、受講者の研修後の成績に応じて報酬を支払う。
●研修を何段階かに分け、第一段階終了後に優秀な成績を上げた人たちの研修に力を入れる。成績上位二〇%の人たちの研修に、研修予算の八〇%を注ぎ込む。成績改善が見込めない場合は、下位五〇%の人たちの研修を打ち切る。

売り込みの技術で販売成績に差がつくことは多いが、そうでない場合も少なくない。八〇対二〇の法則を念頭において、構造的な要因を考えてみる必要がある。

売り込みの技術を磨くだけでは駄目

八〇対二〇分析を行うと、個人の能力ではどうにもならない構造的な問題を発見できる。こうした構造的な問題に取り組むほうが、個人の能力を高めるよりもずっと簡単で、見返りが大きい場合が少なくない。どういう構造的な問題があるかは、扱っている製品と売り込む顧客によって変わってくる。

営業担当者をみてみよう。たとえば二〇%の担当者が売り上げの七三%を稼ぎ出している。製品の一六%が売り上げの八〇%を占め、顧客の二二%が売り上げの七七%をもたらしている……。

一人ひとりを詳しくみていくと、「黒」は一〇〇の取引先を持っている。そのうちの二〇が、「黒」の売り上げの約八〇%を生み出している。「緑」は一〇〇のカウンティ(郡)を担当しているが、顧客の八〇%は二四のカウンティに集中している。「白」は三〇の製品を販売しているが、六つの製品が売り上げの八一%を占めている[14]。

製品や顧客に八〇対二〇の法則を活かす方法については、マーケティングの項ですでにみた。これを踏まえれば、営業担当者が取るべき行動は以下のようになる。

●売り上げの八〇%をもたらす二〇%の製品に、全員の販売努力を集中する。儲かる製品を売るほうが、同額の儲からない製品を売るより四倍は魅力的な仕組みをつくる。

儲からない製品ではなく、儲かる製品を売った営業担当を厚遇する。

●売り上げの八〇％、利益の八〇％を生み出す顧客の二〇％に販売努力を集中する。営業担当には、売り上げと利益で顧客をランクづけするよう教育する。最良の二〇％の顧客に、時間の八〇％を使うよう指導する。そのために、重要でない顧客を無視することになっても仕方ないと教える。

大量に購入してくれる少数の顧客のために費やす時間を増やす。既存製品の販売を伸ばす余地がなくなったら、より良いサービスで既存の顧客を繋ぎ止めつつ、核となる顧客が求める新製品の開発・発掘に全力をあげる。

●地域別ではなく、売り上げ、利益の規模に応じて担当を分け、営業チームを編成する。「ナショナル・アカウント」を増やし、「地域アカウント」を減らす。

これまで「ナショナル・アカウント」と言えば、販売先の地域に関係なく、ある製品の購買決定権を一人の人間が握っている会社を相手にする場合にかぎられていた。営業の責任者がこうした会社を直接担当し、仕入れのキーマンを大切にするのは当然だった。

だが今後は、購買決定権が分散している会社でも、大口顧客はすべて「ナショナル・アカウント」として扱い、納入先が全米各地に散らばっていても、専任のスタッフやチームが一元管理するようにしたほうがいい。コンピューター・アソシエイツ・

インターナショナルの米国販売担当の副社長リッチ・チャレロはこう語る。「上位二〇%の顧客から、収益の八〇%を上げたいと考えている。そうした顧客は、ナショナル・アカウントとして対応する。責任者はどこに行っても担当が変わらない。相手先の全員のことをよく調べ、うちの製品を売り込む」

●重要でない顧客については、経費を減らし、用件は電話で済ませる。営業担当者に話を聞くと、人員が削減され、大口顧客にかける時間が増えたことで、担当地域の顧客をとても回り切れないという悲鳴に似た不満をよく耳にする。その場合、一つの解決策は顧客の数を減らすことだが、それはあくまで最終手段だ。それより賢明な解決策は、小口の八〇%の顧客は中央で一元管理し、営業活動は電話で行い、注文も電話で受ける方法だ。そのほうが、担当者が直接出向くより、低コストで効率的にサービスを提供できる。

●過去に大口の取引があり、最近は注文が途絶えている顧客があったら、再度、営業をかける。そこですぐに注文は取れないかもしれないが、旧交を温めておくことが重要だ。

これは、素晴らしく効果的な営業手法なのだが、驚くほど無視されている。以前に取引があり、その取引に満足してくれた顧客なら、また注文を出してくれる可能性が高い。経営戦略を専門とするコンサルティング会社、ベイン・アンド・カンパニーの創立者ビル・ベインは以前、アメリカ南部で聖書の訪問販売をやっていた。最初は順調に売れたが、やがて、何軒回ってもさっぱり売れなくなってしまった。そのとき、不意に自分の盲点に気がついた。一度買ってくれた人が、もう一冊買ってくれるはずがないと思い込んでいたのだ。藁にもすがる思いで、前に買ってくれた家のドアを叩くと、なんと、また買ってくれたのだ！

これと同じテクニックを使って大成功したのが、ルーマニアからアメリカにやって来て、不動産業をはじめたニコラス・バルサンだ。毎年、仲介手数料を一〇〇万ドル以上稼いでいるが、その三分の一以上は以前に仲介した顧客からのものだ。バルサンは文字どおり旧知を訪ね、買い替えのご予定はありませんかと聞いて回っているのだ。

このように八〇対二〇の法則に基づいて構造的な要因を理解し、販売手法に活かすと、並の人材が優秀な人材になり、優秀な人材は超優秀な人材に変身することがある。販売成績の向上は会社の業績に直結するが、それ以上に重要なのは、市場シェアと顧客満足に及ぼす長期的な影響である。精力的で自信にあふれた営業担当者が、核となる顧客に最善の製品やサービスを提供しようと努力し、なおかつ顧客の声に真摯に耳を傾けることが、何より大切なのだ。

ごく少数の重要な顧客

重要なのは一部の顧客であり、大半の顧客はそうではない。販売努力がめざましい成果を上げる場合もあるが、たいてい非効率で、割に合わない。努力すればするほど、赤字が膨らむ場合すらある。

潜在顧客のごく少数に対し、他社には真似ができないもの、あるいは他社よりも価値が高いものを提供でき、しかも大きな利益を得られる分野に、マーケティングと販売の努力を集中しなければならない。成功している企業はみな、この単純な原則、ものごとを単純化する原則に則っている。

第7章

八〇対二〇の法則が使えるビジネス、トップ10

八〇対二〇の法則は応用範囲が広く、分野や部門を問わず戦略の立案や業績の改善に活用できる。したがって、八〇対二〇の法則が使える分野のベストテン（図表34）は、思いつくまま並べたもので、順位に特別な意味はない。ただ、ベストテンの選出にあたっては、これまで産業界でどの程度、この法則を活用してきたかを検討し、今後、活用する余地が大きそうな分野を優先した。

1位から6位までについてはすでに述べた。戦略については第4章と第5章で、品質と情報テクノロジーについては第3章で、コスト削減とサービス改善については第5章で、マーケティングと販売については第6章で取り上げた。そこで、この章では、7位から10位までの活用法をみていこう。

意思決定と分析

事業というのは決断を迫られる。それが正しいかどうか十分に考える余裕もないまま、次々と素早い決断を迫られる場合も少なくない。一九五〇年以降、ビジネスの世界では、ビジネス・スクールや会計事務所、コンサルティング会社で鍛えられた経営の専門家、分析のプロが幅を利かせるようになった。汚染されたといってもいいが。こうした人種は、どんな問題でも分析してみせる（たいてい分析には、大変な労力とカネがかかるデータの収集が必要になる）。過去半世紀の最大の成長産業は、分析産業だと言ってもいいかもしれない。月面着陸など、アメリカの偉大な勝

■図表34　80対20の法則が威力を発揮する分野ベストテン

順位	分野
1	戦略
2	品質
3	コスト削減とサービス改善
4	マーケティング
5	販売
6	情報技術（IT）
7	意思決定と分析
8	在庫管理
9	プロジェクト管理
10	交渉

利の陰には、分析の力があった。

英米の大企業は分析をやり過ぎる

だが、弊害もあった。本社機能が肥大化したこと（近頃ようやく、本社スタッフが適正規模に削減されつつある）、数字にうるさいコンサルタントが推奨する最新の経営手法に飛びついたこと、株式市場が企業の本源的価値ではなく、目先の収益分析に一喜一憂するようになったこと、そして、信念に基づいて決断を下す経営者が少なくなったことなどだ。「分析のための分析」が蔓延し、欧米では大企業のトップの質が低下している。分析がビジョンを駆逐し、先見の明がある人を押しのけ、分析が得意な人がCEOの座におさまるケースが増えている。

要するに、どんな良いことでも、過ぎたるは及ばざるがごとしなのだ。そして、アメリカとイギリスでは、じつに奇妙な現象が起きている。民間は分析をやり過ぎ、政府は分析をやらなさ過ぎるのだ。アメリカの大企業に求められているのは、分析を増やすことではない。分析の数は減らして、もっと役に立つ分析をするのだ。

八〇対二〇の法則は分析的だが、適切な分析をする

ここで八〇対二〇の法則の性格を思い出しておこう。

●決定的に重要な少数と取るに足らない多数の原則。重要な結果を生み出すのは、ごく少数の原因である。

●努力のほとんどは、意図した結果を生み出さない。

●目にしたものが手に入るわけではない。水面下で力がはたらいている。

●現状は複雑すぎるし、労力がかかり過ぎている。無駄も多い。必要なのは、何がうまくいき、何がうまくいっていないかを見極め、組み合わせを変えていくことだ。

●良きことのほとんどは、ごく少数の非常に生産的な要因によって起こる。悪しきことのほとんどは、ごく少数の壊滅的な要因によって引き起こされる。

●ほとんどの活動は、個々にみても全体的にみても、時間の無駄である。望む成果には大して貢献をしない。

八〇対二〇の法則を活かした意思決定の五つの原則

原則その一。きわめて重要な決定はそれほど多くはない。何かを決定するまえに、目の前に二つの書類受けがあると想像してみよう。机の上によくある「決済箱」と「未決済箱」のようなものを思い描き、一方に「重要な決定」というラベルを貼り、もう一方に「重要でない決定」というラベルを貼る。「重要な決定」箱に入るのは二〇のうち一つくらいしかない。これを念頭に、頭のなかで決定事項を振り分けていく。重要でないものについて、あれこれ頭を悩ませてはいけない。まかり間違っても、カネと時間のかかる分析をやろうなどと思ってはいけない。できれば、それは他人に任せる。それができなければ、正しい確率が一％でも高いほうを選ぶ。素早く決められないなら、コインを投げて決める。

原則その二。もっとも重要な決定というのは、自分が知らないうちに方向が決まっていることが少なくない。ターニング・ポイントはそれと気づかぬまま通り過ぎているのが普通だ。たとえば、会社の貴重な戦力が辞めてしまったとすれば、それは、その人の不満に気づかず、その不満を解消できなかったからだ。あるいはライバルが新製品を開発し、大したことないとタカをくくっているうちに、追いつけないほど差がつく場合もある（PCでのＩＢＭがそうだった）。あるいは、気づかないうちに流通システムが様変わりし、市場シェアがずるずる下がる場合もある。あるいは、素晴らしい新製品を開発し、そこそこ成功していても、あとからライバルが類似品を大量に投入し、あっさり抜かれる場合もある。あるいは、研究開発に協力してくれていたコンピューターの天才が、いつの間にかマイクロソフト社を設立していたりする。

こうした事態が起きたとき、データは十分に揃っていないので、分析はまるで役に立たない。役に立つのは、直感と見識だけである。こういうときに必要なのは、間違った問いに対して正しい答えを出すことではなく、正しい問いを発することだ。重要なターニング・ポイントに気がつく確率を高める方法は一つしかない。それは、月に一度でもいいから、データや分析のことなどすべて忘れ、次のような問いを発することだ。

●気づかないうちに目の前を通り過ぎようとしている問題やチャンスは何か。将来、重大な結果を招きかねない問題やチャンスは何か。
●うまくいくはずがないと思っていたのに、うまくいっているものは何か。顧客に喜んでもらおうと思ったわけではないのに、なぜか顧客から喜ばれているものは何か。
●方向を見失っているものはないか。理由はわかっているが、まったく違う方向に進んでいるものはないか。
●重要なことはつねに、誰も気づかないうちに水面下で進行していくものだ。いま、そういうことが起こっていないだろうか。

原則その三。八〇％のデータを集め、使える時間の最初の二〇％で分析を行い、残りの時間を一〇〇％使って決定を下す。そして、下した決定が一〇〇％正しいと信じて果敢に行動する。意思決定の八〇対二〇対一〇〇対一〇〇の法則と覚えるといい。

原則その四。下した決定がうまくいかないことがわかったら、すぐに考えを変える。市場というのは休むことなく動き続けているものなので、山のような分析結果よりも、実際の市場の動きのほうがはるかに信頼できる。だから、新しい試みを恐れてはいけない。間違った決定にしがみついてはいけない。市場の流れに逆らってはいけない。

原則その五。事態が思いどおりに進んでいたら、賭け金を倍々に増やしていく。なぜうまくいっているのかわからなくても、追い風が吹いている間に全力で突っ走る。ベンチャー・キャピタリストはなぜ、あれほど大胆な投資ができるのか。それは、投資したベンチャー企業の大半は期待を裏切るが、ごく一部のベンチャー企業が想像を絶する大成功をおさめ、それを帳消しにしてあまりあることを知っているからだ。業績が見通しを下回り続けていたら、何かが間違っているにちがいない。業績が見通しを上回り続けていたら、利益を十倍、百倍に増やせる可能性がある。少なくとも、そのチャンスがある。ものごとがうまくいっているとき、ささやかな成功に満足している人が多いが、追い風に乗れる人だけが億万長者になれるのだ。

在庫管理

第5章でみたように、業務を単純化するには、製品の種類を減らす必要がある。在庫管理もまた、八〇対二〇の法則から貴重な教訓を引き出せる。在庫管理の巧拙が、利益とキャッシュフローを大きく左右する。そして、しっかり在庫管理を行っていれば、会社が単純化に向かっているか、複雑化に向かっているかをチェックできる。

ほとんどの企業が過剰な在庫を抱えている。品目が多過ぎることもあるが、同一品目のなかでも種類が多過ぎるからだ。ほとんどの場合、在庫の八〇%は販売数量や売上高の二〇%を占めているにすぎない。動きが悪い商品の在庫コストは馬鹿にならず、少しくらい売れても儲からない商品も出てくる。

在庫管理について、二つの調査結果を紹介しよう。

データを分析した結果、ほぼパレートの八〇対二〇の法則どおりになっていることがわかった。ＳＫＵ（在庫保管単位）の二〇%が出荷量の七五%を占めていた。その商品はケース単位で出荷されることが多く、数ケースが１ＳＫＵになっている。残りの八〇%は出荷量の二五%を占めるにすぎなかった。そうした商品はバラでしか出荷されず、数個で1SKUになっている。[1]

二〇%は儲かるが、八〇%は儲からない。もうひとつ、電子システムを導入した倉庫のケースを紹介しよう。

調査をしてみると、八〇対二〇の法則とは違う結果が出た。SKUの二〇%が出荷量の八〇%を占めてはいなかった。SKUの〇・五%(わずか一四四SKU)が出荷量の七〇%を占めていた。[2]

それがどういう商品かわからないが、SKUの〇・五%が残りの九九・五%より収益性が高いことは間違いないだろう。

忘れられないのはシステム手帳の〈ファイロファックス〉のことだ。なぜ忘れられないかと言えば、わたしはその在庫管理を改善して、多額の報酬を得たからだ。当時のパートナー、ロビン・フィールドの著作から引用してみよう。

(一九八〇年代後半)、ファイロファックスのデザインと機能はずっと変わらなかったが、種類は増える一方だった。バインダーとしての機能は同じでも、サイズはさまざまで、表紙に使われている革もいろんな種類があった。

何か珍しい動物の名前を言えば、ファイロファックスはその動物の革を表紙にした数千種類のファイロファックスを売り出し、誇らしげにカタログに写真を載せ、倉庫に品物を積み上げるだろう。カルングというのがどういう動物なのか知らないのだが、一九九〇年にその革をどっさりもらった。

また、ブリッジでも、チェスでも、写真でも、バード・ウォッチングでも、ウィンド・サーフィンでも、何か自分の趣味を言えば、ファイロファックスはその用途に合わせたレフィル用紙をつくってくれ、それもまたカタログに載せ、在庫を積み上げるにちがいない……。

その結果、言うまでもなく、価値のない在庫の山が出来上がり、在庫管理がおそろしく複雑になってコストが膨らんでしまった。そして、手帳を扱う小売店が大混乱に陥った。(3)

在庫を正しく管理することは重要だが、正しく管理するためのポイントは明瞭だ。戦略上の最大のポイントは、第3章でも述べたように、採算のとれない商品を思い切って捨てることだ。品数を減らさなくとも、派生した種類を減らすことは簡単で、まず動きの鈍いものから手をつければいい。そうした製品はただちに生産をやめる。「売れ行きが悪い製品でも、客はそれを必要としている」という声に耳を貸す必要はない。もしそうなら、売れ行きはもっとよくなければおかしい。

そして、問題や在庫管理コストを、価値連鎖のほかの部分、すなわち取引先や顧客に転嫁する方法を考える。理想は在庫をゼロにすることだ。最先端の情報テクノロジーを使えば、それは決して不可能ではないし、コストを削減しながらサービスの水準を引き上げることはできる。また、どうしても一定量の在庫が欠かせない場合でも、八〇対二〇の法則を応用して、コストを削り、包装や出荷をスピードアップする方法はいろいろある。

倉庫内での作業の約八〇％は、在庫品の約二〇％を扱うだけである。商品の大きさと重さによって区域を分け、さらに出荷頻度によって棚を分ける。基本的に、よく出る商品は腰から肩の高さに並べ、できるだけ作業量を減らし、負担を軽減する。[4]

在庫管理の未来

倉庫といえば、作業服を着て埃にまみれて働くところというイメージがあるが、在庫管理は猛烈なスピードで進化しており、面白い仕事になってきた。注文はコンピューターで処理する「バーチャル在庫」が普及しており、コストを抑えながらも、流通業者や顧客へのサービスが向上している。たとえば、医療器具を病院に納めているバクスター・インターナショナルは「顧客密着」在庫システムで大成功している。どのケースでも、成功のカギを握っているのは、的を絞ることである。最重要顧客に的を絞ること、荷造りや配送が簡単な単純な製品に的を絞ることが成功への扉を開く。

八〇対二〇の法則が威力を発揮している分野がもう一つある。企業の価値創造において重要性が高まっているプロジェクト管理だ。

プロジェクト管理

現状の組織体制は十分に機能しておらず、変化に追いついていないことがあきらかになりつつある。硬直的な組織体制は、価値を創造する以上に価値を破壊する。価値ある顧客のために価値を創造するべく、こうした体制を破壊したり、迂回したりする手段の一つがプロジェクトである。経営トップ以下、社内でもとくに精力的な人たちが、決まった業務ではなく、プロジェクト・ベースで動く。

プロジェクト管理は、奇妙といえば奇妙な仕事だ。一つプロジェクトを立ち上げると、組織図を離れてチームを組むが、メンバーは自分たちが何をすべきかよくわかっているわけではない。プロジェクトを成功に導くには、工夫と「特別」な仕組みが必要だ。チームのメンバー全員をとくに重要な数少ない仕事に集中させること――この点が、プロジェクト・マネジャーの腕の見せどころだ。

目的を単純化する

まず、仕事を単純化する。プロジェクトは、一個のプロジェクトでは終わらない。ほぼ例外なく、複数のプロジェクトになる。中心的なテーマは一つでも、それに付随する問題が次から次へと起こってくる。あるいは、三つも四つもテーマがあるプロジェクトもある。プロジェクトにかかわったことがある人なら、思い当たるふしがあるだろう。プロジェクトは必ず、組織複雑化の法則に従う。目的の数が多ければ多いほど、仕事量が増える。しかもそれは算術級数的ではなく、幾何級数的に増える。

どんなプロジェクトでも、価値の八〇%は、二〇%の仕事から生まれる。残りの八〇%の仕事は、プロジェクトが不必要に複雑になったためにできた仕事である。したがって、たった一つの目標が明確に決まるまで、プロジェクトに着手してはいけない。不要な荷物はどんどん捨てなければならない。

不可能な期限を設定する

ほんとうに価値ある仕事だけをプロジェクト・チームにやらせるには、およそ実現不可能な期限を設定するのが一番である。

期限までにとうてい間に合わないと思えば、（プロジェクト・チームのメンバーは）八〇％の成果を上げるために必要な二〇％は何かを真剣に考える。「あればいいもの」を何でも取り入れていくと、まとまるプロジェクトもまとまらなくなる。[5]

厳しい条件を課せ。人間というものは、土壇場に追い詰められると、いい考えが浮かぶ。四週間以内に試作品をつくれ、三カ月以内にサンプル出荷できるようにしろ。――そう圧力をかければ、開発チームは八〇対二〇の法則を適用せざるをえず、無駄な仕事はしない。計算されたリスクをとるとは、こういうことだ。[6]

走り出すまえに考える

実行期間が短くなるほど、じっくり考えて綿密に計画を練る時間ができる。わたしがコンサルティング会社ベイン・アンド・カンパニーのパートナーだったとき、いちばんうまくいったプロジェクト、つまり、クライアントから大いに感謝され、コンサルタントも満足感にひたり、無駄な時間を使わずに大きな成果を上げたプロジェクトは、実行時間に対して計画時間が突出して長いプロジェクトだった。

計画段階で、解決しようと思う重要な問題を一つ残らず書き出す（それが八つ以上あったら、重要性が低いものを切り捨てる）。仮に机上の計算ではあっても、どうすればうまくいくかを考える（ここが頭の使いどころである）。それから、解決策が正しいかどうかを確かめるために、どのような情報を集め、処理する必要があるかを考える。そして、誰が、いつ、何をやるかを決める。新しい情報が入ったり、状況が当初の想定とは変わったりした場合は、計画を見直す。

設計で勝負はあらかた決まる

プロジェクトに製品やサービスの設計が絡んでいる場合、勝負は設計で決まると考えたほうがいい。設計段階で発生する問題の二〇％が、コストや超過予算の八〇％を占める。重要な問題の八〇％は設計段階で発生し、あとから修正しようとすれば莫大なコストがかかり、場合によっては一からつくり直さなければならないケースも出てくる。

交渉

トップ10リストの最後は交渉である。意外ではないが、交渉についてはすでに多くの研究が行われている。八〇対二〇の法則の観点から、付け加えるべきことは二つしかないが、この二つはきわめて重要である。

交渉で重要なポイントはごく一部

論点となるものの二〇%以下が、交渉の成果の八〇%以上を左右する。これは当たり前のように思える。だが、とにかく得点を稼ぎたい人が多いため、つまらないことにこだわって交渉がこじれ、つまらないことで相手の譲歩を引き出し、重要なことでこちらが譲歩を余儀なくされるケースがままある。

このため、交渉に入る前に、「おとり」として使う要求事項を考えられるかぎりリストアップする。実際は取るに足らない問題なのだが、それが交渉の最大のポイントであるかのように思わせる要求事項を用意するのである。それはまったく理不尽なもので、とうてい呑めないような条件でなければならない（そうでないと、相手があっさりその要求を呑んだ場合、柔軟に交渉に臨み、譲歩したという得点を相手に稼がれてしまう）。そして、交渉の最終段階で、「おとり」の要求事項で譲歩し、これだけは譲れないという最重要の問題で相手の譲歩を引き出す。

たとえば、こんな例を考えてみよう。会社の重要な製品には部品が一〇〇種類あり、それはすべて一つの部品メーカーから仕入れていて、そのメーカーと価格交渉を行うとする。どの製品でも、コストの八〇％が部品の二〇％に集中している。したがって、その二〇種類の部品の価格をどれだけ引き下げられるかが、交渉のポイントになる。だが、交渉の早い段階で、他の八〇種類について、相手の小さな譲歩を引き出してしまうと、交渉の切り札を失ってしまう。そのため、その他の八〇種類のうち重要でない一部の部品については、購入の見込み数量を大幅に水増しするなどして、大幅な値下げを要求すべきである。

あわてる乞食はもらいが少ない

もう一つ注意すべき点は、交渉というのはたいてい、虚々実々の駆け引きが延々と続き、土壇場にならないかぎり、話がまとまらないということだ。

時間が交渉に与える圧力は想像を絶するものがある。譲歩のうち八〇％は、交渉全体の時間の最後の二〇％に起こる。あまり早いうちに要求をごり押しすると、どちらも折れることができず、交渉は物別れに終わりかねない。だが、土壇場になって出てきた新たな問題や追加要求に対しては、双方とも柔軟に対応する。(7)

要するに、短気な人は交渉には向いていないのである。

賃上げ交渉のコツ

八〇対二〇の法則の活用法について、オーテン・スキナーが面白い例を紹介している。

譲歩の八〇％は、交渉の最後の二〇％の時間で得られる。上司との昇給交渉を午前九時から始めることになっていて、上司には午前十時から別の予定が入っているとしよう。勝負に出るのは、九時五〇分くらいからだ。それを念頭において、ペース配分を考える。有り難い譲歩を引き出すには、ことを急ぎ過ぎてはいけない。(8)

トップ10を越えて

ここまでで、八〇対二〇の法則は、人間がつくりだす枠など飛び越えることを理解いただけたと思う。この発見は、人や企業、企業が活動する世の中の裏側にある現実から導かれたものだ。八〇対二〇の法則が広く通用するのは、その背後に、われわれの存在を司る深遠な力があるからだ。その力をうまくたぐり寄せなければいけない。

第8章

成功に導く、決定的に重要な少数

八〇対二〇の法則は、レーダーと自動操縦装置を与えてくれる。レーダーがあれば、チャンスや危険を素早く察知できるし、自動操縦装置があれば、大切な顧客の話を聞くために操縦席を立っても何の心配もない。何をするにせよ、「八〇対二〇で考え」「八〇対二〇で行動する」——それさえしっかり頭に入れておけばいい。

つねに多数より少数のほうがはるかに重要

これは不変の真実なのだが、にわかには信じがたい。データを揃えて分析してみるまで、あるいは八〇対二〇思考で答えが出るまでは、つねに多数のほうが少数よりも重要だと思い込んでいる。実際はその反対であることを認めたとしても、行動に移すのは容易ではない。つまらないことばかりに頭を使わないで、ほんとうに大事なことに時間と労力を使っているのか、繰り返し検証することが必要だ。

進歩とは、価値の低いものから価値の高いものへ資源を移すこと

個々の起業家もそうだが、自由市場の本来の役割は、生産性の低い分野から生産性の高い分野に資源を移していくことである。だが、起業家も市場もその役割を十分に果たしているとは言い難い。複雑きわまりない企業や官僚組織は言わずもがなだ。つねに無駄が多く、ロングテールを形成している。資源の八〇％は、価値の二〇％しか生み出していない。そのため、本物の起業家にとっては、つねに裁定の機会が存在する。そして裁定機会は、通常考えられているより、はるかに多い。

付加価値の大半を創造する少数の人々

最高の人材――自分に合った仕事をして、大きな利益を上げている人たちは、莫大な価値を創造しながら、往々にしてそれに見合った報酬を得ていない。通常、そうした人はごく一握りしかいない。大多数の人たちは、受け取る報酬以上の価値を創造していない。大勢の少数派は（多数派である場合も多いが）、貢献する以上に報酬を受け取っている。こうした資源配分の誤りは、大きな企業ほど、多角化が進んだ企業ほど顕著だ。

大企業というのは例外なく、報酬を不当に配分しようと組織的な陰謀を企てている。企業規模が大きく、複雑になるほど、この陰謀は大がかりになり、成果も大きくなる。企業で働いている人は、あるいはその企業と取引している人なら、かけがえのない貴重な人材は一握りしかいないことを知っている。そうした人材は、コストを大幅に上回る価値を創造している。多くの社員は、コストを大幅に下回る価値しか生み出していない、いわゆる「ぶらさがり」社員だ。仕事をやってもらうだけ迷惑なので、給料は払うから何もしないでくれと頼みたくなる社員も、一割から二割くらいいるだろう。

こうしたことが起こる原因はいろいろある。ほんとうの貢献度を測ることは難しい。立ち回りのうまい人間が出世する。気に入った人間を引き立てたいのが人情だ。個人の実績よりも肩書が重視される馬鹿馬鹿しい風潮がある。チームの協調を図ろうとすると平等主義が行き過ぎる。複雑性と民主主義が出会うと、無駄と怠惰が生まれる。

わたしは、証券会社の責任者A氏に、巨額のボーナスの配分方法についてアドバイスしたことがある。A氏は叩き上げでトップに昇りつめた人物で、市場の不完全なところをみつけては、それを突いて儲けることを喜びにして大成功していた。市場は正しいと信じて疑わない。ボーナスの支給対象者は何百人といたが、そのうちの二人で、部門の年間利益の半分以上を稼ぎ出したことも知っていた（その部門は、利益の貢献度を簡単に計算できた）。それなら、ボーナスの支給額の半分以上をその二人に払うべきでしょうとわたしが言うと、A氏は目をまるくした。

それからいろいろ調べていくと、ある幹部が利益に貢献するどころか、大きく足を引っ張っていることがわかった(だが、この幹部は、じつに「いいヤツ」で、社内での立ち回りがほれぼれするほどうまかった)。その幹部のボーナスはゼロにするのが当然でしょうとわたしが言うと、A氏はこう答えた。「そいつのボーナスは去年の四分の一に削ることはもう決めている。それ以上削ることはできない」

本来なら、その幹部は会社からボーナスをもらうどころか、会社に授業料を払うべきだ。そうした人間にボーナスを払うのは不公平だとわたしは主張し、結局、その幹部のボーナスはゼロになった。「いいヤツ」はその後、会社に少しでも貢献できそうな他の部門に移った。

フェアな報酬を妨げている大きな要因に、経理システムがある。経理の人間というのは、どこから利益が上がっているのかをわからなくしてしまう天才だからだ。人間の弱さを別にすれば、大きな企業、複雑な企業ほど、実績と報酬の不均衡が拡大する理由はここにある。社員が四人しかいない企業の社長なら、部門別の損益計算書などつくらなくても、誰がどれほど貢献しているかはすぐにわかる。大企業のCEOは、真実がまるでみえなくなっている経理のデータと、ひいき目たっぷりの人事部長の勤務評定に頼らざるをえない。大企業では、真のスーパースターが冷や飯を食わされ、凡庸な管理職の大群が過分なご褒美をもらっているのが普通である。

大きな不均衡

価値とコスト、努力と報酬の間には、つねに大きな不均衡が存在する。高採算の事業は会社のごく一部にすぎないが、利益の大半を稼ぎ出している。資源配分をそのまま放っておけば、この不均衡は拡大するばかりである。だが、砂のなかに頭を突っ込んでおけば、自分たちの仕事、会社の業務の大半は、ごく一握りの高採算事業にくらべてはるかに小さい価値しか生み出していないという現実をみないですむ（現実を否定したいときは、それに都合のいいデータを経理部がいくらでも提供してくれる）。

資源配分はつねに間違っている

ほとんどの会社が、低採算の活動に資源を与え過ぎ、高採算の活動に資源を与えなさ過ぎる。「おんぶにだっこ」の事業は、いつまでたっても自立できない。採算が悪いからもっと資源を与えようというのは話が逆である。資源を与えれば与えるほど、資源を浪費していくだけである。

順調な活動は放っておいてもうまくいき、問題がある分野を立て直すには、驚くほど時間がかかる。たいていの場合、立て直すことはできない。そして、それに気づくのが遅過ぎる。トップが代わったり、危機に直面したり、経営コンサルタントがやって来て、やるべきことを指示するのだが、すでに手遅れという場合が少なくない。

成功を見逃すうかつ

成功はきちんと評価されず、称賛されず、十分に利用されていない。幸運が重なっただけと軽くみられることが少なくない。だが事故と同様、そう頻繁に幸運に遭遇することはない。「幸運」とは、よく説明できない成功のことである。幸運の陰にはつねに効率的なメカニズムがはたらいていて、知らず知らずのうちにものごとがうまく回転していく。その「幸運」を信じることができないと、幸運が幸運を呼ぶ波に乗ることができない。

均衡は幻想

永遠に続くものは何もなく、ことに均衡ははかないものである。永遠に変わらないものがあるとすれば、それはイノベーションだけである。イノベーションはつねに抵抗に遭い、多くの場合進行が遅れるが、死に絶えることは稀である。イノベーションに成功すれば、生産性はいまよりはるかに高まる。ある一線を超えると、イノベーションの勢いには誰も抵抗できなくなる。個人であれ、企業であれ、国家であれ、めざましいイノベーションに取り組んだからといって成功するわけではない。もう誰にも押しとどめようがないところまでイノベーションを進めた場合のみ、成功するのである。

生き残るためには改革が欠かせない。何がもっとも効率的かを発見し、そこに全力を集中するには、建設的な改革が欠かせない。

大きな勝利はすべて、小さな勝利から始まる

どんな大きな勝利でも、最初は小さな勝利から始まる。ちょっとしたきっかけ、大ヒットするとは思えない製品、小さな会社、小さな市場、小さなシステム……、こうした最初の一歩がやがて大成功につながる。だが、その小さな第一歩が、それと認識されることは滅多にない。われわれは、すでにある大きなものに目を奪われがちで、身近の新しいさざ波には注意を払わない。それに気づくのは、大きな波になって、成長が加速しはじめてからのことだ。小さな波に最初に気づいたごく一握りの人たちが、ひと財産築くことができる。すでにその波に乗っている人でも、その重要性に気づかず、大きな魚を逃してしまっ

ている。

五〇対五〇思考をやめる

五〇対五〇思考をやめ、八〇対二〇思考を始めるには、発想の転換が必要になる。

80対20の考え方

●均衡の常識を捨てる。二〇％が八〇％に等しくなり、八〇％が二〇％に等しくなると考える。

●予想外のことを予想する。二〇％が八〇％の原因になり、八〇％が二〇％の原因になると考える。

●時間にも、会社にも、市場にも、付き合う人にも、取引相手にも、あらゆるものに貴重な二〇％があると考える。凡庸な多数の陰に隠れている少数のものに、ほんとうのパワーがあり、価値がある。その二〇％が何かをつねに考える。

●目にみえない二〇％、水面下に隠れている二〇％をみつけ、求めよ。さらば、みいだされん。予想外の成功は天の恵みと思え。予想以上にうまくいったら、そこにこそ、探し求めていた二〇％がある。あとは、それをどう大きく育てていくかの問題である。

●明日の二〇％は今日の二〇％と同じだと思うな。明日の二〇％の種はどこにあるかを探せ。二〇％に成長し、八〇％の価値を生み出すようになる一％を探せ。昨日は一％だったのに、今日は三％になっているものは何かを探せ。

●安易な解答、わかりきった現実、頼りになりそうな多数、現在の流れ、一般通念、常識……、そういったものをすべて頭から追い出す習慣を身につける。金属のなかで、重いものにはろくなものがない。宝石の二〇％は、八〇％のがらくたの山に隠れている。がらくたの山をかき分け、きらりと光るものを見つけ出せ。固定観念を捨て、がらくたの隙間から、かすかに光るものを見逃すな。

八〇対二〇の思考法

心理学者は、行動を変えれば思考が変わるというが、思考を変えれば行動が変わる場合もある。八〇対二〇思考を始めるには、まず八〇対二〇の行動を始めるのが一番だし、逆に、八〇対二〇の行動を始めるには、八〇対二〇の思考に取りかかるのがいい。並行して進めるのが、もっとも効果的だ。以下にその方法をまとめた。

80対20の行動

●貴重な二〇％をみつけたら、駆け寄り、かき抱き、没頭し、我が物にし、その専門家、崇拝者、伝道師、パートナー、産みの親になろう。それを最大限利用する。そして、それが想像以上に価値あるものであれば、さらに想像力をはたらかせる。

●貴重な二〇％をみつけだし、それを我が物にし、最大限に利用するために、使える限りの資源——才能、資金、友人、取引関係、説得力、信用、組織力など——を惜しみなく注ぎ込む。

●他人の助けを借りるときは、ほんとうに有能な二〇％の人たちとだけ手を組む。それができたら、さらに、ほんとうに価値ある二〇％のもの、ほんとうに有能な二〇％の人を探して、人脈を広げていく。

●できる限り八〇％の活動から二〇％の活動に資源を移していく。この裁定にはテコの作用が加わるため、得られる利益は予想以上に大きくなる。八〇対二〇の裁定取引の対象になるものは、主に二つある。人とカネである。人は、カネを生み出す資産である。

二〇％の人を、八〇％の活動から二〇％の活動に移せ。カネを、八〇％の活動から二〇%に移せ。もし可能なら、そしてリスクがそれほど大きくなければ、テコの作用を利用しろ。そのリスクは一般に考えられているよりははるかに小さい。「レバレッジ」といわれるテコの作用には二種類ある。一つは借り入れで、もう一つは、株を買ってもらって、他人のカネを使う方法である。他人のカネを八〇%の活動に使うのは、クセになりやすく危険である。結局、全員が泣くことになる。それを二〇%の活動に使えば、全員が笑うことができ、みんなのカネを集めた者がいちばん大笑いできる。

●新しい二〇%の活動のイノベーションに取り組む。よそから貴重な二〇%のアイデアを盗んでくる。盗んでくるのは、ほかの人からでもいいし、よその会社の製品からでもいいし、ほかの業界からでもいい。学界の研究成果からでもいいし、よその国からでもいい。そして、そのアイデアを二〇%の活動に活かす。

●八〇%の活動は情け容赦なく切り捨てる。時間でも、組織でも、取引関係でも、資産でも、何でもそうだ。無駄な八〇%にかかずらっていると、貴重な二〇%に費やすエネルギーや時間がなくなってしまう。

これで道具は揃った。あとは八〇対二〇で考え、八〇対二〇で行動するだけだ。八〇対二〇の法則を軽んずる者は、「並」の人生で終わる。八〇対二〇の法則を活用する者は、並みはずれたことをやってやろうという気概をもっているはずだ。

第Ⅲ部に向けて

八〇対二〇の法則は、ビジネスにおいて価値を発揮してきたし、欧米でもアジアでも企業の驚異的な成功を支えてきた。ビジネスを敬遠する人でも、この法則を知らない人でさえも、法則を知る少数の人々が成し遂げた進歩の恩恵を受けてきた。

とはいえ、八〇対二〇の法則は、ビジネスではなく人生の法則である。元をたどれば経済学に行き着く。ビジネスに有効なのは、この法則に合致する何かがビジネスにあるからではなく、この法則が世の中の仕組みを反映しているからだ。どんな状況でも、八〇対二〇の法則は、正しいか正しくないか、しかない。いつ試しても、ビジネスの内でも外でも、法則は同じようにはたらく。ただ、企業の内部で試されることが圧倒的に多かったにすぎない。

いまこそ、八〇対二〇の法則のパワーを解き放ち、ビジネス以外の分野で活用すべきだ。ビジネスや資本主義体制は刺激的であり、人生の重要な部分を占める。ただし、それらはあくまでプロセスにすぎない。人生の外面であって、中身ではない。人生の核といえる部分は、個人の生活や人間関係、社会の交流や価値観のなかにある。

第Ⅲ部では、八〇対二〇の法則を、個人の生活や、自己実現、幸福感と関連づけていこう。ここまで述べてきたことにくらべて飛躍があり、証明されているとは言い難いが、むしろもっと重要かもしれない。読者のみなさんにも、この未知の航海にお付き合い願いたい。

第Ⅲ部

楽して、稼いで、楽しむ

第9章 自由であること

八〇対二〇の法則は人間を自由にしてくれる。真実とはそういうものだ。楽をしながら、もっと稼いで、もっと楽しめるようになる。そのためには何をすればいいのか。別に特別なことは必要ない。八〇対二〇という現実を真剣に考えるだけでいい。そうすれば貴重なヒントが得られる。それを行動に移せば人生は変わる。

これは宗教でもなければ、イデオロギーでもない。他人から何かを押しつけられるわけではない。八〇対二〇思考が素晴らしいのは、実利的で、内側から湧いてくるものであり、自分を中心に考えられることだ。

ただ、ちょっとしたコツがある。まず、考えなければならない。そして、自分の目的に合わせて、ここに書かれていることに少し手を加える「編集」が必要だ。とはいえ、これはさほど難しいことではない。

八〇対二〇思考から得られるヒントの数は少ないが、すこぶる役に立つものばかりだ。ただ、すべてのヒントが、すべての読者のためになるとはかぎらない。自分には関係ないと思ったらどんどん読み飛ばし、興味がもてそうなところだけ読んでいただいてかまわない。

八〇対二〇思考のスタートは自分自身の生活から

読者には、八〇対二〇思考から貴重なヒントを得て、それを実生活に活かしてもらいたい。じつは、それ以上のことを期待している。八〇対二〇思考の本質をつかみ、わたしには思いつかなかった見方を自分自身でみつけてもらいたい。八〇対二〇思考の担い手になってもらい、世の中にもっと広めたいのだ。

八〇対二〇思考は、思索を重視し、常識にとらわれず、快楽的で、戦略志向であり、そして非線形である。(ものごとをより良くしたいという意味での)大きな野心を、肩の力を抜きつつ、自信をもって実現していくものでもある。また、八〇対二〇にあてはまる仮説と洞察をつねに探している。八〇対二〇思考にとりかかる際の予備知識として、また、正しい方向に進むための手引として、その特徴について説明しておこう。

八〇対二〇思考は内省的

なんのための八〇対二〇思考かといえば、自分の生活も他人の生活も劇的に改善する行動につなげるためだ。そうした行動には、並みではない洞察が必要である。それには自分の内側をみつめ、生き方をじっくり振り返ってみなくてはいけない。ときにはデータの収集が必要で、それをみて自分の来し方を振り返り、感傷的になることもあるかもしれないが、データがなくても、静かに考えるだけで正しい答えが引き出せるものだ。人間の脳には、自分の想像をはるかに超える豊富なデータがつまっているからだ。

八〇対二〇思考は、普通の考え方とは違う。普通、ものごとを考えるときは、結論を急いだり、都合のいいことばかりを考えたり、直線的に考えたり（xは良いか悪いか、その原因は何か、というように考える）、レンガを積み重ねるように考えることが多い。いまの世の中では、ろくに考えもせずに行動を起こすことが多い。行動だけあって思考がないと言ってもいい。

八〇対二〇思考の目的は、行動はひとまず忘れ、静かに内省し、稀少な宝石のようなヒントをつかみ、それをもとに行動を起こすことにある。そして、行動を起こすときは、目標を徹底的にふるいにかけ、いちばん大切なことに的を絞り、必要最小限のエネルギーと資源で最大限の成果を出すよう全力をあげる。

八〇対二〇思考は非常識

八〇対二〇思考は、間違っている常識をみつけだす（常識というのは間違っていることが多いものだ）。人生につきものの無駄なこと、最適でないものをみつけだし、まずは日常のなかでそれを改めていくことから進歩ははじまる。このとき、常識は役に立たない。そもそも、無駄を生み出し、最適ではない状態をつくり出したのは、常識なのだから。八〇対二〇の法則のパワーは、常識にとらわれず、違うやり方をするところにある。そのためにはまず、多くの人はなぜ間違ったことをやっているのか、あるいは持てる力のほんの一部しか発揮していないのかを考えてみよう。出てきた答えが常識的なものであれば、八〇対二〇思考をしているとは言えない。

八〇対二〇思考は快楽的

八〇対二〇思考は快楽を追求する。人生は楽しむべきものだと考える。何かを成し遂げるにしても、それは興味と喜びと幸福を追求した結果、あとからついてくるものだと考える。この点に異論はなくとも、自分の幸せにつながる単純なことすらしていない人がほとんどだ。それが何かをわかっている場合でも……。

ほとんどの人は、次のような罠《わな》にはまる。それほど好きでもない人のために、たくさんの時間を使う。生活のためだと自分に言い聞かせながら、面白くもない仕事をしている。「自由時間」の大半を、大して楽しくもないことに費やしている（ちなみに、「自由時間」というのは快楽主義に反する概念だ）。逆の言い方をすればこうなる。ほんとうに好きな人と過ごす時間が少ない。好きなことをとことんやってみようとは思わない。いちばん楽しいことに「自由時間」のほんの一部しか使わない。こういう人たちは、ものごとを楽観的に考えない。楽観的に考える人でも、将来の生活をより良くするために、周到に計画を立てようとは思わない。

これはまったく奇妙なことだ。希望は経験に勝てないということだろうか。だが、「経験」とは、みずから積み重ねていくものであり、客観的な外部の現実よりも、外部の現実に対する主観的な見方によって大きく変わってくる。快楽は罪悪感に勝てない、知性は遺伝に勝てない、意思は運命に勝てない、そして突き詰めれば、生は死に勝てないといったほうがいいかもしれない。

「快楽主義」は、他人のことなどまるで気にしない利己主義にすぎず、志をもたない者が陥る罠だと思われがちだが、それは的外れだ。じつを言えば、快楽主義は、他人を助け、大きな仕事を成し遂げるための必要条件なのだ。少しも楽しいとは思わずに、有意義なことをするのは難しく、つねに無駄なエネルギーを使う。快楽主義者が増えれば、世の中はよくなり、あらゆる意味で、もっと豊かになるのだ。

八〇対二〇思考は進歩を信じる

果たして、この世に進歩はあるのか。宇宙の歴史、人類の歴史は、足取りは弱くとも進歩してきたと言えるのか。この問題については、過去三〇〇〇年間、さまざまに議論されてきたが、いまだに結論は出ていない。

ヘシオドス（BC八〇〇年頃）、プラトン（BC四二八～三四八年）、アリストテレス（BC三八四～三二二年）、セネカ（BC四～AD六五年）、ホラティウス（BC六五～八年）、アウグスティヌス（AD三五四～四三〇年）らは、すべて進歩を否定したし、いま生きている哲学者や科学者のなかにもそう考えている人は多い。

一方、フォントネルやコンドルセら一七世紀後半から一八世紀にかけての啓蒙思想家や、ダーウィンやマルクスら一九世紀の思想家や科学者の大半は、世の中や人間は進歩すると考えた。進歩派のリーダーともいうべき歴史家のエドワード・ギボン（一七三七～九四年）は、『ローマ帝国衰亡史』のなかでこう書いている。

人類がどこまで高みを目指すのかはわからない。……だから、世界はいつの時代にも、人類の真の富と幸福と知識と、またおそらくは美徳とを増進し続ける、との心地いい結論に甘んじても差し支えない。

もちろんいまでは、進歩を否定する事実が、ギボンの時代よりはるかに多く積み上がっている。だが、進歩を証明する例にも事欠かない。進歩の有無をめぐる議論は、実証で決着がつくものではない。つまるところ、それは考え方の問題であり、進歩があると信じることは、進歩は義務と心得ることでもある。(1) 進歩の可能性を信じなければ、世の中をよくすることはできないのだから。

この点をよく理解しているのが、ビジネスだ。概して、進歩の証拠をもっとも提供してきたのは、科学を取り入れたビジネスである。天然資源が無尽蔵でないことに気づくと、ビジネスと科学は手をたずさえて、新たな無尽蔵の地平を切り開いてきた。それは、不可能を可能にする技術革新だった。(2) だが、幸い、進歩するのは、科学や技術やビジネスの世界だけではない。われわれの生活も進歩するし、進歩させなければならない。個人としても、社会としても。

八〇対二〇思考は、本質的に楽観的である。逆説的だが、ものごとはすべて、思ったよりも大したことではないという事実をあきらかにするからだ。成果を上げるのに、ほんとうに重要な資源は二〇%だけである。残りの大半は、ないよりあったほうがましという程度のものである。したがって、その二〇%にもっと力を入れ、残りの八〇%をもっとましなレベルまで引き上げれば、成果は何倍も大きくなる。進歩が、新たな地平、高みへと導いてくれる。だが、レベルが上がっても、そのレベルでまた、八〇対二〇の法則がはたらくものだ。だからこそ、より高いレベルを目指して、さらに進歩していくことができる。

ビジネスと科学の進歩をみれば、八〇対二〇の法則がよくわかる。たとえば、コンピューター。まず、それまでのどんなマシンより何倍も速く計算できる巨大なコンピューターができた。それから、より小さく、より速く、より低価格のコンピューターが求められ、その需要に応じて、コンピューターはどんどん小型化し、演算速度はどんどん上がり、価格もどんどん安くなっていった。それを何度も何度も繰り返してきたが、いまのところ、この進歩には終わりがみえない。このことは、生活のほかの分野にも応用できる。進歩を信じるならば、八〇対二〇の法則がその実現を助けてくれる。エドワード・ギボンが正しかったことを証明できるかもしれない。つまり、人類の富と幸福と知識と、そしておそらくは美徳とを限りなく増やし、高めることができると……。

八〇対二〇思考は戦略的

戦略的とは、どういうことか。重要なこと、比較優位を得られる少数の目標、他人ではなく自分にとって重要なことに力を集中し、計画を立て、固い決意で粘り強く、その計画を実行していくことである。

八〇対二〇思考は非線形的

従来の考え方は、強力だが、ときに間違い、破滅的にもなりうる枠に閉じ込められている。従来の考え方というのは、線形的なものだ。つまり、xが原因でyが起こり、yが原因でzが起こり、bはaの必然的な結果である、という考え方だ。あなたが遅れてきたから、わたしは機嫌が悪い。学歴がないから、いい仕事につけない。自分はずば抜けて頭がいいから、成功している。ヒトラーがいたから、第二次世界大戦が起こった。業界全体が落ち込んでいるから、うちの会社の業績も伸びない。失業は低インフレの対価。貧困者や病人や老人を助けたいなら、増税が必要……。

これらはすべて、線形的な思考だ。線形思考は、単純で白黒がはっきりするため、人気がある。問題なのは、これでは現実を正確にとらえられない、ということだ。もっと悪いのは、世の中を変えようとするときに方向を間違えやすいことだ。科学者や歴史家はとうの昔に、線形思考を放棄している。あなたはなぜ、その線形思考にしがみつくのか。

八〇対二〇思考をすると、気が楽になる。たった一つの単純な原因で起こることなど何もない。必然などということは何もない。均衡は存在しないし、変わらないものは何もない。不快なことを我慢する必要はない。望んで手に入らないものは何一つない。良いことも悪いことも、何が原因で起こるのかは、実際のところ、よくわからない。意外な原因が大きな力をもっていることもある。ほんのちょっとした行動で、状況が大きく変わることもある。ほんとうに重要な決定というのは、数えるくらいしかない。その決定が大きい。そして、いつでも選択の余地はあるものだ。

八〇対二〇思考は、経験と思索と想像力に訴えるものなので、線形ロジックの罠から抜け出すことができる。自分はいま不幸だと感じているとすれば、その原因をあれこれ考えてはいけない。幸せだった日々を思い出し、それと同じような状況をつくり出そうと考えたほうがいい。仕事で行き詰ったとき、もっと広い個室が欲しいとか、もっといい車に乗りたいとか、もっと立派な肩書が欲しいとか、もっと理解がある上司の下で働きたいとか、そんなちまちましたことを考えてはいけない。自分の人生でこれだけはやりたいという大事なことを考えたほうがいい。いまのままでは埒《らち》があかないなら、別の会社に移るか、キャリアを変えることを考えてもいい。原因を探し出そうとしてはいけない。とくに失敗の原因は追求しても無駄だ。自分が幸せで、かつやりがいを感じられる環境を思い浮かべ、どうすればその環境をつくれるかを考えたほうがいい。

悠然とかまえて、大きな夢を描く

自分も家族も犠牲にして、朝早くから夜遅くまでがむしゃらに働くくらいでなければ、高い志は果たせない――われわれは、こうした考え方を刷り込まれてきた。要は、虚しい生存競争だ。こうした考えのおかげで、ずいぶん高い代償を支払ってきた。だが、それは望ましいことではないし、そんな必要などまったくないのである。

悠然とかまえて、大きな夢を描く――このほうが、ずっと魅力的だし、少なくとも同じように夢を実現できる。これは八〇対二〇の理想である。夢物語のように思えるかもしれないが、しっかりした事実の裏付けがある。人間が成し遂げた偉業のほとんどは、たゆまぬ努力と一瞬のひらめきが組み合わされて生まれている。ゆったりと風呂につかっていたアルキメデス、りんごの木の下にぼんやり座っていたニュートンを思い出してみればわかる。アルキメデスが浮力について何も考えず、ニュートンが引力について何も考えていなかったら、もちろん偉大な発見は生まれていない。だが、アルキメデスが机にしがみついていたら、ニュートンが科学者チームの指揮に忙しかったら、あのひらめきは生まれていなかったにちがいない。

一般人のわれわれが成すこと、自分や他人にとって重要な価値をもつものでも同じで、ごく短い時間に起きている。八〇対二〇思考で、ものごとを観察してみると、はっきりとわかる。時間がないというのは嘘である。時間は十分過ぎるほどある。すべてを犠牲にして、あくせく働かないと、何ごとも達成できないと思い込んでいるだけだ。大事なのは、ひらめきと選択である。心を落ち着ければ聴こえるかすかな声は、思っている以上に、人生にとって重要なものである。ひらめきという幸運は、ゆったりした気分でいるときに訪れる。そして、ひらめくまでには時間がかかるが、世間の常識に反して、時間はたっぷりあるのだ。

八〇対二〇の法則を個人の生活に活かす

第Ⅲ部の残りでは、八〇対二〇の法則を個人の生活に活かす方法をみていく。いくつかを例示した。そのヒントをもとに行動を起こしさえすれば、生活の質がぐっと向上するはずだ。

●成果と幸福の八〇％は、時間の二〇％で起こる。そして、その絶頂をさらに高めることができる。

●人生は、よきにつけ悪しきにつけ、ほんの一部の出来事や決定から影響を受けている。そうした重要な決定は、意識的な選択というよりも、前例をそのまま踏襲していることも少なくない。自分で人生をつくろうとせず、あるがままに任せている。重要なターニング・ポイントに気づき、自分が幸せになり生きがいを感じられる選択をすることで、人生は劇的に変わる。

●何かを引き起こす、決定的な要因は少なく、はっきりとわからないことが多い。それが何であるかを特定できれば、その要因を何倍にも膨らませることができる。

●誰しも、意味あることを成し遂げることができる。カギは努力ではなく、やるべきことをみつけられるかどうかだ。他の人よりもはるかに高い能力を発揮できることがあるはずだが、あれこれ手を出してしまうと、せっかくの才能が活かされない。

●つねに勝者と敗者がいて、つねに敗者のほうが多い。正しい相手、正しい味方、そして正しい方法を選べば、勝者になれる。勝つ確率を上げるには、もっと努力しようと思うより、自分に有利な勝負の場を選ぶことだ。前に勝ったことがあるレースで再び勝負したほうが、勝つ確率は高くなる。そして、弱い競争相手を選び、楽なレースに参加したほうが勝つ確率は高くなる。

●敗北の大半は、他人から強制されて参加したレースで起こる。勝利の大半は、自分が望んで参加したレースで起こる。レースの選択を誤り、自分が得意とするレースではなく、他人が得意とするレースに参加すれば、まず勝ち目はない。

●目的が何なのか、真剣に考えていない人が多い。そういう人は戦力を一点に集中せず、多方面に分散する。成果を上げるのは、選択眼があり、こうと決めたら貫きとおす人である。

●ほとんどの人は、自分にとっても他人にとってもあまり価値がないことに多くの時間を費やしている。八〇対二〇思考ができる人はこの罠にはまらず、大した苦労をしないで、価値の高いことを成し遂げる。

●人生の重要な決定の一つに、盟友や味方の選択がある。自分一人でできることには限りがある。それなのに、盟友や味方をいい加減に選んでしまう人が多い。いや、まったく選ばない人さえいる。どこからか味方が現れると思っている。これは成り行きまかせの悪しき例だ。味方を間違えている人が多いし、味方が多過ぎて、きちんと活かせていない人も少なくない。八〇対二〇思考ができる人は、数少ない盟友を慎重に選び、固い同盟を結んで、目的を達成する。

●いい加減な味方選びをしてしまうと、最悪の場合、「大切な恋人」や人生の伴侶を間違って選ぶことになる。たいていの人は、友人の数が多過ぎて、数少ないほんとうの親友と心ゆくまで楽しむということがない。人生の伴侶選びを間違えている人が多いが、伴侶を正しく育てようという気のない人はもっと多い。

●お金は正しく使えば、より良い生活を送るための貴重な手段になる。お金の増やし方を知らない人が多いが、八〇対二〇思考をすれば、お金はどんどん貯まるようになる。そして、この世にはお金よりも大切なものがあるとわかってさえいれば、お金はいくらあっても邪魔にならない。

●自分のための幸せのタネをまき、育てるために、たっぷり時間をとって、じっくり考えようとする人は案外少ない。お金だとか出世だとか、幸せに直接結びつかないものを追い求め、さんざん苦労してそれを手に入れたとき、とんでもない回り道をしたことに気づく。幸せはお金では買えないし、お金とはまったく性質が違う。お金は、使わない分を貯金したり投資したりすれば、複利の魔法によって自然に増えていく。だが、幸せの場合、今日使わない幸せが、明日の幸せになるわけではない。幸せは筋肉や頭と同じように、使わなければ衰えていく。八〇対二〇思考ができる人は、何が幸せを生み出すかを知っている。つねに意識して、楽しく幸せを追い求め、今日の幸せを使って明日の幸せを築き、明日の幸せを大きくしていく。

時間は翼を広げて待っている

八〇対二〇思考の出発点として、まず取り上げたいのが時間の問題である。時間の質と役割についての現代社会の考え方は、あまりにお粗末だ。多くの人が直観的にそれを理解していて、大勢の多忙なエグゼクティブは「時間管理」に救いを求めている。だが、わたしに言わせれば、枝葉末節のことで右往左往しているにすぎない。時間に対する考え方を、まるごと変える必要がある。必要なのは、「時間管理」ではなく「時間革命」なのだ。

第10章
時間革命

だが、背後にいつも聞こえる
時という名の馬車が翼を広げて迫ってくるのが
そして前方には、目路《めじ》はるかまで
永遠という名の砂漠が広がる

――アンドリュー・マーベル(1)

超忙しい人も、超ヒマな人も、誰にとっても必要なのが、時間革命だ。時間は足りないのではない。時間はあり過ぎるのだ。問題は、時間の使い方、時間に対する考え方にある。そして、問題があるということは、そこに問題解決の糸口があるということだ。時間革命は、幸福感という意味でも、成果という点でも、大きく飛躍する近道である。

八〇対二〇の法則と時間革命

時間の使い方に八〇対二〇の法則を適用すると、以下の仮説がでてくる。

●個人の偉業――生活や仕事はもちろん、学術、芸術、文化、スポーツの各分野で成し遂げられた偉業のほとんどは、ごく一部の時間で達成されたものだ。成し遂げられた成果と、それに要した時間との間には、大きな不均衡がある。

●同様に、個人の幸福感のほとんどは、きわめて限られた時間のなかで得られる。幸福というものが正確に測定できるなら、一日でみても、一カ月でみても、一年でみても、一生涯でみても、ごく短い時間に集中していることがわかるだろう。

これを八〇対二〇の法則を使って、数量的に言い換えるとこうなる。

●成果の八〇％は、使う時間の二〇％で達成される。逆にいえば、使う時間の八〇％は、成果の二〇％にしかつながらない。

●幸福の八〇％は、人生の二〇％で経験する。人生の八〇％は、幸福の二〇％しかもたらさない。

これはもちろん仮説であり、自分の経験に照らして検証してみる必要がある。この仮説が正しいとすれば（わたしはすでに検証済みであり、大多数のケースで、正しいことがわかっている）、さらに驚くべき四つの仮説が導き出される。

●やっていることのほとんどは、価値が低い。
●時間のごく一部が、残りの時間よりはるかに価値をもっている。
●だとすれば、発想を大胆に変える必要がある。時間の使い方を少しばかり変えたところで何の意味もない。
●時間のわずか二〇％を有効に使うだけで、時間が足りないということはなくなる。

少しだけ時間を取って、自分の毎日の生活を振り返り、八〇対二〇の法則どおりになっているか考えてみよう。正確なパーセンテージはどうでもいい。正確なパーセンテージを計算することなど、そもそも不可能なのだから。重要なのは、成し遂げた仕事や手に入れた幸福が、それにかけた時間と見合っているのか、それとも大きな不均衡があるかどうかである。生産的な二〇％の時間が、成果の八〇％につながっているだろうか。幸福の八〇％は、時間の二〇％に集中しているだろうか。

これは大事な問題なので、いい加減に答えを出してしまうのはよくない。この本をひとまず閉じて、散歩に出かけることをお勧めする。使った時間に見合うだけの成果が得られているかどうか、歩きながらじっくり考えてほしい。

大事なのは、時間をうまく管理することではない

時間と成果の釣り合いが取れていないなら、時間革命を起こす必要がある。時間をやり繰りしようとあれこれ考えても仕方がない。時間の配分を少しばかり変えたところで、大した意味はない。時間の使い方を根本から見直す必要がある。そして、時間についての考え方そのものを変える必要があるだろう。

ただし、これを時間管理と混同してはいけない。時間管理は、時間に追われている管理職のためにデンマークで開発されたもので、本来は研修プログラムだった。いまや世界中で需要があり、時間管理は一〇億ドルの産業に成長した。

時間管理産業の最大の売り物は、研修ではなく、「タイム・マネージャー」である。「タイム・マネージャー」と聞けば、何やら画期的なものに思えるが、何のことはない、エグ

ゼクティブ用と称したスケジュール帳のことで、以前は紙だったが、最近は電子手帳が増えている。時間管理の勧めには、何やら宗教的な匂いもする。この業界で急成長しているフランクリンは、モルモン教との結びつきが強い。(2)

時間管理は単なる流行ではない。愛用者は、このシステムのおかげで、生産性が一五%から二五%も上がったと言っているからだ。だが時間管理は、半リットルの容器に、一リットルの水を入れることを目的としている。要するに「詰め込み」であり、とくにビジネスマンに、少ない時間で多くの仕事をこなせと圧力をかけているにすぎない。分刻みの予定を立てれば、仕事の効率が上がるという発想である。そして、ものごとに優先順位をつけ、急ぐものでも、大して重要ではないものは後回しにしろと教えている。

時間管理は、暗黙のうちに、何が時間の有効活用で、何が有効活用でないかがわかっているという前提に立っている。八〇対二〇の法則に基づけば、この前提ははなはだ怪しい。何が重要なのかがわかっていれば、すでにその問題に取り組んでいるはずだ。

スケジュール帳を開き、やるべきことに、A、B、C、D……と優先順位をつけろ、と時間管理は教える。だが、ほとんどの人は、活動の六〇%~七〇%に、AかBをつける。そして、とても時間が足りないと嘆く。そうなるのは、そもそも時間管理に関心を向けているからだ。その結果、計画をしっかり立て、ますます張り切って夜遅くまで残業するようになるのだが、同時にストレスも溜まっていく。時間管理中毒にはなるが、やっていることは基本的に変わらず、目いっぱい頑張っていないという罪悪感が薄らぐだけである。そもそも、時間管理という名前がよくない。その前提はこうだ。時間はもっとうまく管理できる。時間は貴重な資源である。時間の調べに乗って踊らなければならない。時間を節約しなければならない……。時間管理の伝道師はこう説く。少しでも油断すれば、時間は逃げていく。失われた時間は二度と取り戻せないと……。

現代は「慌ただしい時代」だ。「余暇の時代」が来るという予言はいったい何だったのか。そんな時代はとうぶん来そうにない。余暇を楽しめるのは失業者くらいのものだ。経営学者のチャールズ・ハンディが指摘したように、いまの時代はどこかが狂っている。(3) 管理職なら週六〇時間働くのが当たり前になった一方で、働き口をみつけるのが難しい人が増えている。

お金はあるがそれを使う暇がない人と、暇はあるがお金がない人に、社会は二分されている。時間管理が人気を集める一方で、暇を持て余す恐怖感と、時間が足りずに満足のいく仕事ができない不満がかつてないほど広がっている。

異端の教え

八〇対二〇の法則は、時間に関する常識を覆す。八〇対二〇の時間分析が意味するところろは、これまでの常識とは大いに違っていて、常識に毒されている人たちを解放するものだ。八〇対二〇の法則はこう言っている。

●いまの時間の使い方は合理的ではない。したがって、時間の使い方について小手先の改善を図っても意味はない。すべてを白紙に戻し、時間に関するすべての前提を覆す必要がある。

●時間は足りないのではない。むしろ余っている。時間の二〇％を有効に使いさえすればいいのだから。そして、有能な人の多くは、ほんの一部の時間の使い方で、他の人に大きな差をつけている。重要な二〇％の活動に使う時間を倍に増やせば、週に二日働くだけで、現在よりも六〇％高い成果を上げることができる。時間管理に熱中するのは、別の惑星の話ではないかと思えてくる。

●八〇対二〇の法則は、時間を敵ではなく友として扱う。過ぎ去った時間は失われた時間ではない。時間はまた必ず戻ってくる。一週間は七日あり、一年は一二ヵ月あり、季節はまためぐってくる。ゆったりとくつろぎ、静かに時と語り合うときに、いいアイデア、価値あるものが生まれる。敵は時間そのものではなく、時間の使い方なのだ。

●八〇対二〇の法則にしたがえば、行動を減らしたほうがいい。行動は思考を追い出す。浪費する時間があまりに多い理由はここにある。プロジェクトについて言えば、もっとも生産的な時間は、通常、最後の二〇%である。理由は簡単で、期限までに仕上げなければならないからだ。大半のプロジェクトの場合、期限を半分に短縮するだけで、生産性が二倍に高まる。時間が足りないというのは大嘘である。

時間は、過去、現在、未来をつなぐもの

嘆くべきは、時間の不足ではなく、時間の無駄遣いである。「詰め込み」や「頑張り」はまったく役に立たない。そうした発想では、解決するどころか、問題を増やすだけである。

八〇対二〇思考をすると、時間に対する見方が変わってくる。時間は、往きて戻らぬ直線的なものではなく、めぐりて戻る円環的なものと考えたほうがいい。時間は必ず戻ってくるから、失敗から学び、大切な絆を強め、製品を改良し、生活を豊かにするチャンスは何度でも訪れる。人間は現在だけに生きているのではない。過去から生まれ、過去の記憶という貴重な財産をもっている。そして未来も過去と同様、現在に内在している。われわれが生きている時間は、左から右に移動するグラフではなく、図表35のような三角形の入れ子にしたほうがよく理解できる。

■図表35　時間の三つ組

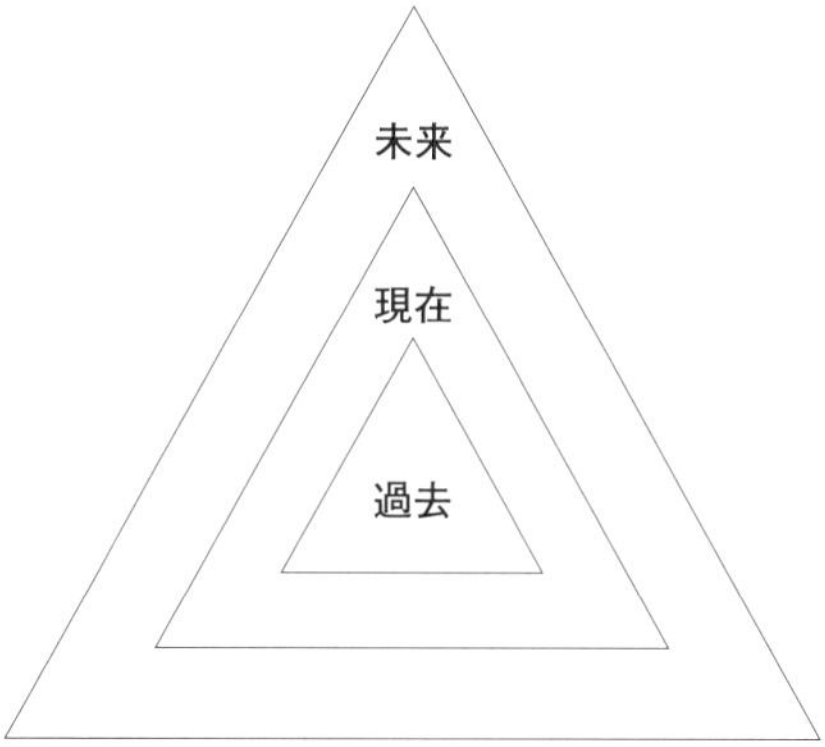

時間をこのように考えると、自分がもっているもののなかでもっとも大切な二〇％に目を向け、それを育み、高め、広げ、深めていくことが、人生でいかに大切かがわかってくる。個性、能力、友人関係、資産——すべてのことについて、そう言える。過去と現在から最良の二〇％を選び出し、それを育み、高め、広げ、深めていくことができるのだから、明日は必ず良くなるはずだ。そうした楽天的な見方に基づいて、変わることのない関係をもつことだ。このように考えると、未来は、矢のように時が過ぎるのを意識しながら、あるいは怯えながら眺めている、先の展開がまったく読めない映画のようなものではない。未来は、過去と現在とにつながり、何か良いことを創造するチャンスを与えてくれるものなのだ。八〇対二〇思考は、それが必ずできることを教えてくれる。時という

名の馬車の手綱を緩め、大切な二〇％のほうへ方向を転じるだけでいいのだ。

時間革命の手引──七つのステップ

時間革命を起こすには、次の七つのステップが必要になる。

①頭を切り替え、努力と報酬は別物だと考える

プロテスタントの勤労倫理があまりに深く根づいてしまったため、それを捨て去るには大変な努力がいる。心理的抵抗を意識して排除しなくてはいけない。厄介なのは、われわれが懸命に働くことに喜びを感じている、喜びとまでは言えなくとも、良いことだと思っている、という点だ。だが、懸命に働くこと、とくに他人のために懸命に働くことは、自分が望んでいるものを手に入れる効率的な方法ではない。まず、このことを頭に叩き込んでおこう。ただがむしゃらに働いても、見返りは少ない。自分の心の声に耳を傾け、ほんとうにやりたいことをやれば、見返りは大きくなる。

自分が理想とする、生産的な怠け者は誰かと考えてみるといい。わたしの場合は、ロナルド・レーガンとウォーレン・バフェットだ。レーガンは大した努力もせずに、B級映画

の大根役者から共和党右派の星になり、カリフォルニア州知事になり、ついにはアメリカ合衆国の大統領に昇りつめた。

いったい何が、レーガンをそこまで押し上げたのか。それは、見栄えのよさであり、甘い声と当意即妙のユーモアであり（暴漢に狙撃されて病院に運ばれる途中、ナンシー夫人に「ちょっと身をかがめるのを忘れただけさ」と言ったのは有名）、そして凄腕の選挙参謀の力であり、ディズニーチックな国家観と世界観であった。問題の処理能力はお世辞にも高かったとは言えないし、状況を把握する力は相当怪しいものだったが、アメリカ国民を鼓舞し、共産主義を叩きつぶすことにかけては天才的な能力を発揮した。チャーチルの格言を汚すものだが、かつて、これほど少ない努力で、これほど多くのことを成し遂げた人物はいない。

ウォーレン・バフェットが（一時）、アメリカ一の大金持ちになったのは、勤労によってではなく、投資によってである。最初の元手はわずかだったが、株式市場の平均上昇率を大幅に上回る投資収益率を何年にもわたって上げ続けたため、少ない元手は雪だるま式に増えていった。だが、バフェットは、それほど綿密な分析を行ったわけではない。基本的には、少数の達見に基づいて行動したのである。そして、その達見をずっと大事にし続けた。

バフェットの雪だるま式の資産形成は、一つの「目のつけどころ」から始まった。アメリカの地方紙は、それぞれの地域を独占していて、どのビジネスよりも経営基盤がしっかりしている。この単純な発想から、まずひと儲けし、儲けたカネの大半を、自分がよく知っている産業、メディア業界に注ぎ込んでいった。

バフェットは、怠惰とは言えないまでも、エネルギーをうまく倹約したとは言える。多くの銘柄を買って、さかんに売買を繰り返すファンド・マネジャーは多いが、バフェットはごく限られた銘柄を買って、長期間持ち続ける。株を買ったら、あとは何もしない。分散投資を説くポートフォリオ理論などまったく信用せず、そんなものは「ノアの方舟」だと言って馬鹿にしていた。つまり、すべてを一番《ひとつがい》ずつ買って、最後に動物園をつくって何になる、というわけだ。「できるだけ何もしない」——それがバフェットの投資哲学だ。

あれもこれもと手を出したい誘惑にかられたら、わたしは必ずレーガンとバフェットのことを思い出すようにしている。読者諸氏もぜひ、自分の身の回りで、あるいは有名人のなかで、「生産的怠惰」の見本となるような人物をみつけてほしい。そして、そのヒーローのことを、ことあるごとに思い出してもらいたい。

②罪悪感を捨てる

額に汗しないことの罪悪感など、さっさと捨てよう。それは、働き過ぎないために必要だし、楽しいことをやるためにも必要でもある。楽しいことをやって何が悪い。楽しくないことをやるのは、何の価値もない。

好きなことをやろう。好きなことを自分の仕事にしよう。自分の仕事を楽しいものにしよう。金持ちになった人はほとんど例外なく、好きなことをさんざんやって大いに楽しんだうえに、おまけでお金がついてきたのだ。これもまた、八〇対二〇の法則の一例である。

わずか二〇%の人が、富の八〇%を独占しているだけでなく、仕事から得る喜びの八〇%をも独占している。ここでもまた二〇%だ!

気難しいピューリタンの長老、経済学者のジョン・ケネス・ガルブレイスは、世の中の不公平に目を向けた。中間層は、働いた以上の給料をもらっているばかりでなく、楽しい仕事につき、仕事を楽しんでいる。秘書やアシスタントに囲まれ、ファーストクラスで旅行し、高級ホテルに泊まり、贅沢な食事をしている。大企業の幹部がごく当たり前だと思っているこうした役得を、すべて自費で賄うとすれば、かなりの個人資産が必要になるだろう。

ガルブレイスは革命的な自説を発展させ、楽しくない仕事をしている人は、楽しい仕事をしている人よりたくさん報酬をもらうべきだと主張した。人を挑発するにはいいテーマだが、こうした発想から生産的なものは生まれない。数多くの八〇対二〇の現象と同様、水面下をのぞいてみれば、不平等の背後に深遠な真理がひそんでいることがわかるだろう。

この場合、論理はきわめて単純だ。価値ある仕事をしている人は、仕事を楽しんでいるに決まっている。何にせよ、価値あるものは、自己実現によってしか生まれないからだ。たとえば、偉大な芸術家を考えてみよう。作品の質と量は驚異的だ。ゴッホは生涯、絵を描くことをやめなかった。ピカソは、アンディ・ウォーホルが生まれる前から工房をつくっていた。仕事が好きだったからだ。

ミケランジェロの桁外れの創作意欲はどうだろう（その背後には性的衝動があったとも言われているが）。ちょっと思いつくだけでも、ダビデ像、奴隷像、メディチ家の図書館の設計・建築、システィナ礼拝堂の天井画、サン・ピエトロ寺院の『ピエタ』などがあげられる。ほかに詩人として多くのソネットを残している。まさに超人というほかない。なぜ、人間業とは思えないことができたのか。それは、創作が仕事だったからではない。ユリウス二世のご機嫌を損ねるのが怖かったからでもないし、カネが欲しかったからでもない。創作を愛し、若くて美しい男を愛していたからだ。

ミケランジェロにはかなわないとしても、創作に喜びをおぼえないのであれば、永続的な価値をもつものは何も生み出せない。これはビジネスにも、純粋に個人的なことにも通じる真理である。

わたしは何も、ずっと怠惰でいろと言っているわけではない。労働は、人間の本能的な欲求を満たす自然な活動である。失業したり、退職したりした人は、あるいは一晩でひと財産を築いた人は、すぐにそのことに気がつく。誰もが自分に合ったバランスやリズムをもっていて、怠け過ぎたり、働き過ぎたりすれば、本能的にバランスを回復しようとする。八〇対二〇思考ではこうなる。仕事か遊びかの二者択一ではなく、仕事をしているときは高い価値を実現できる仕事、遊んでいるときは心から楽しめる遊びに集中することが大切なのだ。残念ながら、間違ったことを懸命にやっている人が多い。仕事の量を減らして、創造力を発揮し、知性を磨けるとすれば、世の中はどんなに明るくなることか。怠惰な二〇％の人にもっと働けと言うのなら、勤勉な二〇％の人には仕事を減らせと言うべきだ。どちらも社会のためになる。大事なのは、仕事の量よりも質である。そして、その質は、自発的にやるかどうかにかかっている。

③押しつけられた仕事から自分を解放する

八〇％の時間が二〇％の成果しか生み出さないとすれば、その八〇％の時間は他人のために使っていると言っていい。誰か他人のために働くこと――安定した収入を得られるが、自分の思いどおりにできない仕事をすることは、労働という長い歴史のなかで過渡期にすぎない（もっとも過渡期が二〇〇年以上続いているが）[4]。たとえ大企業で働き、会社から給料をもらっているとしても、自分のために、独立して事業を営んでいると考えたほうがいい。

八〇対二〇の法則が繰り返し示しているように、大きな仕事を成し遂げる人は全体の二〇％であり、そうした人は自分のために働いている。たとえ組織の中で働いていても、意識のうえでは独立して働いている。仕事以外でも同じことが言える。自分でコントロールできない時間を有効に使うのは難しい（いや、罪悪感やら常識やら、他人から押しつけられる考えやらに縛られていると、コントロールできる時間でも、有効に使うのは難しい）。

ただ、わたしのアドバイスを完全に実行するのは無理だろうし、また望ましいことでもない。誰しも他人に何らかの義務を負っているものだし、それが自分のためになることもある。起業家といえども一匹狼ではない。パートナーがいて、従業員がいて、提携先があって、社外にもいろいろな人脈があって、はじめて事業は成り立つ。そういう人たちに何も与えずに、何かを期待することはできない。ポイントは、よくよく考えて、情に流されず、パートナーや仕事を選ぶことである。

④常識にとらわれず、柔軟に時間の使い方を考える

他人の命令におとなしく従うために、自分に期待されていることをやるために、出席するのが当然だと思われている会議に出るために、誰もがやっていることをやるために、世間に期待された役割を演じるために、貴重な二〇％の時間を使ってはいけない。そうした

ことがほんとうに必要かどうかを、自分に問いかけてみるといい。常識的な行動を取り、常識的な解決策に頼るかぎり、自分の時間の八〇%をつまらないことのために使ってしまうという八〇対二〇の横暴から逃れることはできない。

常識に反した時間の使い方、突拍子もない時間の使い方を考えてみるのが、いい訓練になる。世間からつまはじきにされず、どこまで常識破りの行動を取れるか考えてみることだ。常軌を逸していればいいというものではないが、常識にとらわれない発想をすれば、そのうち少なくとも一つは、時間の価値を何倍にも増やすことにつながる。いくつかのシナリオを思い描き、自分が楽しめる価値の高い活動に使う時間を思い切って増やしてみよう。

知り合いや友人のなかで、大きな成功をおさめ、同時に常識外れのことをやっている人がいないだろうか。もしいたら、その人が時間をどう使っているか、どうやって常識を覆しているかを観察してみよう。自分にも真似できることが必ずあるはずだ。

⑤八〇%を与えてくれる二〇%が何かをみつける

仕事や成果の八〇%、幸福の八〇%は、時間の二〇%で得られることが多い。この二〇%はかなり重なっているが、同じではないため、まずやるべきことは、目指すものが仕事の成果なのか、それとも幸福なのかを明確にすることだ。それらは分けて考えることをお勧めする。
幸福を目指すのなら、わずかな時間で普段の何倍もの幸福を味わえることは何かを考えてみる。それが「幸福の島」である。紙を取り出し、いちばん上に「幸福の島」というタイトルを書き、その下に思い出すかぎり、至福のときを書き出してみる。そして、リストアップした「幸福の島」に何か共通点がないか考えてみる。

「不幸の島」についても、同じことを繰り返す。時間の八〇％が不幸ということはまずないだろう。普通は、「幸福の島」と「不幸の島」との間に、まずまずの幸せという海が広がっているからだ。ただ、不幸の最大の原因、不幸な時間の共通点を探し出すことは重要だ。

仕事の成果についても、同じ手順を繰り返す。普段の何倍もの仕事ができる時間はいつかを考えてみる。それが「達成の島」だ。紙を取り出し、いちばん上に「達成の島」というタイトルを書き、その下に思い出すかぎり、不思議なほど仕事がはかどるときを書き出してみる。リストアップした「達成の島」に何か共通点がないだろうか。

分析を終えるまえに、273ページに示した「時間の利用法ベスト10」を参考にしてもらいたい。これは多くの人の意見を聞いてまとめたリストであり、これを見ると忘れていたものを思い出せるかもしれない。

「達成の島」とは別に、「達成の砂漠」も書き出してみよう。それは不毛の地、生産性が低い時間である。こちらも273ページの「時間の利用法ワースト10」を参考にしてもらいたい。「達成の砂漠」にどんな共通点があるだろうか。

以上のリストができたら、あとは行動するだけだ。

⑥八〇%を与えてくれる二〇%に使う時間を増やす

「幸福の島」と「達成の島」が何であるかがわかったら、それに使う時間を増やしたくなるはずだ。

この考え方を説明すると、わたしの論理には欠陥があるという人がいる。二〇%に使う時間を増やしていくと、得られる成果は逓減していくはずだ。二〇%に使う時間を二倍に増やしても、当初得られた八〇%の成果の二倍の成果を得られるはずがない、四〇〜七〇%がいいところではないか、というのだ。

わたしは二つの答えを用意している。一つめはこうだ。幸福や効率を正確に数値化することは（いまのところ）できないのだから、批判が正しい場合もあるだろう。それでも望んでいるものが大幅に増えるのは間違いないのだから、それでいいではないか。

二つめはこう答える。そうした批判が一般に正しいとは思わない、と。わたしは、今日していることが、八〇%を生み出す二〇%にあたるとして、それを毎日毎日繰り返せと勧めているわけではない。「幸福の島」や「達成の島」の共通点を探し出すポイントは、現象の背後にある本質を見極め、自分の隠れた才能や資質を見つけ出すことにある。

まだやり始めたばかりでうまくいかないことでも、あるいはまったく手をつけていないことでも、やらないよりはやったほうがいいということがある（人間の能力や幸せはどこに隠れているか、わからないのだから）。たとえば、ディック・フランシスは、全英チャンピオンにもなった名騎手だった。競馬を題材にしたサスペンス小説を発表したのは、四〇歳近くになってからだ。作家としてのフランシスは、騎手時代とは比べものにならないほどの成功をおさめ、大金を稼ぎ、充実した後半生を送った。また、中年のさえない公務員にすぎなかったリチャード・アダムズは、子ども向けの小説『ウォーターシップ・ダウンのうさぎたち』を書いて、一躍、ベストセラー作家になった。

「幸福の島」と「達成の島」の分析を行うと、自分は何がいちばん得意なのか、自分は何に向いているのかがわかる。そこで新しい自分を発見し、まったく未知の分野に乗り出し、その分野で想像もできなかったような成功をおさめるというケースは、決してめずらしいことではない。つまり、収穫逓減の可能性はあるが、収穫逓増の可能性もあるのだ。だから、仕事を変えること、ライフスタイルを変えることを、一度は真剣に考えてみたほうがいい。

幸福や達成の八〇％を生み出しながら、二〇％の時間しか使っていないことは何か、それがわかったら、あとは、それに使う時間をできるだけ増やすことが目標になる。

短期的な目標としては、価値の高い活動に使う時間を、一年以内に二〇％から四〇％に増やすと決めること。これは十分に実現可能であり、これだけで「生産性」は六〇％から八〇％は高まる（時間の二〇％のロットが二つ、生産の八〇％のロットが二つできるのだから、価値の低い活動に費やしていた時間のうち二〇％を切り捨て、それを価値の高い活動に振り向ければ、生産量は一〇〇％から一六〇％に増える）。

価値の高い活動に使う時間を二〇％から一〇〇％に増やすのが理想だが、仕事やライフスタイルを変えないかぎり、それは不可能だ。もしそれをやろうと思うなら、いつまでにどう変えるか、じっくり計画を立てなければならない。

⑦つまらないことはやめる

活動の八〇％は成果の二〇％しか生み出さないので、そうした活動はやめるのがいちばんいい。大事な活動に多くの時間を割くようにすれば、自然とつまらない活動の時間は減ってくると思っている人が多いが、順序が逆で、まず、つまらない活動をやめたほうがうまくいく。

わたしがこう言うと、必ずこう反発される。いくらつまらないからといって、そう簡単に削れるものではない。家族や会社や社会に対して果たさなくてはならない義務もあるのだから……。もし、あなたもそう考えるのであれば、考え直したほうがいい。いまの環境でも、ものごとのやり方を変える余地はあるものだ。先のアドバイスを思い出してほしい。時間の使い方について、常識にとらわれず突飛な発想をしよう。群れのあとについて行ってはいけない。

新しいやり方を試して、どうなるかみてみよう。できればやめたいと思っていることは、そもそも価値がないものなのだから、それをやめたとしても、誰も気づかないかもしれない。仮に気がついたとしても、わざわざ労力を使ってまでまたやらせるほどのことでもないと思えば、黙って見逃してくれるだろう。

ただ、価値の低い活動をやめるために、環境を根本的に変えなければならない場合もあるだろう。仕事を変えたり、会社を辞めたり、いままで付き合っていた友達との縁を切ったり、ライフスタイルを変えたり、といったことが必要になる。その場合には、何をどう変えればいいのか、じっくり考えてみることだ。何も変えたくないのであれば、新たに達成感や幸福感が得られることはない。

常識外れの時間の使い方——四人の実例

型破りの政治家

最初に紹介したいのが、四度もイギリス首相に選ばれたビクトリア朝の政治家、ウィリアム・グラッドストーンである。いろいろな意味で型破りで、「堕落した女性」を売春宿から救い出すために奔走して失敗に終わったこともある。何をやっても自責の念とは無縁の男だったが、ここで注目したいのは、彼の時間の使い方である(5)。

グラッドストーンは有能な政治家だったが、政治家の枠にとどまらず、好きなことをやりたい放題やっていた。無類の旅行好きで、国内はもとより、海外にもしょっちゅう出かけた。首相在任中も、フランスやイタリア、ドイツに何度も遊びに出かけている。芝居が好きで劇場に足しげく通い、何人もの女性と浮名を流し(肉体関係がなかったのはほぼ確実だが)、貪るように本を読み(生涯で二万冊読んだと伝えられる)、下院で信じられないほど長い演説を行い(どんなに長くても、議員が居眠りすることはなかった)、近代の選挙戦術を確立し、選挙を心から楽しんだ。気分がすぐれないとベッドにもぐりこみ、少なくともまる一日は読書や思索にふけった。政治家に必要な精力と知恵の源泉は、この型破りの時間の使い方にこそあったのである。

その後のイギリス首相で、グラッドストーンに並ぶ時間の達人といえば、ロイド・ジョージ、チャーチル、サッチャーの三人しかいない。そして、この三人はいずれも、偉大な政治家であった。

型破りの三人の経営コンサルタント

次に紹介したい時間の達人は、わたしの知り合いの三人の経営コンサルタントだ。やり手のコンサルタントと言えば、目も回る忙しさで、早朝から深夜まで猛烈に働いていると思われがちだが、これから紹介する三人は、こうした常識を覆して、世間が羨むような成功をおさめている。

一人目は、とりあえずフレッドと呼んでおこう。コンサルタントになってから数千万ドルを稼いだ人物だ。ビジネス・スクールには行かなかったが、コンサルタント会社を設立し、大手に育てあげ、大成功をおさめている。その会社では、ほぼ全員が週に七〇時間以上働いているが、フレッドはあまり会社に顔を出さない。世界中からパートナーが集まる月一回の会議で議長を務めるが、普段はテニスをしたり、ものを考えたりすることに時間を割いている。専制君主だが、声を荒げることはない。五人の腹心をとおして、すべてコントロールしている。

二人目は、フレッドの腹心の一人、ランディ。創立者のフレッドは別にして、会社で仕事中毒になっていないのは彼だけだ。ランディは、遠い異国の支社長で、その支社の業績を大幅に伸ばした。スタッフは猛烈に働いているが、ランディ自身は支社にほとんど顔を出さない。ランディが時間をどう使っているかは誰も知らない。じつは、ほとんど働いていないのだが。最重要のクライアントとの会議だけは出席するが、それ以外のことはすべてジュニア・パートナーに任せている。会議に出席しないために、必要とあれば、込み入った嘘を並べる。

支社長ではあるが、管理にはまったく興味がない。重要なクライアントからの収益を増やすにはどうすればいいかだけを考え、最小限の努力でそれを実現する仕組みをつくることに全精力を傾けている。優先事項は最大で三つ。たいていは一つだけだ。それ以外のことはすべて、取締役会に委ねる。仕事のストレスがたまっているランディなど、想像できない。

三人目は、わたしの友人であり、会社のパートナーでもあるジムだ。ジムと言えば思い出すのが、小さなオフィスを借り、数人で会社を立ち上げたときのことだ。狭苦しいオフィスはさながら戦場で、電話で話す者、プレゼンに走り回る者、怒鳴る者がいて、騒々しいことこのうえなかった。

そんななかで、ジムは一人超然としてカレンダーを見つめ、何やら物思いにふけっていた。ときどき思い出したように数人の部下に声をかけ、静かな部屋に連れていって、何をやってほしいかを説明する。その際、聞いているほうがうんざりするくらい嚙んで含めるように説明した。それも一度ではなく、二度、三度と。そして全員に、指示したことを復唱させた。ジムは動きが鈍く、いつもだるそうだった。聴覚には軽い障害があった。だが、素晴らしいリーダーだった。価値がある仕事を選別し、誰にやらせるかを考え、それが完全に遂行されたことを確認するために、勤務時間のすべてを使っていた。

時間の利用法ワースト10

仕事であれ遊びであれ、価値の低いことをやめさえすれば、価値の高いことだけに時間を使えるようになる。先に価値の低い活動をリストアップするよう勧めたが、そのリストに漏れがないかどうかチェックするため、一般的な項目を図表36に並べてみた。

項目にあがった活動は容赦なく切り捨てよう。どんな環境にあっても、自分の時間を他人に公平に割り当てる必要はない。何より、頼まれたからやる、電話やメールをもらったからやる、という姿勢は即刻改めるべきだ。「ノーと言えば、それでいいのよ」というナンシー・レーガンの助言に従おう。あるいはジョージ・ブラウン卿がよくやったように、「ノー」と言わずに、「完全に無視」してもかまわない。

■図表36　時間の利用法ワースト10

1	他人から頼まれたことをやる
2	いつもやっていることをやる
3	あまり得意でないことをやる
4	楽しくないことをやる
5	絶えず邪魔が入ることをやる
6	他人がほとんど関心をもっていないことをやる
7	当初の想定より時間が2倍かかっていることを続ける
8	信頼できない人，能力がない人と手を組む
9	サイクルが予想できることをやる
10	電話に出る

■図表37　時間の利用法ベスト10

1	人生の目的に沿ったことをやる
2	いつもやりたいと思っていることをやる
3	80%の成果を生み出す20%のことをやる
4	最小限の時間で最大限の成果を上げる方法を考える
5	君にできっこないと言われていることをやる
6	誰かが大成功をおさめた違う分野のことをやる
7	自分の創造力を活かせることをやる
8	他人に任すことができ，自分はほとんど遊んでいればいいことをやる
9	常識外れの時間の使い方をしている有能な人と手を組む
10	今やらなければ一生できないことをやる

時間の利用法ベスト10

正反対のリストが図表37である。

時間の使い方を考える際には、次の二点を自問自答してほしい。

●それは常識から外れているか?
●時間の効用が何倍にも高まるか?

この二点について、答えがいずれも「イエス」でなければ、時間の有効な活用法とは言えない。

時間革命はほんとうに起こせるか

わたしのアドバイスのほとんどは現実離れしていて、自分の環境では到底できないと思う人が多いかもしれない。これまでに、以下のような反論や批判が寄せられている。

●時間の使い方は自分で決められない。そんなことは上司が許してくれない。

●おまえのアドバイスに従うとすれば、会社を辞めなくてはいけない。そんなリスクは冒せない。

●おまえのアドバイスが役に立つのは、金持ちだけだ。わたしに、そんな余裕はない。

●おまえのアドバイスに従うとしたら、離婚しなくてはいけない！

●わたしの願いは、効率を二五％高めることであって、二五〇％高めることではない。二五〇％も高まるなんて、いい加減なことを言うな。

●おまえが言うほど簡単なことなら、みんながやるだろう。

こうした意見に同意する人には、時間革命は無理かもしれない。

革命家になる気がないなら、時間革命に手をつけてはいけない

こう言うと、「わたしは過激派ではないし、まして革命家ではない。放っておいてくれ。基本的にはいまのままで幸せだ」と言い返されるだろう。それはそれで結構。たしかに革命は生易しいものではない。茨《いばら》の道で、危険もある。革命を起こすまえに、大きなリスクが伴うこと、海図がない大海原に乗り出すことを肝に銘じておかねばならない。

時間革命を起こしたい人は、図表35で示したように、過去と現在と未来を結びつけて考えなければならない。時間をどう使うかという問題の背後には、もっと大きな問題――どういう人生を送りたいのかという問題――がひそんでいるのだから。

第11章 望むものは必ず手に入る

大切なものをつまらぬものの犠牲にしてはならぬ。
――ゲーテ

自分の人生にいったい何を期待しているのか。それを考えてみる。一九八〇年代の流行語でいえば、「望みをすべてかなえる」こと――それが人生の目的ではないだろうか。やりたい仕事につき、より良い人間関係を築き、社会のなかで精神的な刺激を受け、美しいものにふれて幸福感や達成感を味わう。望ましい生活を送るには、それなりのお金が要る。そして、自分以外の誰かのために何かしてあげることも必要かもしれない。何にせよ、自分がかなえようと思わないかぎり、望みがかなうことはない。そして、かなえるにはまず、自分が何を望んでいるのか、はっきりさせなければならない。

ほとんどの人は、自分が何を望んでいるのか真剣に考えない。その結果、つまらない人生を送る。正しいことをやりながら、間違った関係を結んでいるのかもしれないし、正しい関係を結びながら、間違ったことをやっているのかもしれない。お金のため、あるいは成果を求めて必死に働きながら、目標を達成したとき、その勝利の虚しさに気づくかもしれない。

こうした憂うべき状況を浮き彫りにしたのが、八〇対二〇の法則である。努力の二〇％で成果の八〇％が手に入る一方、努力の八〇％は成果の二〇％にしかつながらない。努力の八〇％はほとんど報われない。時間の二〇％が価値の八〇％を生み出す一方、時間の八〇％はどうでもいいことに消えていく。時間の二〇％が幸福の八〇％につながる一方、時間の八〇％は大して幸福でもない。

だが、八〇対二〇の法則は暴君ではないのだから、その前にひれ伏す必要はない。それは、人生にはいかに無駄が多いかを気づかせてくれる診断書だと思えばいい。法則を逆手に取るくらいのつもりで、もっと幸せになるために、もっと要領よくなるために、うまく使えばいいだけだ。八〇対二〇の法則のお約束を覚えているだろうか。その意味することを理解すれば、苦労せずに、もっと稼ぎ、もっと楽しみ、もっと成果を上げることができるのだ。

そのためにはまず、自分が何を望んでいるかを総点検しておく必要がある。それがこの章のテーマである。第12章では人間関係、第13章では仕事、第14章ではお金と、個別のテーマを一つずつ取り上げていき、第15章で究極の目的――幸福について考えることにしよう。

ライフスタイルについて

あなたは生活を楽しんでいるだろうか。楽しいこともあるというのではなく、楽しいことが多い、少なくとも生活の八〇％以上を楽しんでいると言い切れるだろうか。楽しんでいないとすれば、自分自身にとってもっとふさわしいライフスタイルがあるのではないだろうか……。以下の項目をチェックしてみよう。

●自分にふさわしい人と暮らしているか。
●自分にふさわしい場所で暮らしているか。
●働きすぎではないか。仕事と遊びのバランスは取れているか。家族の希望や社会の要請に応えられているか。
●思いどおりにできない息苦しさを感じていないか。
●好きなときに運動や瞑想ができるか。
●いつもリラックスして、心地よく過ごせる環境にいるか。
●もてる才能を発揮できる創造的なライフスタイルになっているか。

●十分なお金があるか。つまらないことのために、あくせくしてはいないか。
●応援したい人たちを豊かにするために、できることは何でもやれるライフスタイルになっているだろうか。
●親友と呼べる人は十分にいるだろうか。
●生活のなかの移動頻度は多過ぎず、少な過ぎず、適当だろうか。
●パートナーや家族にとって、いまのライフスタイルは合っているか。
●必要なものがすべて揃っているか。望みはかなえられているか。

仕事について

仕事は人生の柱の一つだが、やり過ぎてはいけないし、やらなさ過ぎてもいけない。報酬のあるなしにかかわらず、ほとんどの人は仕事をする必要がある。だが、いくら仕事が楽しいからといって、仕事だけの人生になるのはいただけない。社会の常識に縛られて、働く時間を決める必要もない。

働き過ぎか、怠け過ぎかを判断するのに目安になるのが、八〇対二〇の法則だ。先に紹介した「裁定」の考え方を使えばいい。

仕事をしていないときのほうが幸せだと感じるなら、仕事の量を減らすか、仕事を変えたほうがいい。仕事をしているときのほうが幸せだと感じるなら、仕事の量を増やすか、仕事以外の生活を変えたほうがいい。仕事をしているときに感じる幸せと、仕事をしていないときに感じる幸せの釣り合いが取れるのが理想だ。仕事をしている時間の少なくとも八〇%、仕事をしていない時間の少なくとも八〇%で幸せを感じられるようになるまで「裁定」を続けるのだ。

仕事大好き人間はどれだけいるか

仕事が好きで好きでたまらないという人は、それほど多くないだろう。好きで仕事をしているわけではなく、生活のために仕事をしている人が大半ではないか。仕事が嫌でたまらないとは言わないまでも、仕事をやりたくないときがある、あるいはやりたくない仕事があるというのが普通だろう。いまと同じ給料をもらえるなら、別の仕事をやってみたいと思っている人は案外多いのではないだろうか。

仕事と人生は別物ではない

自分やパートナーの仕事は、生活全体の質という広い視野でとらえたほうがいい。住む場所、友達と過ごす時間、仕事から得られる満足感、ライフスタイルを支える税引き後所得など、生活のあらゆる角度からトータルに考える必要がある。

そう考えると、思った以上にたくさんの選択肢があることに気づくだろう。仮にいまの仕事に満足していても、仕事を変え、ライフスタイルを変えてみたらどうなるか、いろいろ想像してみたほうがいい。そして、現在と将来のライフスタイルについて、どれだけの選択肢があるか、思いつくかぎり、あげてみるのがいい。

まず、仕事と仕事以外の楽しみが対立するものではないという前提に立って考えてみよう。一口に「仕事」と言っても、じつにさまざまだ。とくに娯楽産業が幅を利かせるようになり、かつては「遊び」としか思えなかったものが、いまでは立派な仕事になることだってある。自分の趣味を仕事にすることだってできるかもしれない。「好きこそ、ものの上手なれ」というではないか。当然、他人に指図されてやる仕事より、好きなことをやるほうが熱が入る。仕事に夢中になれれば、それだけうまくいく確率は高まる。

何をするにしろ、自分が目指すところを明確にし、それを人生全体のなかで考えたほうがいい。とはいえ、言うはやすしである。習慣というのはなかなか変えられないし、常識的な考えにとらわれて、とかく仕事第一で生活が犠牲になりやすい。

たとえば、一九八三年にわたしが二人の仲間と経営コンサルティング会社を立ち上げたとき、それまでの経験から、長時間労働と頻繁な出張がいかに私生活に悪影響を及ぼすか身にしみていた。そこで、新しい会社では「トータル・ライフスタイル」という理念を掲げ、会社の収益と同じくらい生活の質を重視することにした。ところが、いざ仕事が軌道に乗ると、われわれ三人は週八〇時間働くのが当たり前になり、悪いことに、スタッフにも同じことを要求した（スタッフの一人から「みんなの生活をないがしろにしている」と食ってかかられたとき、最初は何のことだかよくわからなかった）。これは、ひたすら利益を追求したため、「トータル・ライフスタイル」など、どこかに消えてしまったという、わたし自身の苦い経験である。

ほんとうはどんな仕事がしたいのか

出世競争から「降りろ」と言いたいのかと言えば、必ずしもそうではない。はたからは、あくせく働いているようにみえても、本人は最高に幸せということもありうる。

大事なのは、自分が何をしているときがいちばん楽しいかをみつけ、それを仕事に取り入れることだ。「業種」は選択の一つにすぎない。考えるべきは、どんな形で働くのが自分に合っているか、仕事の達成感がどれだけ重要か、である。これをよく考えないと、好きな仕事を選んだからといって幸せになれるとはかぎらない。

次の二つの点で、自分の姿勢をはっきりさせておかなければならない。

●仕事の達成感、仕事での成功を強く望んでいるか。

●会社で働くのがいいのか。それとも自営やフリーで働くのがいいのか。あるいは人を雇って使うのがいいのか。

図表38に、この選択を示した。あなたは、どれを選ぶだろうか。

「1」を選んだ人は、やる気は大いにあるが、出来上がった組織のなかで働くことを好む。典型的な「組織人」だ。ただ大企業は人員削減を進めており、新興の中小企業にシェアを奪われているので「組織人」の需要は減っている（人員削減のトレンドは今後も続くだろうが、市場シェアについてはそうとも言えない）。ただ、大企業のポストの供給が減っているとはいえ、需要も減っている。それでも会社で働くほうがいいと言うのなら、この現実を直視し、組織人が流行らなくなっても、自分の志を貫く覚悟が必要だ。大企業の

■図表38　望ましい仕事とライフスタイル

雇用が以前ほど安泰とは言えないにしても、給料や肩書などの面でのメリットはまだまだあるのだから。

「2」を選んだ人は、典型的なプロフェッショナルで、同業者からの評価やその分野で第一人者になるという目標が原動力になっている。独立心が旺盛で、（大学のように）よほど自由な組織でないかぎり、組織の水には馴染めない。そういう人は、できるだけ早く独立の準備に取りかかったほうがいい。そして、独立したら、会社組織にしたほうが高い収益が期待できるとしても、人を雇う誘惑に負けてはいけない。「2」を選んだ人は、できるだけ他人に頼りたくない「一匹狼」なのだから。

「3」を選んだ人は、野心満々で、他人に使われることを嫌う。ただ、「2」を選んだ人と違うのは、一匹狼になりたいわけではない。型破りだが、何かつくり上げたいと思っている。自分を中心に人脈を広げ、城をつくりたい。こういう人が、明日の起業家である。

アメリカで一、二を争う大富豪のビル・ゲイツは、パソコン・ソフトに夢中になって大学を中退した。だが、ゲイツは一匹狼ではない。自分のために働いてくれる他人、それも大勢の人たちを必要としている。こういう人は少なくない。「エンパワーメント」が導入されたことで、必ずしも会社を飛び出す必要はなくなり、起業の志というのがやや流行らなくなっている。

他人と一緒に働きたいが、他人のために働くのは嫌だという人は、「3」の人間である。そのことを自覚して、何らかの行動を起こすべきだ。現状に強い不満を抱いているプロフェッショナルの多くは、じつは「3」なのに、「1」や「2」の形態で働いている人たちだ。不満の原因が、仕事ではなく、組織にあることに気づいていない。

「4」を選んだ人は、仕事の達成感をそれほど強く望んでおらず、みんなと楽しく働ければいいと思っている。だとすれば、会社の仕事でも、ボランティア活動でも、みんなと一緒に楽しくできることに、できるだけたくさん時間を使ったほうがいい。

「5」を選んだ人は、強い野心はないが、他人からは指示されたくない。こういう人は、会社をつくるよりも、フリーになって、自分の都合に合わせてプロジェクト・ベースで仕事をしたほうがいい。

「6」を選んだ人は、成功への野心はそれほど強くなく、ものごとを整理したり、人を育てたりする過程を楽しむ人たちだ。教師、ソーシャル・ワーカー、慈善活動家にこのタイプが多く、その役割に合っている。過程そのものを大切にする人たちで、目的地に着くことがそれほど重要だとは思っていない。

多くの人は自分に合った形態に自然に向かっていくものだが、職場に馴染めていないとすれば、たいてい自分に合わない形態を選んでいるからだ。

お金について

お金についての世の中の考え方はじつに奇妙だ。実際以上にお金が大事だと考え、実際以上に貯めるのが難しいと考えている。お金はあるに越したことはない。そこでまず、二番目の点から考えていこう。

お金を手に入れるのは難しくない、少し元手が貯まれば、お金を何倍にも増やすのは決して難しいことではない。わたしはそう考えている。

では、そもそも、お金をどうやって手に入れるか。自分が楽しめることをやる。それが最善の道であり、意外なほどうまくいくことが多い。

理屈はこうだ。自分が楽しめることなら、それが得意になるにちがいない。嫌なことより、楽しいことのほうが身につきやすいはずだ（必ずそうなるとはかぎらないが、例外は稀だ）。何かが得意になれば、他人を喜ばせるものをつくり出すことができる。他人を喜ばすことができれば、普通は報酬がもらえる。そして、ほとんどの人は楽しめることをやっていないのだから、自分より生産性が低いはずだ。だとすると、楽しいことに打ち込んで得意になることで、その分野の平均以上の収入を得られることになる。

だが、この理屈には、一〇〇％の保証をつけられない。俳優業など、なりたい人が大勢いて供給過多の職業もあるからだ。その場合、どうすればいいのか。あきらめることはない。需要と供給がほぼ均衡し、自分が望む職業に似通っているものを探すのだ。すぐにはみつからないかもしれないが、「近い」職業はたいていあるものだ。

頭を柔らかくして考えてみよう。たとえば、政治家に求められる資質は、俳優に求められる資質によく似ている。ロナルド・レーガン、ジョン・F・ケネディ、ウィンストン・チャーチル、ハロルド・マクミラン、マーガレット・サッチャーといった政治家は、仮に俳優になっていたとしても大成功していただろう。チャーリー・チャップリンがアドルフ・ヒトラーにそっくりだったのは、決して偶然ではない。ヒトラーは二〇世紀最高の役者の一人であり、もっともカリスマ性のある俳優だった。政治家と俳優の類似点は明白だと思えるが、競争がはるかに楽で、見返りは何倍も大きい政治家を目指そうという俳優の卵はほとんどいない。

自分が望む職業ではなかなか働き口がなく、それに近い有望な職も見つけられない場合はどうすればいいのか。そのときは第一志望をあきらめ、第二志望について、先はど述べたのと同じことを繰り返せばいい。

何よりお金を稼ぐことが重要で、自分の仕事にほんとうに自信がもてるなら、できるだけ早く独立し、そのあとで、人を雇うことを考えたほうがいい。

この結論もまた、八〇対二〇の法則から引き出したものだ。ある組織や職業の価値の八〇%は、二〇%の人たちが生み出している。平均を上回る仕事をしている人は、平均を下回る仕事をしている人よりたくさん稼ぐようになるが、その所得格差は能力や実績の格差を反映していない。とすれば、有能な人はつねにもらわなさ過ぎであり、無能な人はつねにもらい過ぎなわけだ。あなたが会社の並以上の人材なら、この理不尽から逃れることはできない。上司はあなたの仕事ぶりを評価してくれるかもしれないが、相対的に正しい評価をしてくれることは絶対ない。

この不遇から逃れる道はただ一つ、独立することだ。そして、一人で仕事をするより、会社を経営するほうが向いていると思ったら、有能な人を雇うことだ。だが、自分にはフリーランスや起業して人の上に立つのは性に合わないと思うのなら、いまの会社を飛び出してはいけない（図表38を参照）。

お金は簡単に増える

もう一つ覚えておいてほしいのは、少しばかりの元手さえ用意すれば、お金は簡単に増やせるということだ。貯蓄と投資——これが資本主義のすべてである。何も自分で事業を始める必要はない。八〇対二〇の法則を手引にして、株式に投資すればいいのだ。この点については、第14章で詳しく説明しよう。

お金は命より大切か

誰だってお金は欲しいだろうが、何事にも「ほど」がある。理想の生活をするにはたしかにお金が必要だが、注意も必要だ。強欲を諌める寓話は、真実をついている。お金で買える幸せもあるが、それは自分が心から望むことのためにお金を使った場合にかぎられる。そして、お金が仇《あだ》になる場合もある。

お金は増えるほど、増えた一ドル分の価値は下がっていくものだ。経済学でいう「貨幣の限界効用の逓減」というやつだ。生活水準が上がり、その水準に慣れてしまえば、特別幸せとは感じなくなる。その生活水準を維持するのに大変な費用がかかり、その費用を賄うために、嫌な仕事をこなさなければならない場合は、幸せどころではなくなる。資産が増えれば、それだけ心配のタネも増える。お金の管理のことを考えると、イライフしてくる（それなら捨てたらどうかなどと言わないでほしい。お金が減るより増えるほうが、イライラは少ない）。

それに税金のこともある。累進課税になっているので、稼げば稼ぐほど、税金をふんだくられる。もっと稼ごうと思えば、もっと働かなければならない。もっと働こうと思えば、それだけ経費も増える。仕事優先で都心に住めば馬鹿高い家賃を取られ、郊外に住めば通勤に時間がかかる。掃除ロボットや家事の代行サービスの出費もかさむ。仕事で溜まったストレスを発散するための遊びにも金がかかるだろう。出ていく金が増えれば、もっと働かなくてはいけない。そして結局は、金のかかるライフスタイルが出来上がり、ライフスタイルを築くどころか、振り回されるようになる。質素なライフスタイルのほうが、はるかに多くの価値と幸せを引き出せるかもしれない。

仕事の達成感について

仕事で成果を出すことに生きがいを感じ、それで正気を保っている人もいる。執筆意欲が旺盛な物書きが陥る罠がある。人生には方向と目的が必要だとお説教したがり、読者にはそれがないと叱る。そして、何をすべきか決断しろと迫り、最後はこうするべきだと教えを垂れる。

だから、これといってやりたいことがなく、それで幸せな人生を送っている人は、この章の残りは飛ばして、次の章に移っていただいてかまわない。だが、わたしのように、何かをやり切らないと罪悪感をおぼえ、気持ちが落ち着かない人は、是非このあとも読んでもらいたい。八〇対二〇の法則が助けになるはずだ。

仕事をやり遂げることは難しくない。「九九％の汗と一％の霊感」などという言葉は信じなくていい。これまでやり遂げたことの八〇％が、努力の二〇％から生まれたかどうか考えてみよう。そうなっていれば、あるいはそれに近ければ、その二〇％についてじっくり考えてみる。それと同じ努力をすれば、成功を何度も繰り返せるのではないか。いままで以上に大きな成功を手にできるのではないか。過去の成功を二つ組み合わせれば、満足が二倍になるのではないか。

●これまでで、いちばん「市場」から高評価を得たものは何か。自分がかちえた称賛の八〇％につながった仕事や遊びの二〇％とは何か。それからどれだけ深い満足感が得られたか。

●過去を振り返って、自分にいちばん合った仕事の形態はどんなものだったか。呼吸《いき》がぴったり合ったパートナーは誰だったか。自分をいちばん理解してくれたお客さんは誰だったか。ここでもう一度、八〇対二〇の法則を思い出す。時間や努力の割に、並の満足感しか得られなかったものはすべて切り捨てよう。大した努力もせずに、驚くほどうまくいったことはなかったか、思い出してみよう。自分の仕事に限定する必要はない。学生時代のことでもいいし、旅をしたときのことでもいいし、友人とのことでもいい。

●今後、これができたら誇らしいと思うこと、他の人より楽々とできることは何だろうか。同じことをやる人が一〇〇人いるとしたら、そのうち八〇人が費やす時間の一〇％で自分ができることは何だろうか。どうすれば上位二〇位に入れるか。時間のわずか二〇％を使って、八〇％以上の成果を生み出すにはどうすればいいか。こうした問いは謎かけのように思えるかもしれないが、答えは必ずある。人間の能力はじつに多様で、活かせる場はあるはずだ。

●楽しさや得意度を測定できるとして、仲間の九五％より楽しめることは何だろうか。仲間の九五％より自分が得意なことは何だろうか。その両方を満たすものは何だろうか。

大事なのは、簡単に思えることに集中することだ。お説教好きな物書きは、この点を間違えている。難しいことに挑戦しろと言う。だが、昔の人が我慢して苦い肝油を飲まなければならなかったのは、カプセルが発明されていなかったためだ。モチベーションアップの講演家は、「成功は失敗の裏側にある」というT・J・ワトソンの言葉をさかんに引用する。わたしに言わせれば、失敗は失敗の裏側にあるものだ。そして、成功は失敗のすぐそばにある。誰しも得意でうまくいっていることはあるはずで、その数が少なくても少しも気にする必要はない。

八〇対二〇の法則は単純明快だ。他の人よりもうまくできること、自分がいちばん楽しめる数少ないことに全力をあげる――それが八〇対二〇の教えである。

望みをすべてかなえるには、ほかに何が必要か

仕事、ライフスタイル、お金、達成感についてはみてきた。望みをすべてかなえるには、満足できる多少の人間関係が必要だ。これを語ると一章分になる。次の章で取り上げよう。

第12章

友人のちょっとした手助け

他者との関係は、われわれが何者であるか、何者になりうるかを見定めるのに役立つ。成功の大半は、元をたどれば決定的に重要な人間関係に行き着く。

——ドナルド・O・クリフトン、ポーラ・ネルソン(1)

人間関係が何もなければ、世の中から隔絶され、死んだも同然だ。陳腐な言い草だが、これは真実だ。友人関係は人生に欠かせない。そして、仕事上の人間関係は成功に欠かせない。この章では、プライベートな人間関係と仕事上の人間関係の両方を扱う。まずは、友達や恋人、家族など、プライベートな人間関係を取り上げ、それから仕事上の関係について考えていこう。

人間関係と八〇対二〇の法則に、一体どんな関係があるというのか。関係は大ありだ。質と量はトレードオフの関係にあるが（高い質を求めれば量は減らさざるをえず、量を増やそうとすれば質は落ちる）、われわれはいちばん大切なものを十分に育んでいるとは言い難い。

八〇対二〇の法則から、三つの刺激的な仮説が立てられる。

●人間関係の価値の八〇％は、二〇％の関係からもたらされる。

●人間関係の価値の八〇％は、人生の早い段階で結ぶ親密な関係の二〇％からもたらされる。

●価値の八〇％をもたらしてくれる二〇％の人間関係に向ける関心は、八〇％に到底及ばない。

大切な二〇人のリストをつくる

この段階では、友人や恋人など、自分が大切だと思う人を二〇人書き出し、重要度の順位をつけてみる。ここでの「重要度」とは、人間関係の深さと近さであり、その関係にどれだけ助けられたか、その関係でどれだけ自分らしくいられるかを指す。以下を読むまえに、このリストを作成してもらいたい。

さて、恋人（あるいは伴侶）の順位はどうなっただろうか。親や子どもより上だろうか、下だろうか。本心を偽ってはいけない（ただし、この章を読み終えたら、そのリストはすぐに破って捨てたほうがいい）。

次に、持ち点を一〇〇点とし、重要度に応じて点数を割り振っていく。たとえば、一位の人が、二位以下の一九人をすべて合わせたくらい重要だとすれば、一位に五〇点をつける。合計が一〇〇点になるようにするには、割り振った点を何度か調整する必要があるかもしれない。

どういうリストが出来上がるかは、人それぞれだろうが、だいたい八〇対二〇の法則にそったものになる。上位四人（二〇％）に得点が集中する（八〇％程度）。そして、ある順位の人と、その一つ下の順位の人の間には、つねに同じような関係が認められる。たとえば、二位の人の重要度は一位の三分の二から半分になり、三位の人の重要度は二位の三分の二から半分になる。仮に半分になるとすると、六位の人の重要度は一位の三％程度にしかならない！

次に、一人ひとりについて、一緒にどれだけの時間を過ごしているかを書き出してみる（ただし、テレビや映画を見るなど、相手に関心が向いていない場合は除く）。一緒に過ごす時間についても、持ち点を一〇〇点として、それを二〇人に割り振ってみる。「人間関係の価値」の八〇％を占める数少ない大切な人と過ごしている時間が、全体の時間の八〇

%よりずっと少ないことに気づくはずだ。

何をすべきかは明白だ。量より質を重視することだ。大切な人との関係を強め、深めるために、時間と精力を使うべきだ。だが、もう一つ問題がある。人間関係は年齢に応じて変わってくるものだし、ほんとうに親しい関係を結ぶには限りがある。ここでもまた、質と量がトレードオフの関係にあることに注意してほしい。

村理論に学ぶ

人類学者によれば、良好で重要な人間関係はそうそう結べるものではない。[2] どんな社会でも、子どもの頃の親友は二人、大人になってからの親友も二人、心から信頼できる医者の数も二人というのが共通したパターンのようだ。だいたい、好きな人が二人できると、あとの人のことはどうでもよくなる。激しい恋に落ちるのは、一回につき一人、家族のなかでもとくに愛情をかけるのは一人、というのが普通ではないだろうか。自分にとってほんとうに大切な人の数は、国（地域）や文化にかかわらず、驚くほど似通っている。

この観察から生まれたのが「村理論」である。アフリカのある村では、数百メートル以内の人間関係はすべて、短期間のうちに形成される場合がほとんどだ。これは世界全体、人類全体についても言えることではないだろうか。人は誰しも頭の中に村をもっていて、定員がいっぱいになると、それ以上、村人を増やさない――これが村理論である。

早いうちにあまりに多くのことを経験し、たくさんの人と関係を結んでしまうと、関係を深める「容量《キャパシティ》」を早々に使い切ってしまう、と人類学者は指摘する。だとすると、セールスマンや売春婦、頻繁に引越しをする人たちの人間関係がおそろしく浅いのは、その職業や環境ゆえに、多くの人と関係を結ばなくてはならなかったせいだ。

J・G・バラードは、カリフォルニア州で実施された、若い女性のための社会史生プロジェクトの例をあげている。対象は犯罪者と関係があった二〇歳と二一歳の女性で、中産階級のボランティアが中心になり、彼女たちを自宅に招き親交を深めるなどして、新たな環境を用意しようというものだった。

こうした女性は信じられないほど早婚で、多くは最初の子どもを一三歳か一四歳で産んでいる。二〇歳になるまでに三回も結婚した人もいる。恋人が次々変わり、肉体関係になって子どもができても、父親はその後、捕まったり、殺されたりしている。恋愛、出産、育児、離婚、死別など、普通の人なら長い年月をかけて経験することを、十代のうちに一挙に経験してしまった人が多いのだ。だが、このプロジェクトは完全な失敗に終わった。十代のうちにその対象となる女性たちが、新しい関係を深めていくことはできなかった。「容量」を使い果たしてしまっていた。村の定員はすでにいっぱいで、新しい人間関係が入り込む余地はなかったのである。

この悲しい話は良き教訓になる。ここでも八〇対二〇の法則があてはまる。つまり、ごく少数の人間関係が、幸せを大きく左右する。だから、村の定員を埋めるときは慎重に考え、あまり若いうちに村を満員にしてはいけない！

仕事上の人間関係の築き方

次に仕事上の人間関係と絆についてみていこう。何より重要なのは、ごく限られた少数の人たちと固い絆を結ぶことだ。これはいくら強調しても強調しすぎることはない。個人の偉業の陰には、必ず協力者がいる。一人でできることなど、たかが知れている。だとすれば、人の助けを借りる以外にないが、そこで重要なのは、目的に合わせて最適な関係を結ぶことだ。

助けは絶対に必要なのだから、協力者は大切に扱わなければならない。自分の分身として考えるべきだ。すべての友人やパートナーが等しく重要だと思ってはいけない。かけがえのない関係を育んでいくことに全力を傾けるべきだ。これが当たり前だとか陳腐だというなら、友人の何人がこの関係にあてはまるか自問してみるといい。彼らを大切にしているだろうか。

歴史を振り返ると、精神的な指導者には、みな大勢の協力者がいた。彼らが必要としていたのなら、われわれにもまた必要だ。イエス・キリストは、世間の注目を集めるために、洗礼者ヨハネに頼った。十二人の使徒をはじめ、多くの信者の助けがなければ、キリスト教がこれほど広まることはなかっただろう。とくにパウロは、歴史上稀にみるマーケティングの天才だった(3)。

協力者をどう選び、どういう関係を築いていくか——これ以上に大事なことはない。協力者がいなければ、どんな志も果たせない。よき協力者を得られれば、自分の人生を、あるいは周りの人の人生を変えることができる。場合によっては、歴史を変えることさえできるのだ。

協力者がいかに大事かは、歴史をみればよくわかる。

よき協力者を得た者が歴史を動かす

「ブルジョアのマルクス」と呼ばれたパレートは、歴史とは、「エリートが受け継いでいくもの」だと述べた(4)。したがって、個人や一族は、エリートになるために、あるいはその地位を維持するために、全力を傾けてきたというのである。

パレートやマルクスにならって階級を重視した歴史観に立つなら、エリート同士の結束、あるいはエリートを目指す者同士の結束が、進歩の原動力になっているとも言えるだろう。どの階級にも属さない人間はありえず、同じ階級の者、あるいは違う階級の者と手を組まないかぎり、人間は何事も成しえない。

歴史の転換点をみれば、協力者を得たときの個人の力がいかに大きいかがよくわかる。レーニンなしに一九一七年のロシア革命は起こりえなかった。もし、この革命がなかったとしたら、その後の七二年の世界の歴史は大きく変わっていたにちがいない。一九一七年の革命をひっくり返した一九八九年のロシア革命は、勇猛果敢なエリツィン抜きにはありえなかった。あの日、ロシア最高会議ビルのまえで、エリツィンが戦車に昇らなかったら、保守派が制圧していただろう。

歴史上の「ｉｆ」――「もし誰々なかりせば……」の連想ゲームをしていくと、個人の偉大さがよくわかる。ヒトラーがいなければ、ユダヤ人大虐殺も第二次世界大戦も起こらなかっただろう。ルーズベルトとチャーチルがいなければ、あとに成立した欧州連合よりもはるかにやすやすと（ただし、多くの血を流して）、ヒトラーは欧州を完全に統合していただろう。こうした例は枚挙にいとまがない。だが、見落とされがちな重要なポイントがある。それは、協力者の力を借りずに歴史の方向を変えることができた人間は一人もいないということだ。

どんな分野であれ、偉業の陰には必ず、数は少ないが重要な協力者がいて、その助けなくして成功することはありえず、助けがあればこそ、一人の人間がとてつもない影響力を発揮できた。政治、思想運動、ビジネス、医学、科学、哲学、スポーツ――分野は違えど、みな同じである。歴史は、非人間的な力によってやみくもに動いているわけではない。また、あらかじめプログラムされた経済的、社会的な方程式にしたがって、階級やエリートが思いのままに操れるものでもない。使命感に燃えた個人が、信頼できる協力者を得て、歴史を変え、歴史に挑戦するのである。[5]

数少ない頼れる味方が必要

これまでの人生で何らかの成功体験がある人なら、無知蒙昧なエゴイストでないかぎり、成功できたのは人の助けがあったからこそだ、とわかっているはずだ。だが、ここにも八〇対二〇の法則が及ぶ。大きな助けになってくれる味方の数は、意外に少ないのだ。

一般に、大きな助けの八〇％は、二〇％以下の人から得ていると言える。何かをしたとき、協力者のリストをつくると、数え切れないほどの人の名前があがってくる。だが、それが数百人にのぼったとしても、その価値には偏りがある。ほんとうに力になってくれる味方は、せいぜい六人程度だ。大事なのは味方の数ではなく、正しい味方と正しい関係である。利害を共有でき、いざというとき、ここぞという場面で、助けてくれる人が必要だ。そして何より、お互いに信頼できる関係でなければならない。

仕事上の関係で大切だと思う人の名前を二〇人書き出してみよう。そして、アドレス帳にある名前のなかで、ファーストネームで呼び合える人――関係が生きている人の総数と比べてみよう。自分の力になってくれる人の八〇%は、関係の二〇%に集中しているはずだ。もしそうなっていないなら、付き合いの底が浅いのではないかと疑ってみる必要がある。

盟友関係の築き方

社会に出てかなり経つなら、これまでとくにお世話になった人の名前を、リストアップしてみよう。上位一〇人を選び出し、持ち点を一〇〇点として、一位から一〇位まで点数を配分してみる。

普通、過去に助けてくれた人は、将来も力になってくれる人である。だが、順位が低い友人が、将来、かけがえのない盟友になってくれることもある。有力なポストに就いたり、投資したり、知名度が上がったりして大儲けしたりするかもしれない。それを踏まえて、今度は、将来助けてくれそうな順に上位一〇人を選び出し、同じように、持ち点を一〇〇点として、一位から一〇位まで点数を配分してみよう。

誰かが力になってくれるのは、あなたとの間に固い絆があればこそだ。固い絆で結ばれる条件は五つある。気が合うこと。尊敬し合えること。経験を共有していること。ギブ・アンド・テイクの関係にあること。信頼できること——の五つである。仕事上の良好な人間関係で、この五つは絡み合っていて、本来切り離せないものだが、一つひとつ順番に考えてみよう。

気が合う

条件その一は、当たり前のことである。会社やレストランやパーティーや電話などで、話していてさっぱり面白くない相手とは、親密な関係になりようがない。また、こちらが面白いと思っても、相手がそう思ってくれなければどうしようもない。

そんなことは当たり前すぎると思うなら、付き合ってはいるが、仕事のことでしか会わない人がいるかどうか考えてみよう。そういう人たちのうち、ほんとうに好きになれる人はどれくらいいるだろうか。好きでもない人との付き合いに多くの時間を費やしている人は驚くほど多い。これは時間の浪費以外の何ものでもない。好きでもない人との付き合いは、楽しくないし、疲れるし、無駄な費用がかかることも多い。もっとましなことをやる時間が奪われ、得るものは何もない。そんな付き合いはいますぐやめよう。そして、気が合う人と過ごす時間をもっと増やそう。その人が自分にとって役に立つ人ならなおさらだ。

尊敬

一緒にいると楽しいが、プロとしては尊敬できないという人がいる（もちろん、その逆の場合もある）。プロとしての能力を高く買えない人には、仕事のうえで手を貸そうとは思わない。

仕事上で誰かが助けてくれるとすれば、こちらの実力を認めてくれている、ということだ。ただ、隠している爪を相手がみつけてくれるとはかぎらない。いまでは良き友のポールはかつて、共に社外取締役を務めていた会議で、わたしのことを「有能だとは思うが、実力を確認する機会がない」、と発言したことがある。そこでわたしは、実力を証明する機会をとらえて、みせつけた。それでわたしのキャリアは大きく飛躍した。以来、わたしのビジネスの盟友リストで、ポールの順位は大幅に上昇した。

経験の共有

先に紹介した村理論と同じように、仕事上の重要な経験というものは、機会が限られている。経験を共有すると、とくに苦しい戦いにともに挑んだり、痛い目にあったりすると、強い絆ができる。公私両面でわたしの大切な友人の一人は、大学を出てすぐに同じ会社に入った男である。二人とも、製油所の仕事が嫌で嫌で仕方なかったからこそ、これだけ信頼できる仲になった。

ここから言えるのは、仕事で困難に直面したら、気が合い、尊敬できる同僚をみつけて、親しくなることだ。そして、その関係を大切に育み、実り多いものにする。それをしなければ、千載一遇のチャンスを逃してしまう。仕事が順調にいっているときでも、多くの経験を共有した人をみつけ、味方につけておく必要がある。

ギブ・アンド・テイク

同盟を維持するには、持ちつ持たれつの関係を持続する必要がある。一方通行の関係は長続きしない。さらに、ごく自然なギブ・アンド・テイクでないといけない。損得勘定で動くのはよくない。高い倫理観は保ちつつ、相手のためにできる限りのことをやる。それが大切だ。そのためには当然、時間を使い、頭を使わなければいけない。相手が助けを求めてくるまで待っていてはいけない。

仕事上の人間関係を見直していて驚くのは、ギブ・アンド・テイクの関係がほとんど成立していないことだ。あつい友情で結ばれ、同じ釜の飯を食ったことがあり、尊敬し合い、信頼し合っていたとしても、相手の苦衷を察して、助けを求められるまえに駆けつけることは少ない。その結果、互いの関係を深め、将来の援軍を確保する絶好の機会をみすみす見逃してしまうのだ。

ビートルズは「得る愛と与える愛の量は等しい」と歌っているが、仕事上で助けたり、助けられたり——結局、その質量は等しくなるのだ。

信頼

信頼は絆を強める。信頼にひびが入ると、関係は急速に冷え込む。相手から信頼されるには、いついかなる場合でも正直に行動しなくてはいけない。たとえそれが相手を傷つけまいとする思いやりから出た言葉であっても、心にもないことを言っていると思われただけで、信頼関係は崩れかねない。

全面的に信頼できない相手とは、手を組むべきではない。そのような関係がうまくいくはずはない。全面的に信頼し合うことができれば、多言を要さずに助け合うことができる。そうした関係を結ぶことができれば、時間とコストをどれだけ節約できるかわからない。気まぐれや臆病やずるさで、大切な人の信頼を失ってはいけない。

若いうちは、味方の選択に十分注意を払う

仕事上の大切な付き合いを考える際には、六人から七人までを目安にして、その配分を次のように考えるのがよい。

- ●目上の人、師と仰ぐ人を一人か二人
- ●同等に付き合う人を二人か三人
- ●後輩として面倒をみる人を一人か二人

師《メンター》との関係

師と仰ぐ人を慎重に一人か二人選ぶことだ。相手から弟子として選ばれてはいけない。そうすると、もっとよい師に出会えるチャンスが失われかねないからだ。師として選ぶ人は、次の二つの条件を備えていなければならない。

●先の「五つの条件」に合うこと。つまり、気が合い、経験を共有し、尊敬でき、ギブ・アンド・テイクの関係を結ぶことができ、信頼できる人。

●できれば年上のほうがいい。年下の場合は、将来の成功が約束されている人を選ぶ。ずば抜けた能力があり、志が高い人が理想的な師となる。

師弟関係というのは、必然的に弟子のほうがたくさん教えられることになるので、ギブ・アンド・テイクの関係というのは奇妙に思えるかもしれない。だが、師のほうにも得るものがなければ、師は弟子に対する関心を失う。弟子は、斬新なアイデア、精神的な刺激、熱意、勤勉、新技術の知識など、師にとって何らかの価値があるものを提供しなければならない。聡明な師は時代から取り残されないために、高い地位からはみえにくい新しいトレンドやチャンスや脅威を弟子から教えてもらう。

仲間との関係

対等に付き合う仲間になると、どうしても選択の基準が甘くなる。味方になってくれそうな人がたくさんいるからだ。だが、指定席は二つか三つしか空いていない。選別を厳しくしよう。先に紹介した「五つの条件」を満たす人のリストをつくり、この人なら絶対間違いないと確信できる人を二人か三人だけ選ぶ。選んだあとは、その人たちと強い絆で結ばれるよう全力をあげる。

後輩との関係

後輩との関係も軽視してはいけない。一人か二人選んで目をかける後輩が自分の部下だとしたら、今後きわめて長期にわたって、その後輩から多くのものを得ることができる。

盟友の輪

何人かと固い絆で結ばれると、信頼の輪が広がってネットワークができる。顔ぶれは同じで、多くがそれぞれに付き合うことになる。こうしたネットワークはきわめて強力なものになる。少なくとも外部からは、そうみえる。何より、人のネットワークは楽しいものだ。

だが、自分は「イケてるグループの一人」だと調子に乗ってはいけない。末席に名を連ねているだけかもしれない。真に価値のある関係とは、持ちつ持たれつの関係であることを忘れてはいけない。あなたがXともYとも親密な関係にあり、XとYもまた親密な関係にあるというのは大いに結構だ。鎖の強さはもっとも弱い環の強さで決まると、レーニンは言った。ただ、XとYの関係がいくら強くても、あなたにとってほんとうに重要なのは、あなたとXの関係、あなたとYの関係なのである。

悪い関係は良い関係を駆逐する

プライベートでも仕事でも、広く浅い関係よりも、狭く深い関係のほうがいい。ある人との関係が、ほかの人との関係と同じということはありえない。多くの時間を費やしながら、現状に満足できていないとすれば、その関係には重大な欠陥がある。さっさと関係を解消したほうがいい。悪い関係は良い関係を駆逐する。人間関係の容量には限りがある。その容量を慌てて使い切ってはいけない。つまらない関係のために無駄遣いしてはいけない。

相手を慎重に選び、選んだあとは、誠心誠意、その関係を大切にしていくことだ。

分岐点

ここで本書は分かれ目に来た。第13章はキャリアアップを目指す人、第14章はお金を増やしたい人向けだ。どちらも大して興味がない人は、第15章に飛んで、幸せになる七つの習慣を読んでもらいたい。

第13章 賢い怠け者

将校には四つのタイプがある。第一に、怠惰で無能なタイプ。これは、放っておいても害にならない。……第二に、勤勉で有能なタイプ。このタイプは、どんな細かいことでもきちんと分析する優秀な参謀になる。第三に、勤勉で無能なタイプ。このタイプがいちばん始末に負えないので、即座に除隊を命じなければならない。第四に、有能で怠惰なタイプ。このタイプを最高の位につけるのがいい。

――フォン・マンシュタイン将軍「ドイツ将校団について」

この章は、野心満々の人に読んでもらうために書いた。安定を捨ててでも、金持ちになろうとか、有名になろうという気概のない方は、この章と次の章を飛ばしてもらってかまわない。だが、不毛な競争から抜け出したいと思う人には、ぜひ読んでいただきたい。目から鱗が落ちるはずだ。

■図表39　マンシュタイン将軍のマトリックス

	無能	有能
怠惰	放っておく	スーパースター
勤勉	即刻クビ	優秀な参謀

冒頭に紹介したフォン・マンシュタイン将軍の指摘は、じつに鋭い。八〇対二〇の法則をキャリアに役立てる方法について指南した、この章の本質をとらえている。将軍が経営コンサルタントだったら、図表39のようなマトリックスをつくって、ひと財産築いたにちがいない。

　このアドバイスは、他人の使い方に関するものだが、自分自身についても考えてみよう。仕事には能力と勤勉さが欠かせないと思われているが、面白いことに、マンシュタイン将軍のマトリックスでは、勤勉は財産にならない。

　だが、ここでわたしが言いたいことは、それとは少し違う。まじめに働いていても、怠惰になるすべを学ぶことができる。そして、自分は無能だと思い、あるいは他人からそう思われていても、人間誰しも、何らかの能力をもっているものだ。成功する秘訣は、怠ける能力を身につけ、それを磨くことにある。先を読んでもらえばわかると思うが、怠ける能力は磨くことができる。もっと楽をして、もっと稼げる秘訣は、やるべきことの選択を誤らず、付加価値がいちばん高いことだけをやることだ。

その前にまず、努力と報酬に関する八〇対二〇の法則を思い出しておいたほうがいいだろう。報酬は不均衡であり、不公平である。「世の中は間違っている」と憤慨するのもいいが、ぶつぶつ文句を言うより、フォン・マンシュタイン将軍のマトリックスを利用したほうが賢明だろう。

不均衡が際立つ仕事上の成功と報酬

現代社会で、八〇対二〇の法則が際立っているのが報酬だろう。どの分野をみても、ごくひと握りのエリートだけが稼ぎに稼ぎまくっている。あらゆる分野で、トップに立つ人材の報酬が高騰している。ごく一部の人が、富と名声を独占している。それに付随する役得もまた桁外れだ。

一国でも世界全体でもいいのだが、現代の人間の営みを思い浮かべてみよう。野球やゴルフなどスポーツの世界でもいいし、芸術の世界でもいい。音楽でも、映画でも、演劇でもいい。小説や料理本、自伝などの出版の世界でもいい。トークショーのホストでも、ニュース・キャスターでも、政治家でもいい。それぞれの分野ですぐに名前が浮かぶ人は、数えるほどしかいないはずだ。

各国にどれだけの人がいるかを考えると、名前をよく知られている人はその分野のごく一部――おそらく五％未満で、そのごく一部のところだけにスポットライトが当たっている。その人たちはいつもひっぱりだこで、いつもマスコミに追い回されている。消費財で言えば、「ブランド」である。売れている商品は、ますます売れる。

人気と報酬にも同じことが言える。刊行された小説の二〇％以下が、小説全体の販売部数の八〇％以上を占めている。ＣＤでも、コンサートでも、映画でも、ビジネス書でも、事情は同じだ。俳優やＴＶタレントやスポーツ選手でもそうだ。ゴルフの賞金の八〇％を、二〇％のゴルファーがかっさらっていく。テニスもそうだし、競馬では賞金の八〇％以上が、二〇％未満の馬主、騎手、調教師の懐に入る。

現代社会では、ますます市場化が進んでいる。トップになれば、巨額の報酬を要求できるが、そこまで名が知られていなければ、大して稼げない。

誰にでも名前を知られたトップランナーと、ごく一部の熱心なファンだけに名前を知られたトップに近いランナーとの間には、雲泥の差がつく。野球やバスケットボールやサッカーのスーパースターは年に何百万ドルも稼ぐが、「スーパー」がつかないスターは、生活に不自由しないだけで終わる。

なぜ、勝者総取りになるのか

スーパースターの報酬が極端に高くなる現象は、八〇対二〇の法則の好例と言えるが、八〇対二〇どころか、九〇対一〇、九五対五になっているのが現実だろう。なぜそうなるかについて、経済学の観点から、あるいは社会学の観点から、さまざまな説明が試みられている。(1)

そのなかでもっとも説得力があるのは、スーパースターには有利な条件が二つあるという説である。

一つは、スーパースターは一度に多くの人にアクセスできる、というものだ。通信技術の進歩でそれが可能になった。ジャネット・ジャクソン、J・K・ローリング、スティーブン・スピルバーグ、オプラ・ウィンフリー、パリス・ヒルトン、ロジャー・フェデラー、マライア・キャリー、デビッド・ベッカムを、新たな消費者のもとに「届ける」増分原価はゼロに等しい。放送やCD制作や書籍印刷の追加コストは、コスト全体のごく一部にすぎないからだ。スーパースターの取り分が増えても、スーパースターの作品や芸やプレーを複製する追加コストはほとんど無視できる。スーパースターに何百万ドル、いや何千万ドル支払っても、消費者一人あたりの追加コストは数セントあるいは一セント未満にすぎない。

スーパースターに有利なもう一つの条件は、並のスターにスーパースターの代役は務まらないという事実である。最高でなければ意味がない。新しく頼んだ清掃作業員が、いつも頼んでいる清掃作業員の半分しか仕事ができないとしても、料金が半分なら、たいていの人は文句を言わないだろう。だが、セリーヌ・ディオン、アンドレア・ボッチェリの半分の能力があるという歌手に、誰が金を払うだろうか。この場合、スーパースターでなければ、経済的価値が大幅に落ちる。コンサートを開くとなると、並のスターでもコストはほとんど変わらないが、スーパースターほどの聴衆を集められないので、収入には天と地ほどの差がつく。

勝者総取りは現代の現象

興味深いことに、昔からずっとこれほどの格差があったわけではない。たとえば、一九四〇年代や五〇年代をみると、バスケットボールやサッカーのスーパースターはそれほど大金を手にしていなかった。その頃は、ろくに財産を残さずに死んでいく大政治家さえもいた。さらに昔に遡ると、トップの独り勝ちという現象はみられなくなる。

たとえば、ウィリアム・シェイクスピアは同時代の劇作家の中で群を抜く才能をもっていた。レオナルド・ダ・ヴィンチもそうだ。現代の感覚からすれば、彼らはその才能と名声を活かして、当代一の金持ちになってもおかしくなかった。ところが実際は、今日の水準で言えば、中の上程度の収入を得ていたにすぎない。

才能と報酬の不均衡は、時の経過とともに拡大していく。今では、収入は能力と市場価値に密接に連動するようになり、八〇対二〇の関係がいたるところに見られる。現代社会は、一世紀前はもちろん、一世代前に比べても、あきらかに能力主義になっている。ヨーロッパ全般、とくにイギリスでその傾向が強い。

ボビー・ムーアのようなサッカーの名選手が一九四〇年代か五〇年代に莫大な資産を築いていたら、イギリスのエスタブリッシュメントの間にもの凄い反発があっただろうが、そんなことはありえなかった。一九六〇年代、ビートルズが大富豪になったと聞いて、みんな驚いた。だが、今日、マドンナが三億二五〇〇万ドル、ハリー・ポッターの作者のJ・K・ローリングが一〇億ドル、オプラ・ウィンフリーが一五億ドル稼いでいると聞いても驚きはないし、猛反発もない。地位に対する尊敬がうすれ、市場価値に対する尊敬が高まっているのだ。

前にも述べたが、放送・通信、CDやCD-ROMなど、消費財の技術革新の影響も大きい。いかに収入を最大化するかが最大の関心事であり、それを可能にするのがスーパースターなのだ。スーパースターを起用するコストは、スター一人当たりでは巨額になるが、消費者一人当たりでみれば微々たるものだ。

達成はつねに八〇対二〇の法則に従う

お金のことはひとまず脇において、スーパースターを除く一般人にとって重要な問題に目を向けると、職業を問わず、達成と名声がごく一握りの人に集中していることに気づく。シェイクスピアやダ・ヴィンチは、階級社会の壁や通信技術の未発達などの制約要因によって、億万長者になることはできなかった。だからといって、彼らの偉大な業績が消えるわけではなく、突出した天才が途方もないインパクトを与えたという事実が消えるわけではない。

八〇対二〇の法則は、どんな職業にもあてはまる

マスコミを賑わすスーパースターばかりが目立ってしまうが、八〇対二〇の法則がはた

らくのは、エンターテインメントの世界に限らない。じつは、富裕層に占めるセレブの割合は三％にすぎない。アメリカで資産一〇〇万ドルから一〇〇〇万ドルの階層七〇〇万人の大多数は、企業経営者や金融関係者、やり手の弁護士や医師など、なんらかの専門的な職業従事者だ。資産が一〇〇〇万ドルから一億ドルの一四〇万人をみると、「下位の富裕層」に比べて、起業家が二倍に増える。一億ドルから一〇億ドルの階層となると、数がぐんと減り、数千人しかいないが、起業家と証券トレーダーが幅を利かせている。資産が一〇億ドル超の大富豪でも同じだ。フォーブス誌によれば二〇〇七年で九四六人いるが、新たにランキング入りしたのは一七八人で、一七人が返り咲いている。

能力はこれまでつねに八〇対二〇の法則に従ってきたが、技術の発達の影響で、九〇対一〇、あるいは九五対五の分布に変わってきているようだ。報酬については、かつては七〇対三〇の法則があてはまったが、有名人については、いまでは九五対五かそれ以上に極端な不均衡になっている。

富の分布が、八〇対二〇どころか九九対一と極端に偏る傾向は、止めることができず、ますます拍車がかかっているように思える。アメリカ人の上位一％の高所得者の所得は、一九九〇年から二〇〇四年の間に五七％増加している。上位〇・一％の所得者に絞ると、八五％も増えている。資産一〇億ドル以上の大富豪はさらに有利になっている。彼らの総資産の合計は一九九五年でも四三九〇億ドルだったが、いまではその八倍の三兆五〇〇〇億ドルに達している。二〇〇七年には、前年比で二六%も増加した。二〇〇七年の大富豪の三分の二は、前年に比べて大幅に資産を増やし、資産を減らした人は一七%にすぎない。

成功するための一〇の鉄則

この八〇対二〇の世界で成功するルールは何か。スーパースターになどなれるわけがないのだから、あきらめようと思う人もいるかもしれない。だが、それは間違いだ。億万長者になるのが人生の目的でない人なら（そして、それを目指す人の場合はなおさら）、八〇対二〇の法則がますます幅を利かせている世界で成功するための一〇の鉄則がある（図

■図表40　仕事で成功するための10の鉄則

1	小さな隙間に特化し，これだけは誰にも負けないという能力を磨く
2	自分が楽しめる隙間，第一人者として認められる確率が高い隙間を選ぶ
3	知識が力であることを肝に銘じる
4	自分の市場，核になる顧客をみつけだし，その顧客に最善のサービスを提供する
5	80%の成果をもたらす20%の努力とは何かを考える
6	超一流の人から学ぶ
7	早いうちに独立する
8	価値を創造できる人間をできるだけ多く雇う
9	核になるもの以外はすべて外部に委託する
10	資本のテコの作用（レバレッジ）を利用する

表40を参照)。

この鉄則は野心が大きいほど価値があるが、キャリアと野心がどの程度であっても適用できる。マンシュタイン将軍のマトリックスを思い出し、自分の現在位置を確認し、どうすれば有能にして怠惰になることができ、多額の報酬を手にできるかを考えてみよう。

小さな隙間《ニッチ》に特化し、これだけは誰にも負けないという能力を磨く

専門化はこの世の深遠な法則、普遍的な法則の一つである。生命自体がそうして進化してきた。それぞれの種が生態系の新しい隙間を見つけ、特性に磨きをかけている。得意な分野に特化しない中小企業はつぶれる運命にあり、得意な分野をつくらない個人は賃金奴隷として一生を終える運命にある。

自然界で名前をよく知られていない種はたくさんあり、その数は驚くほど多いにちがいない。ビジネスの世界の隙間の数も、一般に思われているよりもはるかに多い。このため、大きな市場のくくりでみると、多数の中小企業が熾烈な競争を繰り広げているようにみえるが、じつはどの企業も得意とする分野ではリーダーになり、熾烈な競争を避けることができる。(2)

個人も同じである。物事を広く浅く知っているより、狭く深く知っているほうがいい。

どの分野でも人並みのことができるよりも、これだけは誰にも負けないという分野をもっていたほうがいい。専門化は、八〇対二〇の法則の根幹をなすものだ。二〇%の投入が八〇%の産出を生み出すのは、生産性が高い二〇%のほうが、生産性が低い八〇%よりも、はるかに専門化していて効率が高くなっているからだ。

八〇対二〇の法則を考えれば、資源の無駄遣いはあきらかであり、専門化を進める必要があることもあきらかだ。生産性が低い八〇%を得意な分野に特化させれば、生産性が高い二〇%になりうる。そこでもまた、八〇対二〇の関係が生まれるだろうが、全体のレベルは以前より上がっている。かつて生産性が低かった八〇%は(少なくともその一部は)、別の分野で生産性が高い二〇%になるだろう。

このプロセスを一九世紀のドイツの哲学者ヘーゲルは「弁証法[3]」と呼んだが、これは何度でも繰り返すことができ、進歩の原動力になる。実際、自然界でも人間社会でも、このプロセスを繰り返して進歩してきた。専門化が進んだからこそ、生活水準は上がってきたのである。

エレクトロニクス業界の新たな専門化によってコンピューターが進化し、さらに専門化が進んでパソコンが生まれ、さらに専門化が進んで誰にでも使えるソフトが生まれ、専門化が新たな段階に入ってCD‐ROMが生まれた。食料生産に革命を起こすと期待されているバイオテクノロジーも、同様のプロセスを繰り返して進化している。すなわち、進歩が新たな専門化を求め、専門化が進むとまた進歩するというプロセスである。

どの仕事でも、このように進化していくべきだ。カギを握るのは知識だ。この数十年、産業界でとくに顕著な傾向の一つは、技術者の発言力が増し、その地位が高まっていることだ。かつてはブルーカラーと呼ばれ、低い地位に甘んじていた人たちが、いまでは最先端の情報技術を駆使するスペシャリストとしてもてはやされている。[4] こうしたエキスパートのほうが、技術者を組織することでなんとか面目を保っている技術音痴の管理職より権限をもち、報酬も高いことが多い。[5]

ごく基礎的な段階では、専門化には資格が必要になる。ほとんどの社会で、資格の八〇%以上は、就労人口の二〇%が握っている。先進的な社会で、階級を分ける重要な尺度は、土地の所有ではなく、資産の所有ですらなく、情報をもっているかどうかであり、その傾向はますます強まっている。そして情報の八〇%は、二〇%の人たちが握っている。

アメリカの経済学者で、クリントン政権で労働長官を務めたロバート・ライシュは、アメリカの労働力を四つに分類している。トップ・グループは「シンボリック・アナリスト」で、数字、アイデア、問題、言葉を扱う人たちだ。金融アナリスト、コンサルタント、弁護士、医師、ジャーナリストなど、知恵と知識を武器に商売をしている人はすべて、このグループに入る。面白いことに、ライシュはこのグループを「幸運な五分の一」と呼んでいる。つまり、情報の八〇%、富の八〇%を独占している二〇%の人たちなのだ。

何らかの学問をかじったことがあるなら、知識の細分化がどんどん進んでいることに気づいているだろう。これには憂慮すべき点もある。さまざまな分野の研究成果を総合し、全体としてどういう意味があるかを教えてくれる人がほとんどいないからだ。だが、別の角度からみると、知識の細分化は、専門をきわめることが求められ、専門化の価値が上がっている証拠だといえる。

そして個人のレベルで勝者総取りの傾向が強まっていることをみると、専門化はこのうえなく望ましいプロセスだと言える。アルバート・アインシュタインやビル・ゲイツになることはできなくても、専門家として能力を発揮できる隙間はいくらでもある。そうした隙間がないと言うのなら、ゲイツのように、自分でつくり出すことだってできる。隙間をみつけるには時間がかかるかもしれないが、並外れた見返りを得るにはそれしかない。

自分が楽しむことができ、第一人者になれる確率が高い隙間を選ぶ

何を専門にするかは慎重に考える必要がある。その分野が狭いほど、慎重に選ぶことが重要だ。

情熱を傾けられない分野では、第一人者になれる見込みはない。まずは興味をもってい

る分野、楽しいと思う分野を選ぶべきだ。これは、それほど難しいことではない。誰だって夢中になれることが、一つくらいはあるはずだ。それがないとしたら、死んだも同然だ。そして最近では、趣味でも遊びでも、何でも仕事になっている。

これを逆の方向から考えてみるのもいい。それぞれの分野で第一人者になった人は、夢中になって仕事をしている。夢中でやっていると自分が成果を上げるだけでなく、周りにも情熱が伝わり、大きな波及効果が生まれる。熱中しているフリをすることはできないし、無理やり情熱をでっちあげるわけにもいかない。

いまの仕事にどうにも熱が入らず、それでも抑えがたい野心があるなら、そんな仕事はさっさとやめてしまったほうがいい。だが、やめるまえに、次に何をやるかを考えなくてはいけない。自分が夢中になれることをすべて書き出してみよう。リストができたら、その中から、職業として成功しそうな隙間を選び、さらにその中から、自分がいちばん夢中になれるものを選ぶ。

知識は力であることを肝に銘じる

好きなことを仕事にするうえでカギになるのが知識だ。その分野の知識にかけては誰にも負けない、と言えるくらいでないといけない。知識があれば、あとは、それをどうやって売り込むか、どうやって市場をつくるか、どうやって得意客をつくるかという問題になる。

多少の知識はある、という程度ではダメで、少なくとも一つのことについて、誰よりも知っていると言えるようにならないといけない。その分野については自分がいちばんよく知っていると確信できるまで、勉強を怠ってはいけない。そうなった後でも、好奇心を失わず、つねに新しいことを貪欲に吸収して、リードを広げていかなければならない。中途半端な知識しかないのに、その分野のリーダーになれるなどと期待しないことだ。

市場に売り込むのは創造的なプロセスだ。自分の頭でやり方を考えなくてはいけない。似たような分野で、専門知識の売り込みに成功した人がいるなら、それを真似る手もある。そうした例がない場合は、以下に述べることを参考にしてほしい。

自分の市場、核になる顧客をみつけだし、その顧客に最善のサービスを提供する

あなたの市場とは、あなたの知識にお金を払ってもいいと思ってくれる人たちのことだ。核になる顧客とは、そのなかでもとくに高く評価してくれる人たちだ。

市場という戦いの場に出ていくまえに、どうやれば自分の知識が売れるかを考えなければいけない。有名企業や個人の下で社員として働くのか、複数の企業を相手にフリーで働

くのか、あるいは会社を立ち上げ、個人や企業にサービスを売るのか。

知識を生《なま》のまま提供するのか、それとも特定の用途に合わせて知識を加工するのか、あるいは知識を活かして何か製品をつくるのか……。まったく新しい製品を開発するのか、それともすでに出来上がっている製品に価値を加えるのか、または出来上がった製品を売るのか……。

核となる顧客とは、あなたの仕事を高く評価し、十分な対価を支払い、継続的に仕事をくれそうな個人や企業である。

雇われるにせよ、独立するにせよ、あるいは中小企業でも大企業でも、成功し続けられるかどうかは、核となる顧客にかかっている。過去の実績がどうであれ、そのことに変わりはない。

それなのに、核となる顧客を無視するどころか、罵倒までして、地位を失うリーダーがなんと多いことか。テニス界のスターだったジョン・マッケンローは、観客はもちろん、大会の主催者も自分の顧客であることを忘れていた。マーガレット・サッチャー元英首相は、自分のいちばん大事な顧客が保守党の下院議員であることを忘れていた。リチャード・ニクソン元米大統領は、核となる顧客が誠実さを求める、ごく普通の国民であることを忘れていた。

顧客に喜んでもらうことが大事だが、自分にとって核となる顧客、少ない努力で大きな見返りが期待できる正しい顧客に的を絞ることがポイントだ。

八〇%の成果をもたらす二〇%の努力は何かを考える

苦労せずに大きな成果を上げることができないとすれば、仕事は楽しいものではない。週に六〇時間から七〇時間も働かなければならないのなら、あるいはいつも仕事に追いまくられているとすれば、自分に合わない仕事をしているか、仕事のやり方が間違っているかのどちらかだ。八〇対二〇の法則や、フォン・マンシュタインのマトリックスを活かしているはずがない。

つねに八〇対二〇の法則を思い浮かべるのが大切だ。どの分野でも、八〇%の人は二〇%の成果しか上げられず、わずか二〇%の人が八〇%の成果を上げている。多数の人はどんな間違ったことをして、少数の人はどんな正しいことをやっているのか。その少数とはどんな人たちか。自分にもそれと同じことができるのか。しかも、単に真似するだけでなく、同じことをもっと極端な形できないだろうか。もっと賢いやり方、効率的なやり方は考えられないだろうか。顧客との関係はしっくりいっているだろうか。いま働いている会社や部署になじむか。ちょっとした努力で、顧客を喜ばせることができるか。仕事が楽しいか。仕事に熱中できるか。答えがノーなら、いますぐ転職を考えよう。

仕事は楽しく、「顧客」ともうまくいっているが、栄光への道のりは険しいというのなら、それはおそらく時間の使い方が間違っている。八〇％を達成できる二〇％の時間とは何か。二〇％しか達成できない八〇％の時間とは何か。解決策は単純で、その八〇％の時間を削ればいいのだが、それを実行するには、染みついた習慣を変え、常識を捨てなければならない。

どんな市場でも、どんな会社でも、どんな職業でも、ものごとをもっと効率的にやれる方法がある。効率を少し上げるのではなく、飛躍的に上げる方法が必ずある。表面だけをみるのではなく、その裏にある八〇対二〇の真実を見抜かなければいけない。

経営コンサルティングというわたしの仕事では、答えは明快だ。大口顧客、大型案件はいい。人件費の安い若手を多数起用した大編成のチームもいい。顧客と個人的に親密になるのもいい。経営トップと関係を構築するのは非常にいい。顧客と長期的な関係を結ぶのも非常にいい。大口の予算を持っている大企業の上層部と長期的で親密な関係を築き、多くの若手コンサルタントを使えば、左うちわでいられる。

自分の仕事で八〇対二〇の法則がどうはたらいているかを考えてみよう。自分の会社で並外れた利益を出している部門はどこだろうか。同僚のなかで、仕事よりも遊びに熱中しているようにみえるのに、とんとん拍子で出世していくヤツはいないだろうか。いるとすれば、何かコツがあるのだろうか。

そうしたことを、とことん考えてみる。答えは必ずどこかにある。やるべきことは、どこかに隠れている答えを見つけ出すことだけだ。ただし、お偉方に答えを聞いてはいけない。同僚に意見を聞いても無駄だし、メディアに答えを求めてもいけない。そうしたものから得られるのは常識的な答えであり、数え切れないほど試されてきた方法にすぎない。答えを教えてくれるのは、異端児や一匹狼、変わり者である。

超一流の人から学ぶ

どんな分野でも、勝者というのは、ほぼ例外なく、二〇％の努力で八〇％の成果を上げられる方法をみつけた人たちだ。だからといって、そうした人たちが、手を抜いて怠けているわけではない。上に立つ者は、たいてい懸命に働いている。ただ、並の競争相手と同じ時間を使って、何倍もの成果を出している点が違う。その仕事は、質量ともに、競争相手を寄せ付けない。

別の言い方をすると、勝者は仕事のやり方が違う。勝者にははみ出し者が多いから、考え方や感じ方がまるで違う。どんな分野でも、超一流の人たちは、考えることもやることも凡人とはまるで違うものだ。ただし、意識してそうしているのでもない。意識して他人と違うことをやり、その違いをきちんと説明できる人はむしろ稀だ。だが、成功の秘訣を本人から聞き出せないとしても、その人がやっていることをよくみていれば、だいたいのことはわかる。

昔の人はそれがよくわかっていた。弟子は師匠のあとを追い、職人は親方の仕事を見ながら技術を盗んだ。学生は教授の研究に協力しながら学び、芸術家の卵は尊敬する芸術家に仕えた。みな、その分野の第一人者の仕事を観察し、手伝い、真似をしながら学んでいた。

その授業料をけちってはいけない。さまざまな口実をつくって、師と仰ぐ人と一緒に過ごす時間をつくることだ。そして、仕事のやり方を観察する。すると、ものの考え方も、時間の使い方も、人との付き合い方も、普通の人とは違うことがわかるはずだ。その真似ができないなら、あるいは常識に反することができないのなら、その分野でトップにのぼりつめることなど到底できない。

超一流から学ぶとは、個人にかぎった話ではない。超一流の企業文化に成功の秘訣が隠されていることもある。要は、何が違うのかを見極めることだ。並の企業に勤めているとすれば、業界の超一流企業は何をやっているか観察する。たとえば、わたしが石油会社のシェルで働いていた頃は、よくメモを取っていた。その後、大手食品会社マース・カンパニーの傘下に転職してからは、直接質問して欲しい答えをもらう技を身につけた。これは、二〇対八〇の実践だ。二〇％の努力が八〇％の成果をもたらす方法だ。世のリーダーは、こうした二〇対八〇の法則を活かした方法を数多くもっているものだ。

じっくり観察し、学び、やってみることだ。

早いうちに独立する

時間を有効活用して、ほかのことより何倍も価値を創造できることに集中するべきだ。その次にやるべきことは、その価値をできるだけ自分のものにすることだ。一〇〇％自分のものにするのが理想だが、そのためには若いうちから独立の準備をしておく必要がある。

マルクスの余剰価値説によれば、あらゆる価値を生み出すのは労働者であり、労働者を雇用する資本家が余剰価値を搾取する。あからさまに言えば、利益とは、労働者から盗んだ余剰価値である。

馬鹿げた説だが、逆の方向からみると、案外真実がみえてくる。平均的な仕事しかしない従業員は、会社から搾取される以上に、会社を搾取しているとも言える。会社は往々にして管理職の数が多過ぎ、おまけに管理職の大半は会社に貢献するどころか会社の足を引っ張っている。八〇対二〇の法則を実践している従業員は、平均的な従業員よりも何倍も効率的に仕事をしているにちがいない。かといって、そういう人たちが、何倍も報酬をもらっているわけではない。独立したほうが、実入りは多くなる。

独立すれば、仕事をした分だけ見返りがある。八〇対二〇の法則を実践している人には朗報だ。ただ、急いで学ぼうとしている段階で独立するのは時期尚早だ。会社にいて多くのことが学べるなら、報酬が見合ってなくても、それ以上の学びの価値があるということだ。通常、入社二、三年が、この段階にあたる。経験を積んでから、もっと高いレベルで仕事ができる会社に移る手もある。この場合、学習期間は延びるが、ほんとうに勉強になる期間は通常数カ月、長くともせいぜい一年だ。

学習期間が終わったら独立する。会社を辞めて食べていけるかどうか、心配し過ぎる必要はない。プロとしての知識と腕、八〇対二〇の発想が生活を保障してくれる。いずれにせよ、会社に勤めていれば一生安泰という時代は終わってしまった。

価値を創造できる人材をできるだけ多く雇う

最小の努力で最大の成果を得るための第一段階が時間の有効活用で、第二段階が自分で創造した価値を収穫することだとすれば、第三段階は他人の力を利用することだ。

自分という人間は一人しかいないが、自分が雇えそうな人間なら大勢いる。八〇対二〇の法則に照らして、そのなかのほんとうに使える人材を慎重に選べば、コスト以上の働きをしてくれる。

テコの力の最大の源は、他人である。ある程度までは、仲間として力を借りることができるし、そうすべきだが、何といってもテコの力を直接、最大限に引き出せるのは相手を雇う場合だ。

雇用というテコの力がいかに大きいかを理解するために、簡単な計算をしてみよう。八〇対二〇の法則を活かせば、自分は普通の人より生産性が五倍高くなると仮定する。また独立しているので、創造した価値はすべて独り占めできるものとする。この場合、得られる成果は普通の人の五〇〇%となり、普通の人を上回る「余剰」は四〇〇単位になる。

次に、普通の人の三倍の価値を生み出せる人材、いまはその力がなくても研修によってそのレベルに到達できる人材を一〇人雇うと仮定しよう。自分の五倍に比べれば、三倍という能力は物足りないが、それでも、この一〇人はコストをはるかに上回る価値を創造してくれる。こうした優秀な人材を確保するには、相場よりも五〇%高い給料を払うとしよう。この場合、一人あたり、生み出す価値は三〇〇単位、かかるコストは一五〇単位となる。したがって、従業員一人あたり一五〇単位の利益が生まれる。これが資本主義における余剰である。一〇人合わせて一五〇〇単位の余剰が生まれ、自分の分と合わせると一九〇〇単位の余剰となり、自分一人で始めたときの五倍近くになる。

もちろん、雇う人を一〇人に限る必要はない。問題はただ一つ。余剰価値を増やせる人材をみつける能力と、顧客をみつける能力だけである。通常、どちらが重要かと言えば、前者の能力である。優秀な人材さえ確保できれば、その優秀な人たちが顧客を開拓してくれるからだ。

言うまでもないが、何より重要なのは、コストを大幅に上回る価値を生み出せる人材だけを雇うことだ。ただ、最高レベルに限定するのは間違いだ。問題は、コスト以上の価値を生み出せるかどうかであり、その能力がある人がたくさんいればいるほど余剰価値は増える。普通の人の五倍の仕事ができる人ばかり揃えば言うことはないが、なかには二倍しか仕事ができない人がいてもいい。優秀な人材を揃えても、そのなかでやはり、八〇対一〇あるいは七〇対三〇という偏りができるはずだ。ただ、能力の分布が偏っていても、余剰価値の絶対値を最大化することは可能だ。いちばん能力の低い従業員でも、コスト以上の価値を生み出しさえすればいいのだ。

核になるもの以外はすべて外部に委託する

八〇対二〇の法則とは、選択の法則でもある。つまり、自分がもっとも得意とする二〇%の活動に集中すれば、効率が最大限に高まる。この法則は、個人にかぎらず、企業にもあてはまる。

大成功している企業は、もっとも得意とするもの以外はすべて、外部に委託している。マーケティングが得意なら、自社生産はしない。研究開発に絶対的な強みがあるなら、製造はもちろん、マーケティングや販売もすべて委託する。標準品の量産が得意なら、特注には応じず、品目も増やさない。利幅の大きい特注品が得意なら、価格勝負の汎用品には手を出さない。

テコの利用の第四段階は、できる限り、外部の企業や個人の力を利用することだ。自社はできるだけ簡素化し、競争相手より何倍もすぐれている分野に特化するのがいい。

資本のテコの作用（レバレッジ）を利用する

これまで労働のテコをみてきたが、資本についてもテコの力を利用できる。

要は、カネを使って追加の余剰価値を確保するのだ。ごく基本的な例でいえば、機械のほうが安く上がるなら、人間のやっている仕事を機械に置き換える、ということだ。いま、いちばん注目されているのが「ロール・アウト」で、ある条件下でうまくいったアイデアを、ほかの条件下で試さない手はないという考え方だ。ノウハウを一か所で埋もれさせずに、資本を投入して有効活用するわけだ。具体的には、ソフトウエア販売、マクドナルドなどのファストフードのチェーン展開、ソフトドリンクの海外展開を思い浮かべてもらえばいい。

まとめ

報酬については、八〇対二〇の法則がいよいよ威力を増している。勝者総取りの状況だ。気概があるなら、その道の第一人者を目指すしかない。

自分の領域を狭く絞り、専門性を高めること。自分にあった隙間《ニッチ》を選ぶ。自分がやっていることが好きでなければ抜きんでることはできない。

成功するには知識が必要だ。ただ、最小の資源で顧客満足を最大化するにはどうすればいいかを見極める選択眼も必要だ。成果の八〇％をもたらす、二〇％の資源を見極める。

キャリアの浅い時期に、学ぶべきことはすべて学んでおく。それには、最高の会社で、最高の人とともに働くことだ。「最高」とは、あなた自身が選んだ隙間《ニッチ》での話だ。

労働の四つのテコを手に入れよう。第一に、自分自身の時間というテコ。第二に、独立して自分自身の時間の一〇〇％を確保する。第三に、付加価値を生み出す人材をできるだけ多く採用する。第四に、自分や同僚が何倍もうまくやれないことは、すべて外注する。

これを全部やると、自分で会社を興すことになる。この段階になれば、資本のテコを使って資産を増やすことができる。

資産を増やす

仕事の成功を追い求めているなら、資産を増やすことにも興味があるだろう。第14章、第15章でそれぞれみていくが、どちらも一般に考えられているより簡単で、手間がかからない。

第14章

マネー、マネー、マネー

すべて持てる者は、与えられていよいよ豊かならん。されど持たざる者は、持てる物をも取られるべし。

――マタイ伝、第二五章二九節

この章は、ある程度お金があり、それを何倍にも増やしたいと考えている人のために書いた。興味のない方は、飛ばしてもらってかまわない。

将来も過去と同じことが起こるなら、お金を増やすのはいたって簡単だ。しかるべきところにお金を置いておき、あとは放っておけばいい。

お金は八〇対二〇の法則に従う

パレートが、所得と資産の分布を調べていて八〇対二〇の法則と呼ばれているものを発見したのは偶然ではない。お金には分布が大きく偏る特性があることを、パレートは発見した。お金は平等が嫌いらしい。

- 累進課税によって再分配しないかぎり、所得の分布は偏る傾向があり、しかも一握りの人に集中する傾向がある。
- 累進課税を実施していても、資産の格差は広がる。所得を平等にするよりも、資産を平等にするほうが難しい。
- 資産の多くは、所得ではなく投資によって生み出され、投資の収益率には大きなばらつきが出るからだ。
- 投資によって資産が雪だるま式に増えていくのは、複利のメカニズムがあるからだ。

たとえば、ある企業の株が年平均一二・五％上昇していったとしよう。その銘柄を一九五〇年に一株一〇〇ポンドで買っていたとしたら、二〇一七年の株価は二三万九七九五ポンドにもなっている。一般に（物価高騰の時期を除き）、インフレ率を差し引いた実質投資収益率はかなり高くなる。

●複利効果により、投資収益には大きな差が出てくる。資産の分布が不均衡になる理由はここにある。投資の収益率が五%か一〇%か二〇%か四〇%かによって、長い間には大きな差がつく。初期投資を一〇〇〇ポンドとし、それが一〇年後にどれだけ増えているか計算してみよう。年五%の場合が一六二九ポンド、一〇%なら二五九三ポンド、二〇%なら六一九一ポンド、四〇%なら二万八九二五ポンドにもなる。収益率が五%と四〇%とでは、一年では八倍の差だが、一〇年後には一八倍近い差がつく。時間がたてばたつほど、その差は広がっていくのだ。

不思議なことに、資産を増やすのがすこぶる得意な投資分野や投資戦略があると言われている。

八〇対二〇の法則を活かした資産づくり

●資産を増やすには、あくせく働くよりも投資するほうが手っ取り早い。となれば、早い時期にお金を貯めて、元手をつくるのが重要だ。投資に必要な元手を貯めるには、普通、懸命に働き、支出を抑えなければいけない。ある程度の期間、支出を手取りの範囲内で収めなければ元手は貯まらない。

財産を相続したり、資産家の息子や娘と結婚したり、宝くじやギャンブルで大儲けしたり、犯罪で荒稼ぎしたりするなら話は別だ。だが、相続はあてにできないし、宝くじやギャンブルで大当たりするとも思えないし、犯罪はお勧めできない。唯一、計画を立てて実行できるのは、玉の輿に乗ることだけだが、これも計画どおりにことが進むとはかぎらない。

●投資には複利効果があるため、若いうちから投資を始めて長生きすれば資産は増える。長生きできるかどうかはわからなくても、若いうちから投資を始めるかどうかは、自分の意志で決められる。

●過去の成功法則に基づいて、できるだけ早いうちに、首尾一貫した長期的な投資戦略を立てることが肝要だ。

では、投資の二〇%で収益の八〇%を得るにはどうすればいいのか。図41にまとめた、コッチの投資十戒に従えばいい(1)。

①自分の性格に合った投資方針を決める

■図表41　コッチの投資十戒

1	自分の個性を活かした投資哲学をもつ
2	先を見越して動き、集中的に投資する
3	主として株式に投資する
4	長期で投資する
5	相場が下落したときに投資する
6	市場を上回ることができなければ、市場並みを狙う
7	専門知識を活かして投資する
8	エマージング市場のメリットを考える
9	損切りをする
10	利益を再投資する

投資で成功する秘訣は、成功率の高さが実証されている手法の中から、自分に合った手法を選ぶことにある。どんなにすぐれていても、自分に合わない手法を選んで失敗する個人投資家が少なくない。自分の性格に合った戦略、自分の知識を活かせる手法を選ぶのがポイントだ。具体例を示そう。

●数字をいじるのが好きで、分析が得意なら、分析的な投資手法を活用すべきだ。なかでもお勧めは利益が急増している割安株を狙うバリュー投資や、ワラントなどの投資だ（ただし、次項を参照）。

●どちらかいえば楽観的な人は、分析を多用する手法は避けたほうがいい。楽観的な人はえてして投資が下手だ。自分の投資が市場平均を上回っているかどうかはつねに注意しておくことだ。市場平均を下回っているなら、持っている株は処分して、インデックス型投信に乗り換えたほうがいい。

楽観的な人が、ときに投資で大成功するのは、これだと決めた銘柄に集中投資をするからだ。だが、それほど楽観的になれず、自分にはそれほど先見の明もないと思うなら、はやる気持ちを抑え、なぜその銘柄を買いたいと思うのか、その理由を冷静に書き出していったほうがいい。買うまえに、まず頭を冷やさなければいけない。そして、どんなに思い入れがある銘柄であっても、損が出ているなら手放すことだ。

●分析が得意でなく、先見の明もないが、いつも現実的な考え方ができる人は、自分がよく知っている分野に投資を限定するか、すでにめざましい成功をおさめている投資家の真似をするのがいい。

②目標を定め、投資を集中する

目標を定めるということは、自分の頭で考え、自分で投資判断を下すということだ。アドバイザーや運用会社に頼るのは危険である。多額の手数料を取られるからではない。それもたしかに面白くないが、それ以上に問題なのは、高収益につながる集中型のポートフォリオを勧めてくれず、そういう運用をしてくれないことにある。

債券、株式、預金、不動産、金《きん》、美術品などに幅広く投資すると、リスクを最小限に抑えられると言われているが、リスクは減らせばいいというものでもない。人並みのリターンしか得られないのであれば、生活はいつまでたっても変わらない。集中型のポートフォリオを選べば、生活が一変するチャンスは高まる。つまり、投資は絞り込むべきなのだ。高いリターンを得られると確信できるものに集中的に投資するのだ。株も債券も土地も、とあれこれ手を出してはいけない。

③株式を中心に投資する

中国の骨董やブリキの玩具などのマニアでもないかぎり、投資するなら株式が無難だ。長い目でみると、銀行に預金したり、国債や社債などの利付商品を買ったりするよりも、株に投資したほうがよほど儲かる。たとえば、一九五〇年にイギリスの住宅金融組合に一〇〇ポンド預けたとすると、九二年には八一三ポンドになっていた。ところが同じ〇〇ポンドで株を買っていれば、一万四一九八ポンドと一七倍以上増えていた計算になる。[2] アメリカをはじめ、主要国の株式市場も、大体同じだけ上昇している。

アメリカにアン・シャイバーという女性がいる。とくに株式市場に詳しかったわけではない。第二次世界大戦後すぐに優良株を五〇〇〇ドル買い、放っておいたところ、一九九五年には二二〇〇万ドルにも値上がりしていた。何もしないで元手が四四〇〇〇〇%も増えたのだ。

ありがたいことに、株は素人でも手を出しやすいのだ。

④長期的に投資する

株の売買を繰り返し、組み入れる銘柄を頻繁に入れ替えてはいけない。大幅に値下がりした銘柄は別にして、株は一度買ったら長期間、持ち続けることだ。売買を繰り返すのは、証券会社を儲けさせるだけだし、何より時間の無駄である。投資スパンは一〇年より二〇年のほうがいいし、二〇年より三〇年、三〇年より五〇年のほうがいい。短期間でサヤを稼ごうとするのは、投資ではなく投機である。値上がりした株をすぐに売りたいと思う人は、投資には向いていない。

もちろん、資産がいくら増えても、あの世に持っていけるわけではない。ある段階まで来れば、資産を活かしたいと思うだろう。問題はその活かし方だ。時間の使い方を自由に決められ、仕事でも何でもやりがいを感じることを選べる新しいライフスタイルを実現するために、貯めたお金は活かしたい。そこまで来れば、投資期間は終了だ。だが、それを実現できるほどの資金がないのであれば、投資を続けるしかない。

⑤底値で買う

長い目でみれば株はだいたい値上がりするが、一本調子で上がり続けるわけではなく、相場には波がある。景気循環も無視できないが、それより大きいのが心理の変化だ。株価は合理的に上がったり下がったりはしない。相場を動かしているのは、アニマル・スピリット、そして期待や恐怖だ。パレートはこうした現象について、次のように書いている。

倫理、宗教、政治をめぐる風潮には起伏があり、それは景気循環の波に似ている。上昇基調にあるときは、ある企業が儲かるという見方がもてはやされるが、下降基調にあるときは、そうした見方は相手にされない。……下降トレンドにあるときに株の購入を断る者は、もっぱら理性に基づいて判断していると信じ込んでいて、無意識のうちに、日々の経済ニュースから受ける小さな印象の積み重ねに屈しているとは気づかない。だが、後に上昇トレンドに転じると、同じ株や値上がりの見込みが変わらない類似株を喜んで買う。そのときも、もっぱら理性に従っていると信じ、周りの雰囲気によって自分の考えが変わったことに気づかないものだ。

株式相場ではよく知られているように、多くの一般人は上昇しているときにしか買わず、下落しているときに売る。専門家は、こうした相場をよく知っているからこそ、地合いを読みつつも、一般人とは逆のことをやる。だからこそ大儲けできるのだ。株がどんどん上がり続けているときには、このブームは永遠に続くという楽観論が人気を集める。株価が永遠に上がり続けることはないと言っても、誰も耳を傾けない。[3]

「割安株投資《バリュー》」という考え方は、「安値で買って、高値で売れ」という発想である。歴史上もっとも成功した投資家の一人であり、「割安株投資」の教科書を書いたベンジャミン・グレアムの鉄則の正しさは、歴史が証明している。[4]

「割安株投資」には、数多くのルールがあるが、ひと言で言えば、価値の八〇％は投資対象の二〇％から生まれるという鉄則だ。そのなかから、とくに役立つ鉄則を三つだけ紹介しよう。

●誰もが株を買っているとき、相場は必ず上がると誰もが思い込んでいるときには買ってはいけない。誰もが悲観的になっているときにこそ、買うべきだ。

●株価が割安か割高かを判断するには、株価収益率（ＰＥＲ）を使うのが一番だ。ＰＥＲとは、株価が一株あたり利益の何倍になっているかを示す指標だ。たとえば、株価が二ドル五〇セントで、一株あたり利益が二五セントなら、ＰＥＲは一〇倍である。楽観ムードのなか、株価が五ドルまで上がって、一株あたり利益が二五セントのままなら、ＰＥＲは二〇倍ということになる。

●一般に、株式市場の平均ＰＥＲが一七倍を超えたら、危険信号が点ったと考えていい。このときに多額の投資をしてはいけない。PERが一二倍以下なら「買い」信号であり、一〇倍以下なら迷わず「買い」である。証券会社に問い合わせるか、経済紙をみれば、持ち株のPERがわかる。どのPERですかと聞かれたら、さも知っていたかのように「当然、実績だ」と答えるといい。[5]

⑥市場平均を上回ることができなければ、市場平均並みを狙う

相場の鉄則にしたがい、自分の性格や知識に合った方法を考えて、市場平均を上回る投資法を編み出すことは十分に可能だ。その手法は後述する。ただ自分で銘柄選択すると、市場平均を下回る可能性が高い。市場平均に勝てないようなら、あるいは独自の手法を試してみたいと思わないのなら、市場平均並みを狙うのが賢明だ。

インデックス投資と呼ばれる手法は、株価指数《インデックス》を構成する主要銘柄でポートフォリオを組み、(株価が低迷し)銘柄が指数から外されるときだけ売り、新たに組み入れたときだけに買う方法だ。

こうしたポートフォリオを自分で組むこともできるが、素人が情報を追って投資判断をするのはなかなか大変だ。「インデックス型投信」を買えば、年間わずかな手数料で、専門家があなたに代わってインデックス運用してくれる。インデックス型投信にもいろいろ種類があり、好きなものを選べるが、まずは自国市場を対象にし、大型株・優良株で構成

される指数に連動するものを選ぶのが無難である。

インデックス運用はリスクがかなり低く、しかも長期的に高いリターンを得られる。このやり方で行こうと決めたら、十戒の残り四つは読む必要はない。自分で銘柄を選択すれば、リスクは高くなるが、楽しみは増えるし、リターンも大きい。残り四つは、このケースである。ただし、念を押しておきたいのは、市場平均を上回ることを狙わないのなら、インデックス運用に戻る必要がある、ということだ。損切りして、インデックス運用に戻ったほうがいい。

⑦自分の専門知識を活かせる分野に投資する

八〇対二〇の法則の要諦は、広く浅くではなく、狭く深く知り、その道の専門家になることだ。これは投資にこそあてはまる。自分で銘柄を選ぶなら、自分がよく知っている分野から選んだほうがいい。

専門をつくるといいのは、いくらでも詳しくなれる点だ。自分がいる業界でもいいし、趣味でも住んでいる地域のことでもいい。興味があることなら何でも、自然と知識が深まっていくはずだ。たとえばショッピングが好きなら、小売株に注目するのがいい。新しいチェーン店がオープンして、買い物客で賑わっているのを目の当たりにすると、そのチェーンの株を買いたくなるかもしれない。また、最初は大した知識をもっていなくても、一つの業種に的を絞って、いくつか銘柄を買ってみると、その業界のニュースが目にとまり、いつのまにか詳しくなっているものだ。

⑧新興国《エマージング》市場のメリットを考える

経済が急成長していて、株式市場がまだ発展途上段階にあるのが、エマージング市場である。日本を除くアジア、アフリカ、インド、南米、中東欧の旧共産圏諸国、ポルトガル、ギリシャ、トルコなどの欧州周縁国の市場が、これにあたる。

基本的な考え方は、ごく単純だ。株式市場のパフォーマンスは、経済成長との相関性が高い。そのため、現在、経済が成長して、今後も成長が予想される国の株式市場に投資すれば、値上がりが期待できる。

エマージング市場への投資が魅力的な理由はほかにもある。将来の民営化の計画が目白押しで、良い投資先になるのだ。一九九〇年前後に共産主義が突然死すると、多くの新興国は、自由市場寄りの経済政策を導入した。当初は社会的な混乱があったものの、なんとか切り抜けると、投資家には高いリターンがもたらされた。さらに、新興国の株式はPERがきわめて低く、割安に放置されている銘柄が多い。市場が発展、成熟し、企業の規模が大きくなるにつれて、PERが上がり、株価の大幅な上昇が見込まれる。

だが、エマージング市場への投資は、自国市場への投資よりもリスクが高いのは間違いない。企業は歴史が浅く、経営基盤が脆弱だし、政局の混乱や、一次産品の値下がり、現地通貨の急落によって、相場全体が下がる可能性があり、相場が崩れたときに逃げ出そうとして売り注文を出しても、売買が成立しない恐れもある。また、先進国市場への投資にくらべて、スプレッドや手数料が大幅に高い。マーケット・メーカーにむしり取られるリスクも高い。

したがって、エマージング市場に投資するなら、おぼえておくべき鉄則が三つある。第一に、投資資金のごく一部だけを投資する（最大でも二〇％までにする）。第二に、相場が底値圏にあり、市場平均のＰＥＲが一二倍以下のときに、思い切って投資する。第三に、買った株は長期間、持ち続ける。売っていいのは、ＰＥＲが相対的に高くなったときだけだ。

とはいえ、これらを踏まえても、長い目でみればエマージング市場は上昇する可能性が高く、投資の一部を振り向けるのが賢明であり、楽しみも増える。

⑨早めに損切りする

株価が買値から一五％下がったら、迷わず売りだ。この鉄則にはつねに厳格に従うべきだ。安値で買い戻したいと思うときは、二、三日待ち（できれば数週間、様子をみるのが望ましい）、株価が下げ止まってから買うようにする。

買い戻した株についても、鉄則は変わらない。一五％下がったら、「売り」だ。ただ、一つだけ例外がある。それは、投資を超長期で考えていて、相場の上げ下げに一喜一憂する気はなく、株価の動向を追う時間すらない場合だ。一九二九年からの三年間、あるいは一九七四年から七五年の間、そして、一九八七年のブラックマンデーの暴落時に株を売らなかった人は、長期でみればかなり儲かっているはずだ。だが、一五％下がったところでいったん売り、相場が大底から一五％回復したときに買い戻した人のほうが、さらに儲けが大きかったはずだ。

この一五％ルールは、相場全体（株価指数）ではなく、個別銘柄に適用するのがポイントだ。一五％下落する確率は、相場全体よりも個別銘柄のほうがはるかに高い。自分が保有する銘柄が一五％下落したら、売ることだ。短期売買は別にして、長期間インデックス運用をしていて（あるいは、幅広い銘柄を組み入れたポートフォリオ運用をしていて）、資産を失った人はほとんどいないが、下がり続ける銘柄に執着して、大損をする人は大勢いる。個別銘柄への投資で、将来のトレンドを占うには、足元のトレンドをみるのが一番だ。

⑩儲けを再投資する

損切りは必要だが、得切りをやってはいけない。長期投資で成功するには、短期の利益を積み重ねていくしかない。利食いの誘惑に負けてはいけない。個人投資家が犯しやすい最大の過ちがここにある。それなりに儲けても、はるかに大きな獲物を逃しているのだ。利食いをして破産した者はいないが、利食いをして大金持ちになった者もいない。

投資に関する八〇対二〇の法則を、あと二つお教えしよう。

●長期間運用された多数のポートフォリオを比較してみると、ポートフォリオの二〇％が利益の八〇％を占めている。
●個人のポートフォリオの長期運用成績を調べてみると、投資商品の二〇％で運用益の八〇％を稼いでいる。株式だけで構成されたポートフォリオの場合、組み入れ銘柄の二〇％が運用益の八〇％を稼いでいる。

こうなるのは、ごく一部の投資が驚異的な好成績を上げる一方、大部分の投資は冴えない結果に終わるからだ。驚異的なリターンをもたらしてくれる、少数の投資先こそ「虎の子」だ。ポートフォリオの虎の子を絶対に手放してはいけない。放っておけば、虎の子はどんどん大きくなる。アニタ・ブルックナーの小説の登場人物は、死ぬ間際にこう言い残している。「グラクソの株を売るな」

一九五〇年代から六〇年代なら、ＩＢＭ、マクドナルド、ゼロックス、マーク・アンド・スペンサー、七〇年代なら、シェル、ＧＥ、ロンロー、ＢＴＲ、アストラ、八〇年代初めなら、アメリカン・エキスプレス、ボディ・ショップ、キャドバリー・シュウェップス、八〇年代後半なら、マイクロソフト——こうした優良株を買値の二倍で売って利益を確保するのは簡単だっただろう。だが、これらの株はその後、何倍にも上昇している。売り急いだ投資家は、大金持ちになる機会をみすみす逃してしまったわけだ。

ビジネスというものは、いったん軌道に乗れば、好循環がはたらいて業績がどんどん伸びる。売りを考えるとしたら、その流れが反転したときだけだ。通常、この流れは数十年続く。繰り返しになるが、直近の高値から一五％下がらないかぎり、売ってはいけない。

高値から一五％下落した水準は、「利益確定」の目安になる。流れが反転した可能性があるからだ。そうでなければ、状況が許すかぎり持ち続けるべきだ。

まとめ

お金はお金を生む。だが、やり方次第で結果には大きな差がつく。金儲けほど無邪気に熱中できるものはない、とサミュエル・ジョンソンは言っている。ジョンソンの見立てによれば、投資であれ、仕事上の成功であれ、あるいはその両方であれ、富を蓄積するには、適正なモラルというものがある。金儲けが卑しいとされるいわれはないが、金を儲けたからといって、それだけで社会の役に立つわけではないし、幸せになれるともかぎらない。そして、投資も仕事上の成功も、それ自体が目的になってしまう危険性をはらんでいる。

成功が仇になってしまうことも少なくない。資産が増えれば、それを管理しなければならず、弁護士や税理士、資産運用アドバイザーに相談する必要も出てくるだろう。前章で述べたように、仕事で成功すれば、それなりに厄介なことが増えるものだ。成功するには、トップを目指さなければならない。トップに立つには、起業するのがいい。テコの力を最大限に活用するには、多くの人を雇わなければならない。事業の価値を最大化するには、他人のカネを使い、資本のテコの力を利用しなければならない。そうしなければ事業は大きくならないし、利益は増えない。仕事の人脈は広がるが、友人や家族と過ごす時間は減っていく。めくるめく成功のかげで、自分が何を目指していたのかわからなくなり、人生でいちばん大切なものを見失ってしまう。傍からは順風満帆にみえても、「ちょっと待ってよ。もう、この辺でいい」と思うのは、ごく当然の反応なのだ。

そもそも何のために、仕事で成功したい、資産を増やしたいと思ったのか。人生でいちばん大切なこと——幸福になるためではなかったのか。

第15章 幸福になるための七つの習慣

気質は生まれつきではない。

――ダニエル・ゴールマン(1)

アリストテレスは言った。「人間が成すことはすべて、幸福になるためだ」と。だが、長い歴史のなかで、われわれはアリストテレスの言葉に耳を貸そうとしなかった。アリストテレスが、もっと幸福になれる方法を指南し、幸福と不幸の原因を分析してくれていれば役に立ったかもしれない。

八〇対二〇の法則を幸福にもあてはめることができるだろうか。できる、とわたしは思う。ほとんどの人は、幸福の大半がごく短い時間に起きるということを実感しているのではないだろうか。幸福の八〇％は時間の二〇％に集中する、というのが八〇対二〇の法則の仮説の一つだ。この仮説を検証するべく、たくさんの友人に聞いてみた。時間を分けて考え（これまでの人生を年単位に分け、一年を一二カ月に分け、一カ月を四週間に分け、一週間を七日に分け、一日を二四時間に分け）、幸福を感じた時間がどのくらいあったかを答えてもらったのだ。友人の三分の二の答えが、八〇対二〇に近い不均衡のパターンを示していた。

とはいえ、仮定は誰にでも通用したわけではない。友人の三分の一の答えは、八〇対二〇のパターンにあてはまっていなかった。彼らの幸福は、時間上にほぼ均等に分布していた。注目すべきは、この三分の一の友人のほうが、幸福のピークが人生のごく一部に集中している友人よりも、はるかに幸せそうにみえたことだ。

常識的に考えると、うなずける。人生の大半を幸せに暮らしてきた人のほうが、満ち足りた気持ちでいるに決まっている。幸福がごく短期間に集中している人は、一生をとおしてみると、それほど幸せとはいえないのだ。

これはまた、この本で一貫して述べてきた考えとも合致する。つまり、八〇対二〇の法則に照らすと、われわれの生活には無駄が多く、改善の余地が大いにある、ということだ。ただ、それ以上に重要なのは、八〇対二〇の法則をうまく活用すれば、もっと幸福になれる、といえる。

幸福への二つの道

● いちばん幸福を感じているときをみつけ、その時間をできるだけ増やす。
● いちばん不幸だと感じているときをみつけ、その時間をできるだけ減らす。

幸福に直結する時間を増やし、それ以外の時間を減らす。もっと幸福になるには、不幸な状態をなくすのが近道だ。これは、さほど難しいことではない。これまでの経験から、不幸になりそうな状況を避けるだけでいい。

自分の幸福に直結しない活動（あるいは不幸に直結する活動）については、どうすればその活動を楽しめるかを順序立てて考える。うまくいけば、それでよし。うまくいかない場合、そうした状況を避ける方法を考えればいい。

人間は不幸のまえに無力ではないのか

そうはいっても、不幸続きの人をみると（そして「精神疾患」の人をみると——この分類は一見、客観的に見えて、そのじつ、不確かで有用とはいえず惨めな感じがする）反論が出てくるかもしれない。この分析は単純すぎて、人間の幸福がある程度コントロールできると想定しているが、根深い精神的な理由によってほとんどの人はコントロールできない、というわけだ。幸福の容量は、遺伝や幼児体験によって、だいたい決まっているのだろうか。それとも、幸せになるかどうかを自分でコントロールできるのだろうか。

他人より幸福を感じやすい性格の人がいるのは間違いない。コップに半分の水が入っているとき、半分も水があると思う人がいれば、半分はカラだと思う人もいる。心理学者や精神科医は、遺伝子、幼児体験、脳の反応、人生における決定的な出来事の相互作用によって、幸福の容量が決まると考えている。当然ながら、大人になってから、遺伝子を変えることはできないし、幼児体験や過去の不幸な出来事を消すわけにもいかない。自分が負けてばかりなのは、自分ではどうすることもできない運命のせいだと責任を外に押し付けるほうがずっと楽だ。自分がいつ不治の病にかかるかと怯えている人は、とくにこの傾向が強い。

幸福のカードをどれだけ持って生まれるかは人によって違う。だが、それは、ほかの能力も同じだ。幸い、常識で考えても、観察結果を見ても、最新の科学的データに基づいても、カードの使い方次第で人生は大きく好転することがわかっている。たとえば、運動能力には大きな個人差がある。生まれながらの素質もあるし、幼い頃から（あるいは、大人になってからの）トレーニングの差もあるだろう。だが誰でも、正しい運動を規則正しく繰り返していれば、身体能力を大きく高めることができる。

同様に、遺伝や家庭環境によって知力に差が出るかもしれないが、誰でも脳を鍛えて、知性を磨くことができる。遺伝や環境のせいで太りやすい人がいるだろうが、そうした人でも、健康的な食事をとり、適度な運動をしていれば、身体をかなり絞ることができる。なぜ、幸福になる能力だけが違うのか。生まれもった気質がどうであれ、幸福になる能力は鍛えられるはずだ。

ほとんどの人は、みずからの行動で人生が一変し、幸運をつかんだり、不幸のどん底に落ちたりした友人や知人が身のまわりにいるのではないだろうか。そのきっかけは、結婚だったり、転職だったり、引越しだったり、生活スタイルの変化だったりする。そこまで大きな変化でなくとも、意識的に生活態度を改めることで人生が変わることもありうる。このうちどれか一つでも実行すれば、幸福度は大きく変わる。しかも、これらはすべて自分の意志で決められるのだ。運命に翻弄されるのは、運命には逆らえないと思い込んでいる人たちだけかもしれない。自分の意志で自分の運命を変えた人がいる、という事実には大いに勇気づけられる。そういう人の真似をすればいいのだから。

科学もついに、幸福になる自由を認めた

経済学は「陰気な学問」だと言われるが、心理学や精神分析学のほうがはるかに「暗い」。だが、この分野も、他の科学の研究成果に後押しされる形で、世の中の常識や観察

結果と一致する「明るい」見方を提示するようになってきた。かつての遺伝学者は極度の運命論者で、人間の複雑な行動をひたすら遺伝子の気まぐれのせいにしてきた。ロンドン大学ユニバーシティ・カレッジの遺伝学者スティーブ・ジョーンズ教授はこう指摘している。[2]「躁鬱病、統合失調症、アルコール依存症を引き起こす遺伝子を発見したという発表がひと頃相次いだが、こうした研究結果はすべて、その後撤回されている」

最近では、高名な神経心理学者がこう言っている。「新しい研究分野、精神神経免疫学の研究報告によれば、人間は統合体として行動する。……日頃の考え方や感じ方が、心身の健康に微妙な影響をおよぼす[3]」。言い換えれば、こういうことになる。一定の限界はあるが、人間はその中で、幸福になるか不幸になるか、健康になるか病気になるかを選択できる――。

初期値に対する鋭敏な依存性

だからといって、幼児体験（あるいはその後の不幸）の重要性に関する初期の研究成果を無視するわけにはいかない。第Ⅰ部で紹介したカオス理論では、「初期値に対する鋭敏な依存性」、すなわち「入力の際のほんのわずかな違いが、出力の際の著しい差になる」現象に注目する。これを人生にあてはめると、幼い頃のほんの小さな出来事が、大人になってからの人生を大きく左右する可能性がある、ということだ。

愛されているとか愛されていないとか、頭がいいとか悪いとか、スゴイ人間だとかダメな人間だとか、リスクを恐れないとか権威に弱いとか、幼少期にレッテルを貼られて出来上がった自分のイメージは、その後の人生に大きく影響する。客観的な裏付けがないことも多いのだが、思い込んだとおりの展開になるのだ。

人は大人になるにつれて、色々とつらい経験をするものだ。試験で悪い点数を取ったり、恋人にふられたり、希望する職につけなかったり、会社で左遷させられたり、解雇されたり、病気になったり……、そうした不運や不幸が重なると気が滅入ってきて、やはり自分はダメ人間だったのだと自己嫌悪が強くなる。

幸福を探すために時計の針を戻す

では、人生とは、つらく悲しいものなのか――。わたしはそうは思わない。

イタリアの人文主義者ピコ・デラ・ミランドラ（一四六三～九四年）は、人間と他の動物とはまったく違うと言っている。[4] 人間以外の動物にはすべて、定められた本性というものがあり、それを自分の力で変えることはできない。だが、人間には、不確定な本性を与えられており、それを自力で変えることができる。動物が受動的なのに対し、人間は能動的である。動物は創造されたものだが、人間は創造する力がある。

不幸に見舞われたとき、何が起こったのかを理解しながらも、それを不幸だと受け止めないようにすることはできる。どう考え、どう行動するかは、自由に選択できるのだ。ジャン＝ジャック・ルソーの見方を逆からとらえると、人間はどこでも軛《くびき》につながれているが、どこでも自由になれるのだ。起きてしまったことはどうしようもないが、それをどう受け止めるかは自分次第だ。そして、それに対してどう行動するかを決めることもできる。自分の考え方や行動を意識して変えることで、幸福にもなれれば不幸にもなるのだ。

こころの知能指数を強化して幸福になる

ダニエル・ゴールマンらが、従来の知能指数（ＩＱ）に対し、こころの知能指数とも言うべきＥＱ（Emotional Quotient）の大切さを訴えている。ＥＱとは、自分を動機づけ、欲望を抑える能力、つねに冷静さを保ち、思考停止に陥らない能力、思いやりを忘れず、どんなときも希望を失わない能力を測定する指数である。[5] 幸福になるには、ＩＱよりもＥＱのほうがはるかに重要だ。にもかかわらず、社会では「こころの知能指数」を伸ばすことに重きが置かれていない。ゴールマンはずばりこう指摘する。

ＩＱが高いからといって富や名声や幸せを得られる保証はないのに、学校も社会も学力ばかりを重視して、人生を左右するもう一つの重要な資質であるＥＱを無視している。(6)

幸い、「こころの知能指数」は伸ばすことができる。子どもはもちろん、いくつになっても鍛えることは可能だ。ゴールマンはいみじくも「気質は決定的なものではない」と書いているが、われわれは気質を変えて、運命を変えることができるのだ。心理学者のマーティン・セリグマンはこう指摘している。「自分にはどうしようもないことなら、くよくよしたり、悲しんだり、怒り狂っても仕方がない。……人間は考え方次第で、感じ方を変えることができる」(7)。悲しんだり、落ち込んだりしたとき、それをいつまでも引きずっていると、深みにはまり、病気になったり、不幸を呼び込んだりすることがある。そうならないうちに気持ちを切り替える、効果的な方法がある。ものごとを楽観的に考える習慣を身につけておくと、病気の予防にもなるし、幸福への道が開ける。ゴールマンは、幸福は脳の神経プロセスに関係していると述べている。

幸福を感じているときの生物学的変化としては、脳の中で否定的な感情を抑制し、有益なエネルギーの増加を促す部位の活動が活発になる一方、不安を生じさせる部位の活動が低下することがあげられる。……こういう状態のときは、心が動揺して身体が生物学的に反応しても、比較的短期間で元の状態に戻ることができる。(8)

プラス思考を高め、マイナス思考を抑える、こころのレバーをみつけることだ。いちばん前向きになれるのは、どんな状況か。いちばん落ち込むのは、どんな状況か。どこにいるときか。誰と一緒にいるときか。何をしているときか。どんな天候のときか。それを考えてみよう。

誰しも状況次第で「こころの知能指数」は大きく変わる。まずは肩の力を抜き、自分の思いどおりになる状況を想像してみる。そして、自分が落ち着いて、力を発揮できると思えることをやってみて、EQを鍛えることから始める。自分がうろたえてしまうような状況はできるだけ避けたほうがいい。

ものごとの見方を変える

誰しも身におぼえがあるはずだが、気持ちが落ち込むと、悪いほうにばかり考えて、ますます状況が悪化する。そうなると出口などまったくみえない。だが、危機的状況を脱して振り返ってみれば、出口は最初からそこにあったことに気づく。落ち込むと悪いことを引き寄せ、悪いことが起こるとますます落ち込むという悪循環に陥ってしまう。これを断ち切るには、考えてばかりいないで動くことだ。それほど難しいことではない。新しい友達をつくる、部屋の模様替えをする、運動をして汗を流す、といった単純なことでいい。

強制収容所に入れられたり、不治の病に冒されたりといった最悪の状況に置かれながら、ものごとをプラス思考でとらえたおかげで生き残った人は少なくない。

心理コンサルタントのピーター・フェンウィックによれば、「暗闇のなかでも希望の光を失わないのは、能天気な楽天家だけに許された能力ではない。それは健全な自己防衛のメカニズムであり、生物学的にしっかりした根拠がある」[9]。医学的にみても、成功と幸福には楽観主義が欠かせないようだ。そして楽観主義ほど、人を奮い立たせるものはない。カンザス大学の心理学者C・R・スナイダーはこう言っている。希望とは「何ごとであれ、自分の目標を達成する意思と方法があると信じることだ」[10]

自分に対する見方を変える

あなたは自分のことをどうみているだろうか。自分はついている人間で、うまくいっていると思っているのか、それとも自分は不運で何をやってもうまくいかないと思っているのか。自分はついていないと思っているとすれば、あなたより大したことをやっていない人、あなたほどうまくいっていない人は大勢いる。自分は成功するんだ、という良いイメージをもてば、うまくいくし、幸福にもなれる。逆に自分はついていない人間だと思っていると、成功も幸福も逃げていく。

自分は不幸せではなく、幸せだと思うことも重要だ。ニクソン元大統領はベトナム戦争を終わらせるときに何と言ったか。「アメリカの目的は達成された」と宣言したのである。事実を曲げたわけだが、そんなことはかまわない。国民は傷ついた自尊心を取り戻せたのだから。要するに、ものは言いよう、考えようである。幸、不幸も同じだ。幸せだと思えば幸せになるし、不幸せだと思えば不幸せになる。

話は簡単だ。自分は幸せになると決めればいいのだ。そう決めれば、自分に対しても他人に対しても、幸せになる責任が生じる。自分が幸せでないと、家族や恋人など周りの人たちも巻き込むことになる。だからこそ、幸せでなければいけないのだ。

心理学者によれば、幸福感は自己評価と切っても切れない関係にあるという。幸福になるには、自信が欠かせない。自信はつけることができるものだし、そうしなくてはならない。自分ならできる、と思い込むことが重要だ。罪悪感など要らない。弱みなど忘れて、強みだけを伸ばせばいい。どんな小さなことでもいい。これまでにうまくいったこと、他人から褒められたことを思い出してみよう。けなされたことなどすべて忘れ、褒められたことを口に出して言ってみよう（口に出すのが恥ずかしいなら、こころの中で思い浮かべるだけでいい）。そうするだけで、人間関係や仕事が驚くほどうまく回り出し、幸せな気持ちになるはずだ。

自分を偽っていると感じるかもしれない。だが、必要以上に自分はダメな人間だと思うことも大いなる欺瞞である。人はつねに自分の物語を生きている。そうする以外にない。客観的な真実など、どこにもないのだ。だとしたら、自分をけなすよりも、自分を褒めたほうがいいではないか。そうすれば、人類の幸福の総量を増やすことができる。自分が幸せになれば、幸せが周りに広がっていくからだ。

自分の意思は自分で決められる。幸せになるために、意思の力を総動員せよ。自分自身の明るい物語を描き、それを信じ、紡《つむ》いでいくのだ。

出来事を変える

このうえもなく幸福になるには、さらにいい方法がある。自分が遭遇する出来事を変えて、幸福感を高めればいいのだ。出来事を完全にコントロールすることはできないが、人間には思っている以上に出来事をコントロールする力がある。

幸福になるための最良の方法が不幸になることをやめることだとすれば、不快な気分、惨めな気持ちにさせられる人や状況を避ければいいのだ。

毎日顔を合わせる人を変える

心の支えになる人がいると、かなりのストレスにも耐えられることが医学的に証明されている。だが、日々の幸福と健康を大きく左右するのは、家庭や職場、あるいはそれ以外の場で、多くの時間を共に過ごす人たちである。オハイオ州立大学の心理学者ジョン・カシオッポはこう述べている。

健康を大きく左右するのは、生活におけるもっとも重要な関係、毎日必ず顔を合わせる人々との関係である。そして、その関係が重要であればあるほど、健康を左右する力も大きくなる。(11)

毎日顔を合わせる人たちのことを考えてみよう。その人たちのおかげで、自分は幸せになっているか、それとも不幸になっているか。それに応じて、その人たちと一緒に過ごす時間を変えられないだろうか。

不快なものを避ける

人間には、ほぼ共通して苦手な場所や状況というものがある。ヘビを怖がらないように訓練するのは馬鹿げている。ヘビがいそうな場所には行かない――それが賢明な大人の判断というものだ。

もちろん、何を不快と感じるか、何に対して腹が立つかは、人それぞれだ。わたしは、お役所仕事に怒りを抑えることができない。弁護士と五分以上話していると、イライラしてくる。渋滞に巻き込まれると不安になる。お日様を何日も拝めないと憂鬱になる。人混みは嫌いだ。自分の責任を棚に上げて、くどくどと言い分けをしている人をみると、気分が悪くなる。わたしがもしスウェーデンで、満員電車に揺られて通勤するサラリーマンになり、弁護士と一緒に仕事をしなければいけなくなったら、間違いなく気分が落ち込むだろう。自殺だってしかねない。

だが、そういう状況は、できるだけ避けるようにしてきた。ラッシュ時には公共交通機関を利用しない。月に最低一週間は太陽の光を浴びる。役所に行かなければならないときは、金を払ってでも誰かに代わりに行ってもらう。車を運転するときは、遠回りになっても渋滞を避ける。会って不愉快になる人には、できるだけ会わない。弁護士から電話がかかってきたときは、その電話を切ったあと五分間は、電話が鳴っても絶対に出ない。つねにこうしたことを心がけているおかげで、ずいぶん生きやすくなっている。

誰にだって、避けたい場所や状況があるはずだ。それをいますぐ書き出し、どうすれば避けられるか、その方法を考えてみよう。そして、その対策がどれだけうまくいったか、毎月チェックしてみる。どんな小さなことでも、対策がうまくいったら祝杯をあげよう。

第10章では、「不幸の島」をリストアップしたはずだ。幸福感をいちばん感じられないときはいつかを考えてみれば、だいたいはっきりした結論が出る。仕事が嫌で嫌でたまらない、妻（あるいは夫）には我慢ができない……。あるいは、もっと細かい分析結果が出るかもしれない。仕事の三分の一が嫌でたまらない、妻（あるいは夫）の友達、あるいは親族に耐えられない、上司から精神的拷問を受けている。家事が大嫌い……。嫌なことがわかれば、しめたものだ。避けるべきものがわかったのだから。あとは、それを回避し、撃退する対策を練るだけだ。

幸福になる毎日の習慣

不幸の原因を取り除いたら(少なくとも、それを取り除く行動計画を立てたら)、幸福の追求に全力を傾けるべきだ。そのために、何より大切にしなければならない時間が「いま」である。幸福とは味わうべきものであり、幸福が存在するのは「いま」だけだ。過去の幸福を思い出すことはできるし、将来の幸福を夢見ることはできるが、幸福をかみしめ、心ゆくまで味わえるのは「いま」しかない。

必要なのは、毎日を幸福に過ごす習慣を身につけることだ。それは、運動を日課に取り入れたり、規則正しい食事をしたりするのと同じことだ。わたしが毎日実践している七つの習慣を、図表42にまとめた。

幸福な一日を送るのに欠かせないのが運動だ。汗を流したあとは、いつも気持ちがいい(汗を流している最中は、そうでもないが)。身体を動かすとエンドルフィンが出るからではないだろうか。このホルモンには抗鬱作用があり、気分をよくする麻薬に似た効果があ

■図表42　幸福になる7つの習慣

1	運動をする
2	頭の体操をする
3	心を刺激する、芸術的な刺激を受ける、瞑想する
4	他人に親切にする
5	友人と楽しいひとときを過ごす
6	自分にご褒美をあげる
7	自分を祝福する

る（このホルモンをいくら出しても身体に害はないし、何といってもお金がかからない）。よって、運動は日課にするべきだ。日課にしないと、億劫になってやらないものだ。わたしは仕事のある日は、たいてい出かけるまえに運動をすることにしている。予定外の仕事が入って、運動の時間が削られるのを避けるためだ。出張が多いなら、チケットを取る際に運動の時間も確保しておく。必要とあれば、スケジュールを変更してでも運動する。会社の重役なら、午前十時までは会議を入れないよう秘書に命じておく。そうすれば、運動の時間がたっぷり取れ、その日の仕事に備えられる。

次に重要なのが、知的な遊びだ。それは仕事で十分得られるという人もいるだろうが、そうでないなら、毎日、頭の体操をしたほうがいい。頭を鍛える方法はいろいろあるので興味に応じて選べばいい。クロスワード・パズルを解くのもいいし、本や雑誌を読むのもいい。また、抽象的な話題について知的な友人と最低でも二〇分おしゃべりするのもいい。日記をつけたり、短いエッセーを書いてみたりするのもいい。要するに、頭を使うことなら何でもいいのだ（いくら高尚な番組でも、テレビを見るのは、あまり頭を使うことにならない）。

三番目に重要なのが、こころの刺激である。大それたことをやる必要はない。毎日一時間くらいを、想像力と精神に影響を与えるために使えばいいだけだ。コンサートや美術館、劇場、映画館に行くのもいいし、詩集を読むのもいい。朝日や夕日を眺めるのもいいし、星を見るのもいい。あるいはもっと刺激を受ける場所、野球場や政治集会、教会などに出かけてもいい。公園をぶらぶらするのもいいし、何もしないで瞑想にふけるのもいい。

四番目に大切な習慣は、他人のために何かをやることだ。「他人のため」と言っても、大がかりな慈善活動を行う必要はない。時間切れになっている使用中のパーキング・メーターに小銭を入れてあげたり、迷っている人に道を教えてあげたり、といったささやかなことでいい。ほんのちょっとした親切で、気分がずいぶんよくなるものだ。

五番目に大切な習慣は、友人との息抜きだ。少なくとも三〇分は、誰にも邪魔されずにくつろぎたい。どんな形であってもいい。コーヒーを飲みながらおしゃべりするもよし、酒や食事を楽しむのもよし、散歩しながら語らうもよしだ。

六番目に大切な習慣は、自分をもてなすことだ。忘れないように、自分が好きなこと、楽しいと思うことのリストをつくっておくといい（心配ご無用。そのリストは誰にも見せる必要がないのだから）。毎日少なくとも一回は、自分を喜ばせよう。

最後に、自分を祝福することを習慣にしよう。一日の終わりに、その日も幸福になる習慣を守れたことをお祝いするのだ。目的は幸せになることなのだから、五つの習慣を守れたら上等だ。五つ守れなくても、何か大切なことを達成したり、楽しく過ごせたりすれば、ああ、今日もいい一日だったと自分を祝ってあげることが大切だ。

幸福になる中期的戦略

幸福になる七つの習慣に加え、幸福な人生への近道が七つある。それをまとめたのが図表43だ。

第一の近道は、自分の人生を最大限コントロールすることだ。自分の思いどおりにできないことがたくさんあると、不満がたまるし、将来が不安になる。わたしは、どんなに遠回りになっても、知らない道より、よく知っている道を選んで運転している。バスの運転

■図表43　幸せな人生への近道

1	自分で最大限コントロールすることを目指す
2	達成可能な目標を立てる
3	ものごとを柔軟に考える
4	パートナーと親密な関係を築く
5	ご機嫌な友人を数人もつ
6	仕事上の強力な味方を数人もつ
7	理想のライフスタイルを目指す

手は、車掌よりストレスがたまり、心臓発作を起こしやすいが、それは仕事中に身体を動かさないからではなく、自分の思いどおりにできることがほとんどないからだ。昔ながらの官僚的な大組織で働いていると無力感をおぼえるのは、自分の意思で何も決められないからだ。働く時間や日程を自分で決められる自営業者やフリーランサーのほうが、上司に言われるがままに働いている人より幸せなのである。

自分でコントロールできる生活の部分を増やすには、計画を立てる必要があり、リスクを負わなければならないことが多い。だが、リスクを冒しても、それに十分見合うだけの幸福の配当が待っている。

第二の近道は、達成可能な目標を立てることだ。心理学の調査によると、いちばん達成しやすいのは、ほどよい手応えがあり、実現がそれほど難しくない目標である。簡単すぎる目標を掲げると、小さな成果に満足して終わってしまう。逆に、高過ぎる目標を掲げると、ちょっとつまずいただけで大きな挫折感を味わい、早々にあきらめてしまいやすい。そして、どうせできやしないと思ったことは、だいたい実現しない。最終目標は、あくまで幸福になることだ。

目標を立てるときに迷ったら、達成がやさしいほうを選ぶことだ。幸福感を味わうには、やさしい目標を立てて成功するほうが、難しい目標を立てて失敗するよりもいい。難しい目標に挑んで成功すれば、世間の評判が上がるとしても、自分の幸せを考えるときに、評判など気にする必要はない。達成と幸福のどちらを取るかと聞かれたら、迷わず幸福を取ろう。

第三の近道は、ものごとが思いどおりに行かなかったときに、柔軟に対応することだ。計画とは別の展開をするのが人生だ、とジョン・レノンも言っている。こうありたいと願う人生を思い描いて計画を立てるのは当然だが、思いどおりにならない場合にも備えておく必要がある。そして、予想外のことに出くわしたら、人生の余興だくらいに思って明るく受け止める。できれば、不測の事態を想定して、計画には空白をつくっておいたほうがいい。不測の事態は、何も不運だけとはかぎらない。思わぬ幸運が転がり込んでくることだってある。

思いもよらない障害物に出くわしたら、避けて通るか、どかせばいい。それができない場合は、優雅に微笑んで、自分にはどうにもならないことだとあきらめ、自分の考え一つでどうにでもなるものに取り組めばいい。人生の障害物に出くわしたとき、まかり間違っても、泣きわめいたり怒り狂ったりしてはいけない。自己嫌悪や無力感に陥ってはいけない。

第四の近道は、ご機嫌なパートナーをみつけることだ。人は、自分にぴったりの人に出会い、仲良く暮らしていくようにプログラムされている。このパートナーの選択は、長い人生の中で、幸か不幸かを決める、数少ない決断（二〇％）の一つである。

異性にひかれるということは、この世の七不思議の一つであり、八〇対二〇の法則が極端な形で現れるケースでもある。一瞬で化学反応が起こり、わずか一％の時間で、相手の魅力の九九％がわかってしまう。この人しかいないと一瞬にしてわかってしまうのだ[12]。だが、冷静になって、八〇対二〇法則を思い出してもらいたい。一目惚れは幸福の無駄遣いかもしれない。人生のパートナーに選べる人は、星の数ほどいる。胸がときめくことは（あるいは胸を締めつけられることは）、何度でも起きるのだ。

人生のパートナーをこれから選ぶという人は、よくおぼえておいてほしい。あなたの幸せは、パートナー次第だということを。愛する人を幸せにしたいと思うのは当然だが、自分の幸せのためにも、相手には幸せになってもらわなくてはいけない。ただ、相手が初めから幸せであれば、あるいは先に紹介した幸福になる習慣を身につけていれば、ことは簡単だ。

不幸なパートナーを選べば、あなた自身が不幸になる可能性が高い。どんなに愛し合っていても、自尊心のない人、希望を失った人と一緒に暮らすのは悪夢である。ありあまるほど幸せであれば、不幸な人を幸せにすることもできるかもしれないが、それには大変な努力が必要だ。少しばかり不幸な二人が出会い、深く愛しあい、幸せになろうと固く誓い、幸せになる習慣を身につけていけば、二人とも幸せになれるかもしれない。だが、わたしには、そうは思えない。不幸な二人は、たとえ愛し合っていたとしても、いずれ傷つけ合うようになる。幸せな人と恋におちる――それが、幸福への近道だ。

もちろん、すでにパートナーがいて、その人がそれほど幸せではない、という場合もあるだろう。その場合、あなたの幸せが減ることになる。だとすれば、二人にとって、お互いを幸せにすることが最優先課題になる。

第五の近道は、ごく少数の幸せな友人との関係を大切にすることだ。八〇対二〇の法則に照らせば、友人から得られる満足感のほとんどは、ごく一部の親友から得られるものだ。それなのに、大して必要でもない友人のために多くの時間を使い、ほんとうに大切な友人のためにあまり時間を使っていない。広く浅く付き合っていると、結局、大切な友人にかける時間が少なくなる。誰がかけがえのない友なのかを考え、その人に時間の八〇%を割り当てるほうがいい。お互いが幸せになる大きな源がそこにあるのだから、その関係を深める労を惜しんではいけない。

第六の近道は、五番目に近い。仕事のうえでも、一緒にいて心地いい強い味方をつくることだ。仕事上の関係者や同僚すべてと仲良くなる必要はない。友情を広くばらまくと、薄っぺらな関係にしかならない。心から信頼できる味方が何人かいればいいのだ。自分が困ったときに、何をおいても駆けつけてくれる人、逆に相手が困ったときには、何をおいても駆けつけようと思う人、そういう人との関係を築くことが大切だ。そういう人が近くにいれば、仕事が俄然、楽しくなる。仕事をしていて疎外感をおぼえることがない。仕事と遊びの境界が消える。仕事が遊びになり、遊びが仕事になることほど、幸せなことはない。

第七の近道は、自分とパートナーが望むライフスタイルを追求することだ。そのためには、仕事と家庭と社会生活のバランスをうまく取る必要がある。働きたい場所と住みたい場所が一致し、理想の生活を送り、家族と一緒に過ごす時間や社会活動に参加する時間がたっぷりあり、仕事でも仕事以外でも同じように満足感を味わいたいものだ。

まとめ

幸せになるのは、人間の義務である。幸せになるために生きるべきだ。そうであれば、身近な人を助け、ときには袖をふれ合った人すら助け、幸せを分かち合いたいものだ。

第16章
隠れた友だち

世界を動かすパワーは、潜在意識にある。

——ウィリアム・ジェイムズ、アメリカの心理学のパイオニア(1)

浅くて軽やかな表面流の下に
ふれている流れの下に
軽やかだと感じる流れの下に
奥深くで力強くとらえどころない海流が静かに流れる
それこそが本物の流れなのだ(2)

——マシュー・アーノルド、ビクトリア朝の詩人

誰にでも隠れた友がいる。この隠れた友は、なんの苦労もなしに、夢のような成果をもたらしてくれる。成功や幸福を大きく左右する、この隠れた友を、目いっぱい利用してい

る人はほとんどいない。ほかでもない、脳の話である。脳の中でももっともパワフルで、八〇対二〇にあたる部分だ。潜在意識という友を尊重することを学び、正しくプログラムすれば、最大の味方になる。

潜在意識とは何か?

潜在意識をはじめて特定し、そう名づけたのは、いまではすっかり忘れられているが、偉大なフランス人心理学者のピエール・ジャネ(一八五九～一九四七年)である。彼はサブコンサイエントと称して、思考や論理をつかさどる意識の下に感情や行動に強くはたらきかける無意識の部分があると指摘した。(3) ジグムント・フロイトは、「潜在意識」という言葉を嫌い、「無意識」という言葉を好み、「ほんとうに信頼できるものは、意識と無意識の間にある」と主張した。(4) よく知られているようにフロイトは、おぞましい記憶や欲望、ノイローゼ、——要するに、社会的に容認されずに意識が抑圧するものをしまっておくのが無意識だと主張した。カール・ユングは、無意識に対してはもっと実用的で前向きなとらえ方をしていて、この膨大な記憶と知識の貯蔵庫がなければ、人間の心は「収拾がつかないだろう」と述べている。(5)

現代の心理学は、ユングに肩入れし、無意識あるいは潜在意識を前向きにとらえている(「無意識」と「潜在意識」は同義語として使える。わたしは「潜在意識」を使うことにする)。アメリカ国立精神衛生研究所の脳と行動研究部門の責任者、ポール・マクリーン博士は、脳の「三位一体モデル」を開発した。博士によれば、人間の脳の顕在意識をつかさどる部分、大脳皮質は、少なくとも四万年の歴史があるが、歴史がもっとも浅く、いまだに進化しているという。これよりはるか昔の五〇〇〇万年前に誕生した哺乳類脳は、感情や情動をつかさどり、子どもの面倒をみるはたらきをする。さらに古いのが二億五〇〇〇万年前に発達した爬虫類脳である。人間も含めて哺乳類にも存在する爬虫類脳は、心臓の鼓動や呼吸、出産などのすべての身体的機能をつかさどる。爬虫類脳の偏執的な特性により、人間は脅威を察知し、「戦うか逃げる」かの行動をとることができる。わたしが最近、休暇で出かけたプロヴァンスで、猛スピードで突っ走ってくる車を危うく避けられたのは、この爬虫類脳のおかげだ。

顕在意識が、人間に特有の論理や思考を扱うのに対して、爬虫類脳と哺乳類脳から成る潜在意識は、生存に必要な身体的機能(爬虫類脳)と感情や記憶(哺乳類脳)を扱う。

顕在意識と潜在意識の決定的な違い

●潜在意識のほうがはるかに大きく、脳全体の約九二%を占める。

●顕在意識は一度に一つのことしかできない。運転しながら、本を読んだり、電話で話したりできないのはそのためだ。潜在意識は一度にたくさんのことができる。

●顕在意識の記憶はかぎられているが、潜在意識の記憶はほぼ無限である。ただし、顕在意識で思い出すのは、そのごく一部だが。

●潜在意識には、顕在意識と違って指示を与える知性はない。潜在意識は情報をふるいにかけない。情報を額面どおり正しいものとして受けとめる。考える装置というより、重量計といったほうがいい。たとえば、わたしは「弱い」人間ではなく「強い」人間である、という相反する情報があるとき、潜在意識は、提示される情報の「強度」、「時間的な経過」、「頻度」に影響されるようだ。

「強度」とは、情報がどのくらい強く主張されたか、どのくらい感情をこめて伝えられたかを指す。ほんとうに気になることは、潜在意識に伝わるものだ。

「時間的経過」とは、情報が伝えられてどのくらい時間が経っているか、ということだ。顕在意識でもそうだが、ごく最近の情報が潜在意識の「いちばん上に定着する」。

「頻度」とは、対立する情報とくらべて、その情報がどのくらい多く提示されるか、ということだ。潜在意識は繰り返される情報に弱く、その情報を吸収してしまう。顕在意識と同様、潜在意識も「認知的不協和」に陥る。対立する情報をよしとせず、一貫性のある見方に収斂させなければならない。

ただ、潜在意識が顕在意識と異なる場合、適切な訓練をつめば、顕在意識は良い情報と悪い情報、真実と嘘を見極めることができる。

●潜在意識は映像や感情を扱い、顕在意識は理性や論理を扱う。たとえば、テレビのコマーシャルが中立ではなく、商品の価値を純粋に伝えるものではないとこちらはわかっているつもりでも、広告は潜在意識にはたらきかけ、きわめて効果的に感情を操る。興味深いことだが、過去半世紀の技術変化は、顕在意識と潜在意識の「競争条件」に変化をもたらし、潜在意識が有利になる方向で進んできた。マーシャル・マクルーハンは、テレビの発明によって幕が開いた映像で感情に訴える電子時代が、印刷技術が主流だった時代、したがって論理が主流だった時代を駆逐しつつあると論じている(6)。

脳研究者のジョセフ・ルドゥーは、意思決定はほぼつねに感情をもとに行われると言う。「脳の指令と身体的な反応こそ、基本的な感情の発露であり、顕在意識は飾りであり、感情というケーキに添えられたアイシングにすぎない(7)」と述べている。

とはいえ、顕在的な思考――言葉や文章に表された思考が、感情を動かすことを示した研究者もいる。顕在意識と潜在意識の間には、相互に影響を与え合うフィードバック・ループが存在する。考えたことが現実になる可能性があるのだから、気をつけなくてはいけない。

●「意志力（ウィル・パワー）」という言葉は、二つに分けて考えたほうがいい。「意志」をもっているのは顕在意識だが、「パワー」をもっているのは潜在意識だ。顕在意識で、意志力を発揮しようとしても、うまくいかない。神学者のハリー・ウィリアムズが言うように、「単純な意志の力だけで、［自己を向上させる］強さを呼び起こすことなどできない。意志力という考え方自体に、分離――反対方向に押し合う二つの事柄が内包されている[8]」

これを変えるには、「意志力」という言葉を分解し、顕在意識（意志）が潜在意識（力）に指示すればいい。その方法は、後で示そう。

●顕在意識の意志と、潜在意識の力の対立関係を探るには、「意志」を「想像力」と対比させてもいい。フランスの著名な心理学者で、自己暗示法の創始者のエミール・クーエ（一八五七～一九二六年）はこう言っている。「意志と想像力が対立するとき、つねに想像力が勝つ[9]」。意志は顕在意識の産物だが、想像力は潜在意識の産物だ。顕在意識が意志を貫徹するには、意志力よりむしろ、潜在意識の産物である想像力を動員する必要がある。

●顕在意識には知識が宿るが、潜在意識には創造力が宿る。超現実主義のアートはどちらから生まれるか。サルバドール・ダリは、ひじ掛椅子に座りリラックスし、白日夢に出てきた奇妙なイメージを絵に描いた。確実に夢のイメージをとらえるため、指の間にスプーンを挟んで仮眠し、スプーンが床に落ちる金属音で目を覚ますと、すぐさま浮かんだイメージを描いたという[10]。

●顕在意識は過去を記憶し、未来の計画を立てることができるが、潜在意識は永遠の現在にしか存在できない（あとで詳しく述べる）。

最後に、顕在意識はかなりの努力が必要で、考えると疲れるが――だから考えようとしない人が多いのだが――潜在意識はなんの努力も必要なく、背後で休みなくはたらいている。

潜在意識が八〇対二〇の法則にうってつけなのはなぜか

第一に、とりたてて努力しなくても、潜在意識は大きな仕事をしてくれる。潜在意識があるからこそ、人間は健康を維持できるし、感情や記憶が呼び起こされてクリエイティブになり、世界を変えることができる。これほど労せずして、大仕事をしてくれるものはない。人間は無理に努力しようとすると、潜在意識を締め出すことになる——努力が少ないほど成果が大きく、努力し過ぎると成果が得られない。

第二に、潜在意識に賢くアクセスすれば、ほんの少しの工夫で夢のような目標や成果を手に入れることができる。ダリがそうだったように。

第三に、潜在意識の活用頻度は、典型的な八〇対二〇のパターン、もっと言えば九九対一のパターンにあてはまる。今後もそうであってほしくはないが、現時点で、潜在意識を意図的に使っている人は一%にも満たない。ただ、こうしたごく一握りの人たちが、偉大な成果を上げている。

科学者が潜在意識を活用して画期的な発見や発明をした例は、枚挙にいとまがない。パターンはみな同じだ。科学者は答えを求めて何年も課題に取り組むが、一向に成果が出ない。むしゃくしゃして、いったんは課題を脇に置いておくことにする。するとある日、考えていたわけではなく、何かほかの用事をしているときに唐突に答えが降って来たりする。あるいは、夢のなかに答えが出てきて夜中に目が覚めることもある。

フランスの数学者アンリ・ポアンカレは、パリでバスに乗り、友人とおしゃべりしている最中に答えが降ってきた。「会話を続けたが、問題が解けた、という確信があった」と回想している。(11) 哲学者で数学者でもある、バートランド・ラッセルは、ケンブリッジでパイプ用のタバコを買っている最中にひらめいたという。

ドイツの有機化学者でノーベル賞を受賞したアウグスト・ケクレ（一八二九―九六年）は、長年、化学構造の理論の構築に取り組んでいたが、一度は断念した。ところが一八五八年の夏の終わり、ロンドンの乗合馬車に揺られているとき、原子と分子が振動している映像が夢に出てきて、構造理論を思いついた[12]。その後、炭素原子が結合してベンゼンになる仕組みを解明しようとしたが、そのときもうまくいかなかった。だが、一八六二年、蛇が自分のしっぽをつかまえている夢を見て、ベンゼンの炭素原子が環になっていることを思いついた[13]。

トーマス・エジソン、グリエルモ・マルコーニ、チャールズ・ケタリング、アルバート・アインシュタイン、ジェイムズ・ワット、それにアメリカの博物学者のルイ・アガシーら、多くの科学者も似たような経験をしている[14]。科学史家のトーマス・S・クーンは、科学者がみずから収集したデータと、一般に受け入れられている理論との乖離に気づくさまを追っている。顕在意識を使って理詰めで考えても、新しい理論は生まれてこない、とクーンは指摘する。

> 新たなパラダイム、あるいは後にパラダイムとなる十分なヒントは、突然、やって来る。ときには真夜中に、追い詰められた頭の中に。最終段階――個人が収集したデ

ータを整理する新たな方法をどう考案するかという段階――はいまだ謎であり、おそらく永遠に解き明かされることがないだろう[15]。

クーンが気づいていたかはともかく、言わんとしているのは、潜在意識の重要性を知り、科学者の記憶にあるデータを整理し、説得力のある新たなパターンを見つけることだ。これは顕在意識では成し得ないことだ。

学生への助言

試験を受ける際は、一問目の答えを書き出すまえに、すべての問題に目を通しておくといい。そうすれば、顕在意識が最初の問題に答えている間に、潜在意識があとの問題にどう答えればいいかを考えておいてくれる。あとの問題の答えはすらすらと書けるはずだ。

潜在意識の三つの活用法

クリエイティブな解決

アインシュタインの名言にもあるとおり、「知識よりも大事なのは創造力（クリエイティビティ）だ」。どんな課題であれ創造的に解決したいなら、潜在意識に任せるといい。

具体的には、以下の分野で活用できる。

- クリエイティブな表現——絵画や彫刻、作詞・作曲、小説やノンフィクションの執筆、放送など。
- 新しいゲームの考案（オンラインでも、そうでなくてもいい）
- 新規事業の開発
- 科学や技術のイノベーション
- 新製品の開発
- 社会理論や慣行の刷新

●経営理論、競争優位の獲得

デヴィッド・ブルックスはこう書いている。

潜在意識は自然の探検家である。……さまざまな要素が視界に入ると、その重要性を自然に推し量る。顕在意識がほかのことで忙しくしている間も、休みなくはたらき――一度に多くのことを並行して処理し――新たな状況を古いモデルにあてはめたり、問題の断片を組み替えたりして全体の調和を図ろうとする。雰囲気や暗喩を追いかけて、連関やパターン、類似性を探す。潜在意識は、感情や身体的反応といった心理学上のツールをすべて活用している(16)

個人の目標を達成する

自分が達成したい目標は、紙に書き出し、しょっちゅう眺めていると達成しやすい。ただ自分自身で目標を設定すべきかどうかは、別の問題だ。わたしの考えはこうだ。

●本気で足跡を残したいなら、偉業を達成したいなら、あるいは大金持ちになりたいなら、目標を設定するのもいいだろう。

●本気で目指すつもりがないのに、義務感から目標を設定してしまうと、それに振り回されることになりかねない。目標がないか、あるいは目標にのまれそうになっているとしたら、目標ができるまで待ったほうがいい。

本気で目標を達成したいのであれば、潜在意識を活用するのが確実で手っ取り早い方法だ。

心の平安

誰もが心の平安を求めている。人生が調和と喜びに満ち、自分が自分らしくいられ、世界と一体になれる状態——エデンの園を取り戻すことを願っている。ロマン派の詩人ウィリアム・ワーズワース（一七七〇～一八五〇年）は、自然が自分とは不可分な存在だと言っている。「外部のものを、外的な存在としてとらえることができず、目に入るものはすべて、切り離されたものではなく、わたし自身の内なるものと感じていた[17]」。顕在意識と潜在意識の統合を回復し、自分自身の意識と隣人や全人類の意識の統合を回復するには、一心不乱に真・善・美——個人の善と相互の善を追求するのがいいのではなかろうか。

自分が思い描いたとおりの人間であるには、自分のなかの崇高な思いやあらんかぎりの創造力を顕在意識の表面に浮かび上がらせると同時に、潜在意識の奥底に沈めることが必要だ。何も宗教的である必要はないが、ある種の精神性を備えていなければならない。それが唯一、内なる平和と外の世界との一体感を実現できる道なのだから。

「兄弟たちよ、すべて真実なこと、すべて尊ぶべきこと、すべて正しいこと、すべて純真なこと、すべて愛すべきこと、すべて誉れあること、また徳といわれるもの、称賛に値するものがあれば、それらのものを心にとめなさい[18]」これは、誰にとっても――神を信じる者にも、神がいるかどうかはわからないという者にも、神などいないという者にも、等しく有益なアドバイスである。そうすべきだからではなく、自分自身に平和をもたらし、互いに仲良くする方法なのだから。

潜在意識へのアクセス法、新しいモデル

潜在意識にアクセスする方法については本にいろいろ書いてあるが、どれもひどく面倒だ。ほんとうは至極簡単だとわたしは思っている。以下のように、三つの段階がある。

第一段階　顕在意識
第二段階　潜在意識へのインプット
第三段階　潜在意識からのアウトプット

第一段階は顕在意識で、潜在意識にどうしてほしいか、それを潜在意識にどう伝えるかを見極める。複雑ではないが、三段階のなかでいちばん難しいのが、この段階だ。潜在意識にどうしてほしいのかを真剣に考える必要がある。

第二段階では、思考を潜在意識に明け渡す。この段階についてあれこれ言われているが、ごく単純であっという間だ。

第三段階では、潜在意識から答えを引き出す。潜在意識につながることができれば、この段階も簡単だ。

第二段階、第三段階で潜在意識が素早く効果的に活用できるか疑う人は、こんな経験はないだろうか。朝七時に目覚まし時計をセットしておくと、翌朝、目覚ましが鳴りだす一分前に目が覚めるのだ。これは脳のどの部分がはたらいたのだろうか。

目覚める直前は深く眠っているのだから、顕在意識のはずがない。これこそ潜在意識のなせるわざだ。わざわざ目覚ましをセットしなくても、「ちょうど七時に目が覚める」と潜在意識に言い聞かせてから休む人は少なくない（現在形で潜在意識に指示したほうがいい理由は、あとで述べる）。怪しいと思うなら、実際やってみるといい。潜在意識や「マインドフルネス」についての本を読むと、潜在意識につながる方法がいろいろ書いてある。「α波の状態に入る」とか「瞑想する」とか、細かな手順を説明してあるが、ひどく面倒だ。こんなものは一切必要ない。第二段階も第三段階も、これ以上ないほど簡単で、何の道具も要らない。自分の意識さえあればいい。

第一段階――顕在意識

意識がパワーを発揮するときはいつもそうだが、エネルギーを使わずに最大の効果を上げるには、自分が何を達成したいのかを吟味し、正確に把握しておく必要がある。だから第一段階では、ある程度、ガイダンスが必要だ。先に潜在意識の用途を三つ挙げたが、用途ごとに違ってくる。

創造的な解決法を得るためのルールは以下のとおりだ。

- 潜在意識に明確に指示するため、一度に一つの課題に絞る。
- 課題や問題は、自分にとってほんとうに大切なことであるべきだ。その見極めが肝心だ。仕事やキャリア、プライベートに関わることも含まれるだろう。

●顕在意識を使って解決しようとして、できなかったことかもしれない。
●「どうすれば（Ｈｏｗ）」を問う課題が多い。たとえば、
・どうすれば、仕事と家庭生活の折り合いをつけられるか。
・どうすれば、曲に詞がつけられるか。
・どうすれば、既存の商品より安くて良い新製品を開発できるか。
・どうすれば、友人や家族、同僚との対立を避けられるか。
●自分だけではなく、関わる人全員のためになる解決策を探す。

目標設定の際のルールは以下のとおりだ。
●目標は、自分がどうしても達成したいものでなくてはならない。
●周りから無理だと言われても、絶対達成できると信じる。自分が信じられなりれば、潜在意識にはたらきかけることなどできない。
●目標は正確で具体的でなければならない。
●目標達成を本気で目指し、達成したときの喜びや達成感をかみしめる。
●目標を達成している自分の姿を思い描く。できるだけ具体的に、楽しい姿を想像する。五感をフルに使って目標を達成している姿を想像し、口にしてみる。どんな人生になっているか。どんな光景や匂いが思い浮かぶか。目標を達成したとき、どんな風

に誰と祝いたいか。日常生活はどう変わるだろうか。目標を達成することで、自分以外で得をする人がいるだろうか。

●目標は絶対的に自分のためになり、自分の個性に合っていると確信できなければいけない。目標とは、あなたの運命なのだ。

●何年も目標が達成できていなくとも、いまの瞬間、達成した姿を想像すべし。前にも述べたように、潜在意識は永遠の「いま」に存在する。過去や未来は、現時点で不変のデータとして潜在意識に存在する。

これをうまく説明するのは難しい。完全とはいかないが、例で説明したほうがわかりやすいかもしれない。映画には過去も未来も存在するが、九〇分に凝縮されている。どの瞬間も映画の登場人物にとっては人生の途中を見ているのだが、自分にとってはつねに「いま」である。自分の人生の九〇分間が関わっているという事実を無視して、一度にすべてを眺めていると想像すること。――それが、潜在意識のはたらきだ。

あなたの人生に将来があるということを認識しないで、将来の目標に気づき、その達成を助ける、などということが、どうして潜在意識にできるのか。不思議としか言いようがない。だが、潜在意識にとって時間はフラットなものだ。すべての時間はいまなのだ。すべてがインスタント・ムービーのごとく、一瞬のうちに展開する。

潜在意識にはたらきかけるには、理解できる形でデータを示さなければならない。つまり、未来に目標を達成するには、いま叶っているかのように想像し、感じていなければならない。未来を完全に見通すことができれば、ありありと、目の前に示すことができる。潜在意識にとって、時間は止まり、現実には存在しない。潜在意識にとっては、現実は想像であり、想像が現実でもある。潜在意識からみることで、未来を現在に変え、想像を現実のものにすることができる。突き詰めると、こういうことだ。素晴らしい映画を見終わったとき、映画のなかの日時がどうであれ、自分の記憶に残る場面はすべて、あなたの「いま」に存在する。重要なのは、その場面がどれだけ強い印象を残したか、どれだけ繰り返し思い出せるか、ということであって、時間は関係ないのだ。

心の安らぎを得る場合は以下のとおりだ。

●自分自身に関する肯定的な宣言をして、それを信じると、潜在意識に刷り込まれる。その助けになる宣言文（アファメーション）をいくつか紹介しよう。

・わたしは……に感謝しています。
・わたしは元気で、やさしく、楽しく、幸せで、世界と一つになってご機嫌です。
・わたしはクリエイティブです。なぜなら……だからです。

・わたしの仕事は重要で社会の役に立っています。なぜなら……だからです。
・わたしは~を手助けできてラッキーでした（誰をいつ、どんな風に手助けしたのか具体的に述べる）。
・わたしは健康に恵まれています。
・わたしには、一緒にいて楽しく、頼りにできる良い友だちがいます。
・わたしは素晴らしいパートナーに恵まれて幸せです。あるいは、人生の伴侶にもうすぐ出会うことになっています。
・わたしは、こんな素敵な場所に住めて幸せです。あるいは、素敵な場所を訪れる予定です（素敵な場所に行ってきたところです）。
・わたしは、~に夢中です。
・わたしが読んでいる本は、とても素晴らしく……です。

「わたしは」で始まる文章は、一日に何度もつくる機会がある。「調子はどう?」と聞かれて、それなりの言い訳をするときにも使えるし、友だちとおしゃべりしているときにも使える。一人のときに口に出したってかまわない。宣言文は、声に出したり、日記に書いたりすると効果が高いようだ。

ところで、ここに文化的な問題が存在する。わたしはイギリス人だが、イギリス人はこういうことを――なんと言おうか――恥知らずだとか、下品だとか、軽薄だとか、野暮だとか思うのだ。あなたもそうかもしれない。だが、静けさや落ち着き、心の平安を本気で望むのであれば、これに勝る方法はない。肯定的な宣言は効果的だ。

自分の身のまわりのことは、できるだけよく思ったほうがいいが、自分自身についてもそう言える。人間はみな「ひねくれもの」だ。だが、心の平安にかけては、世の中になにがしか貢献しているし、よりよい人生にしようと努力してもいる。向上心もある。よき心がけを持っている。そう自信をもっていい。そうした信念がなければ、人生はおよそ殺伐としたものになる。そんな殺伐とした人生を生きたいとは誰も思わないはずだ。陳腐に聞こえるかもしれないが、以下の宣言文は効果的だ。

●毎日、あらゆる面で、わたしはどんどんよくなっている。（エミール・クーエ）
●自分がなりたい自分だと思うこと。（ハリー・カーペンター）
●わたしは自分史上最高の自分になりつつある。（マシュー・ケリー）
●いろいろ欠点はあるが、世の中の善を体現している。
●わたしが求めるのは真実と美である。

第二段階――潜在意識へのインプット

努力しなくても潜在意識にメッセージを送る方法を三つ紹介しよう。

①リラックスしてボーっとする。

・一人になれる静かな空間で、座り心地のいい椅子に腰かける。屋外が望ましい。
・リラックスする。
・（潜在意識に送りたいメッセージ以外の）思考はすべて頭から追い出す。
・潜在意識にメッセージを送る。黙ってやってもかまわないが、できれば口に出す。

②「自動的な」運動をしながらボーっとする。

・やりなれた運動、考えなくてもできる運動を決まった手順でやる（よくやるものが望ましい）。
・負荷がかからず簡単に一人でできるものにする。適度なペースのサイクリングやウォーキングは効果的だ。
・運動のまえに、潜在意識に伝えたいメッセージを読み上げるか、思い浮かべる。覚えているなら、運動しながらボーっとしたとき、メッセージを繰り返す。運動が終わったら、メッセージをもう一度繰り返す。

③眠るまえには。

・ベッドに入ったら、しばらくヒーリング音楽を聴く（わたしは、毎晩同じCDを聴いている。ミュンヘンのエディション・アカシャから出ている「エル・ハドラ」というアルバムの「ミスティック・ダンス」だ。これを聴くと、ぐっすり眠れ、楽に潜在意識と対話できる）。

・眠りにつく一、二分前、まどろんでいるときに、メッセージを声に出すか、頭のなかで唱える。

・ぐっすり眠れ、いい夢をみられると期待する。

・深い眠りに落ちる直前、メッセージを繰り返す。

第三段階——潜在意識からのアウトプット

潜在意識はあなたに答えを伝えたり、メッセージを送ったりしようとする。忙しなく動いたり、あれやこれやと考え事をしたりして、追い出さないかぎりは、答えやメッセージを受け取ることができる。潜在意識からのメッセージを受け取りやすくするには、第二段階で提案したように、日中、リラックスしてボーっとする時間をもつことだ。

答えは、夜中の浅い眠りのときや、朝、完全に目覚めるまえの寝ぼけているときに降ってくることが少なくない。ぐっすり眠って忘れてしまわないように、ベッドの脇にノートとペンを置いておいて、答えが降ってきたらすぐに書き留めよう。

まとめ

潜在意識のパワーを身につけたら、友だちや家族にそのやり方を教えてあげるといい。この本を渡すか、貸してあげてもいい。こうしたささやかな努力をしないのなら、大きな見返りはない。

第Ⅳ部

八〇対二〇の法則の未来

第17章

八〇対二〇のネットワークで成功する

ネットワーク社会は、人類の経験上、質的な変化を示している。

——マニュエル・カステルズ、スペインの社会学者

本書の初版と第二版を書いた段階では、八〇対二〇の法則がなぜ、こうもあてはまるのかよくわかっていなかった。経済学者のジョセフ・シュタインドルの以下の言葉を引用した。「長い間には、川に運ばれた土砂が堆積していくように、誰にも説明できない経験則、パレートの法則（八〇対二〇の法則）によって経済の景観が変わっていく」と。だが、いまわたしは、なぜかがわかったので興奮している。八〇対二〇の法則がますます広がりつつあり、不思議な形でわれわれの生活に影響を与えているのはなぜかも説明できる。

答えは、ネットワークの爆発的な成長力にある。ネットワークの数と影響力は長期にわたって大きくなってきた。当初の数百年はゆっくりとしたペースだったが、一九七〇年頃

から成長が加速し、ダイナミックになっている。ネットワークも八〇対二〇の法則に則った振る舞いをし、典型的な八〇対二〇の分布を描く。そして、たいてい極端な形になる。つまり、法則が広がったのは、ネットワークが広がったからだ。ネットワークが増えて、八〇対二〇現象があちこちで目につくようになった。

ネットワークの影響力が増すにつれ、八〇対二〇の法則の影響力も増している。この一文の重要性は、いくら強調しても強調しすぎることはない。マニュエル・カステルズが言うように、ネットワーク社会は、人類の経験における質的な変化を示している。そして、この変化の性格のもとをたどれば、八〇対二〇の法則に行き着く。ネットワークほど、八〇対二〇の法則が貫徹した組織や経験は存在しない。

ネットワークを理解することは決定的に重要だ。ネットワークがなぜ重要性を増し、どのように八〇対二〇の法則を発揮しているのか、それを自分たちが有利になるように変えるにはどうすればいいのか。八〇対二〇の法則とネットワークがわかっていなければ、現にいま起きているビジネスや社会の根本的な変化を理解できないのだ。

では、ネットワークとは何か？

ワイヤード誌の元編集者のケヴィン・ケリーの説明が的を射ている。

ネットワークは、最小の構造的機構で、いかなる構造ももちうるといえる。

フェイスブックとツイッターはネットワークである。テロ組織や犯罪集団、政治団体、フットボールチーム、インターネット、国連、友人グループ、世界の金融システムもネットワークである。爆発的に成長し、桁外れの富を築いているインターネット関連、アプリ関連の企業――アップル、グーグル、イーベイ、ウーバー、アマゾン、ネットフリックス、エアビーアンドビーは、ネットワークか、自社の生態系にネットワークを抱えている。

ネットワークは、従来のトップダウン型の組織とどう違うのだろうか。

まずは、決定的な違いからみていこう。一般的な組織は、国の官僚組織や軍隊からはじまり、農家、商店、製粉所や工場へと広がり、過去三世紀に産業界や社会全般にみられるようになったが、こうした組織の成長はトップのイニシアチブにかかっている。

伝統的な組織は、トップが計画を立てなければ成長できない。たいてい細かい点まで計画されている。製品設計や製造、マーケティング、販売といった活動をとおして計画は実行に移される。どれもコストがかかり、骨が折れる。組織が大きくなり、影響力を発揮するまでには、長い時間と膨大な労力がかかり、多くの人材と資金を投入する必要があった。

ネットワークは違う。その成長は、ネットワークを所有または支援する組織（があるとしても）の内部から起こるのではなく、外で起きる。ネットワークのメンバーの行動によって、ネットワーク自体が成長する。ネットワークを所有するのが企業であれば、「メンバー」は「顧客」や潜在顧客でもある。ネットワークが成長するのは、内部のダイナミクスのせいでもあるし、成長することがメンバーの利益に適うからでもある。

わたしがほぼ最初からかかわっているネットワークを例にとろう。このネットワークをはじめたのは、経験はないが情熱はある若者のグループだ。オンライン専門のブックメーカー、ベットフェアだ。創始者を起業家と呼んでもいいが、もとは趣味からはじまっている。彼等はよく賭けに興じていたが、一回の賭けで一〇％ものマージンを胴元に持っていかれるのは納得がいかなかった。ベットフェアでは、競馬やスポーツのチームの勝敗について、反対の見方をする者同士を組み合わせる仕組みを考えた。オンライン上に株式市場に似た賭け市場を創設し、手数料はごく少額とした。

わたしは二〇〇一年、創業から二、三カ月経ってベットフェアに投資した。この段階で、同社の時価総額は一五〇〇万ポンドだったので、たいした取引ではなかった。ちっぽけな会社で、業界ではほとんど目立たず、うまくいくとは思われていなかった。そんななかで、わたしがベッドフェアにひかれたのは、驚異的なスピードで成長していたからだ。当初数年は、毎月一〇%~三〇%で成長し、六〇%の伸びを示すこともあった。

この成長はどこから来たのか。どこから来なかったかは、はっきりしている。売り上げでもマーケティング努力でもない。当初、そういったものはないに等しかった。成長をもたらしたのは、ネットワークそのもの、ベットフェアのユーザー、顧客だった。彼らはベットフェアを気に入り、友人にも入るよう勧めた。これは、単にシステムが気に入っていたからではないし、友人に親切にしたかったからでもない。他でもない。友人が参加してくれて、ベッドフェアが成長すれば自分たちが得をするからだ。もっと賭け金を増やして、大きく勝つには、自分とは逆の見方をするメンバーが大勢いるほうがいいのだ。

ここから、ネットワークの第二の特性が浮かび上がる。ネットワークは、規模が大きくなるほど価値が高まる。それだけではない。メンバーにとって、そしてネットワークの所有者にとって、価値は直線的ではなく幾何級数的に増えていく。ある町か地域を拠点としたデートクラブに一〇〇〇人の会員がいて、他の会員とのデートを狙っているとする。このネットワークに入りたいと思うだろうか。そうは思えない。小さすぎる。

だが、会員が倍の二〇〇〇人だったらどうだろう。ネットワークの価値も倍になるだろうか。そうではない。じつは価値は四倍になる。会員の組み合わせは四九万九五〇〇通りから、一九九万九〇〇〇通りに増えるからだ[1]。同じ理由で、ベットフェアの会員が増加するにつれて、会員にとっての価値は幾何級数的に増えた。何度も大金を賭け、取り戻すことができる。経営者にとっても、ベッドフェアの価値は大幅に高まった。二〇一六年二月、同社はパディ・パワーと合併したが、現在の時価総額は七二億ポンドである。株主の持ち分は三四億五六〇〇万ポンドで、わたしが投資したときの二三〇倍だ。

メンバーの活動によって比較的簡単に成長できる、規模の拡大によって価値が幾何級数的に増える、という二つの特質から、三つめの結論が導かれる。ネットワーク組織は、ほかの組織よりも圧倒的に速く、価値を獲得できる。だからこそ、アマゾン、イーベイ、フェイスブック、アリババ、エアビーアンドビー、ウーバーといったネットワーク型の新興企業の価値が、これほど短期間でこれほど上がったのだ。非ネットワーク型企業で、ここまでのペースで企業価値が高まった例はない。

さらに、ネットワークの数と影響力が増してきた第四の理由がある。ネットワークを動かす燃料が情報だという点だ。広い意味での情報技術が用途を広げ、性能が向上すると、ネットワークが増え、集積し、さまざまなことができるようになった。アプリを使ったサービスのエアビーアンドビーやウーバーといった企業は、スマートフォンが開発されなければ、現在の形では存在していない。

つまり、莫大な価値をもつ一つのネットワークのイノベーションが、やはり莫大な価値をもつ別のネットワークのイノベーションを次々と呼び起こすという、波及効果があるわけだ。情報技術のコストが下がり続ける一方、その性能は向上し続けていることをふまえると、この先どこまで行くかは想像もできない。良くも悪くも、われわれは、数十億の人々の生活に影響を与え、ビジネスや社会のルールを変えつつある「素晴らしき新世界」に生きているのだ。

一九六〇年代以降、学者や企業人、コメンテーターはネットワークに注目してきた。だが、ネットワーク同士のつながりや八〇対二〇の性格については、いまだ広く理解されているわけではない。このつながりをあきらかにするため、ネットワークがいかに八〇対二〇の法則にしたがっているかを示す二つの例について考えよう。

ワールド・ワイド・ウエブ

わかりやすい例がインターネットの世界である。「サイバースペース」という言葉は、一九八四年にSF作家のウィリアム・ギブソンがつくった。「想像もできない『いま』を描こうとした。同時代の現実を探っていくのが、SFの最高の利用法だ」とギブソンは語る。そしてサイバースペースを、こう定義している。「あらゆる国の数十億の人々が日々経験する合意の上の幻覚。……想像を超える複雑性。雑多なデータ群の非空間に並ぶ光線」

たしかにインターネットは、物理的な所在地を離れることなく訪れることができる不思議の国だ。仕事や社会生活、さらには企業の顔も変えつつあるネットワークであり、規模とパワーを爆発的に拡大している。仕組みは民主的で、ツイッター上では誰かれ構わず意見を表明することが許され、誰でも日常生活の断片をフェイスブックなどの交流サイトにアップできる。インターネットが成長しているのは、万人に開かれていて、莫大な価値をもたらすからだ。誰も排除せず、万人を歓迎する。ウィキペディアの豊富な記述をはじめ、膨大な記事の知見に誰でもアクセスできる。

とはいえ、サイバースペースの根幹にはパラドックスがある。オープンで壁のないインターネットは、八〇対二〇の法則が如実に現れる場でもある。たとえばウィキペディアに掲載された検索エンジンは二〇〇以上あるが、そのうちの四つ――グーグル、百度（バイドゥ）、ビング、ヤフー――が市場の九六％を握っている。つまり検索エンジンの二％で、検索機能の九六％、ひいては広告の九六％を担っているわけで、九六対二の関係になっている。

グーグルだけでも六六％のシェアがある。二〇〇の検索エンジンの一つ、一％未満が、とてつもなく収益性の高いビジネスの三分の二を握っている。六六対〇・五の関係だ。そして、次章で詳しく述べるが、これでも、グーグルとその他大勢の収益関係を大幅に過小評価している。グーグルは携帯電話のオペレーティング・システム（OS）の八二％、携帯での検索の九四％も握っている。中国の電子商取引では、たった一つのサイト、アリババが、全取引の七五％を握っている。中国のウエブサイトは膨大な数なので、七五対〇の関係である（数字を丸めると、全サイトに占めるアリババの構成比は〇％である）。

ベットフェアのような賭けサイトは、どれだけあるか。重要なのは一つしかない。ベットフェアは九五％以上の市場シェアを握っているのではないか。フェイスブックのような交流サイトは、いくつあるか。かつては二つのSNSが市場を二分し、フェイスブックは競合するマイスペースよりかなり規模が小さかった。だが、いまは事実上、フェイスブック一つしかない。ツイッターはいくつあるか。重要なのは一つしかない。

ツイッターといえば、ツイッターのシステムの内部に、パレートに似た関係がある。シリコン・バレー・インサイダー誌の調査では、多くの利用者のつぶやきをフォローしている「ヘビー・フォロワー」の一〇％が、フォローされている人全体の八五％を占めている。(2)

逆はどうか。二〇一一年の調査では、二万人というごく少数が、フォロワー全体の半分近くの注目を集めている。同時に、こうしたトップの利用者が、全利用者の一％の二〇分の一未満である。五〇対〇のパターンがあてはまる。(3)

ウーバーはいくつあるだろうか。現時点ではウーバーと、市場の違うセグメントを狙う業者の一団がある。ウーバーのサービスを求めるなら、ウーバーのなかで選ぶことになる。これは誰にとってもいいことだ。というのは、ある都市における事実上の独占は、顧客にとっては待ち時間が減り、運転手にとっては利用頻度が上がることになるからだ。だからこそ、ウーバーが、高い資本コストをかけて、これほど速いペースで多くの地域に進出したわけだ。おいしい思いができるのは、ウーバーのような独占企業だけだ。

ウーバーについては散々悪評も聞かれたが、ベンチャー・キャピタル市場は、二〇〇九年に創業したばかりのこの会社を、一〇一年の歴史があるゼネラル・モーターズよりも高く評価している。もちろんウーバーは車をつくっているわけでもないし、所有しているわけでもない。将来の利益は天文学的になるとみられている。

インターネット上では、なぜここまで集中が起こり、ごく一握りの圧倒的な勝者と、その他大勢になってしまうのだろうか。グーグルの親会社アルファベットの会長エリック・シュミットはこう説明する。

インターネットは、ロングテールが貫徹するフラットな市場を生み出したと言いたいところだが、残念ながらそうではない。

現実に起きているのは、いわゆるパワーの法則だ。ごく少数のものに極端に集中し、それ以外のものはないに等しい。新たなネットワーク市場はすべて、この法則に従っている。つまり、テールは面白いが、収益のほとんどはいまだにヘッド（頭）にある。

さらに、インターネットによって人気商品の人気はさらに高まり、ブランドの集中が進むと予想されている。これも、ほとんどの人には理解できない。流通手段が大きくなっただけだからだ。だが、多くの人が集まると、スーパースターの出現を望む。もはやアメリカのスーパースターではなく。世界のスーパースターだ(4)。

サイバースペースでもっともアクセスが多いサイトは、流行のバーのようなものだ。人気があるから流行っている。そこに行けば、多くの出会いがあることがわかっている。いま起きている現象は、誰もが自分以外のみんながいる場所に行きたがっている、ということだ——少なくとも自分たちの縄張りでは。流動的で厚みがある市場ほど、多くの人をひきつけるため、さらに流動的になり、厚みを増す。ネットワークは、その規模に比例して圧倒的に魅力的だ。少なくともしばらくの間は勝者総取りになる。上出来だ。バーの経営者は億万長者にはならないだろうが、インターネット上の「バーの経営者」は、驚異的なスピードで億万長者になる可能性がある。

加入者が増えることで影響力を増している二つめのネットワークの例をみてみよう。それは、インターネット関連ではなく、重要な社会トレンドだ。

都市

人類が一万年前に一カ所に定住するようになって以来、都市はきわめて重要なネットワークとして発展してきた。知識、文化、財・サービスの交換を促し、政府や金融の基本的なインフラを提供する。「グローバルな戦略家」パラッグ・カナは、こう主張する。「都市は、もっとも永続的で、安定的な社会組織の形態であり、その寿命はあらゆる帝国や国家よりも長い」[5]。都市に関して、きわめて重要なトレンドが二つある（念のために言えば、これはカナではなく、わたしの見解である。もっともカナの見解に似ている点はあるが）。

一つは、ゆっくりだが確実で、ここに来て急速に加速しているトレンドだ。都市に住む人口が急増しているのだ。一五〇〇年当時、都市人口は世界全体で一％にすぎなかった。一八〇〇年に三倍の三％になり、一九〇〇年には人口の七分の一に達した。そしていまでは過半数を超えている。

一四五〇年頃にヨーロッパで始まり、その後、他の地域に広がった富の成長は、人類存続の決め手になったが、都市の数とパワーが拡大しなければ起こりえなかった。都市はアイデアや交易、商業の中心地であり、その担い手は、小作人でも貴族でもなく、数は少ないが決定的に重要な（八〇対二〇）、新興のブルジョワ中産階級だった。都市は富の孵化器（インキュベーター）であり、貴族の田舎の領地という広大な海の中に次々と生まれた小さな島だった（八〇対二〇）。もちろん都市は何千年も前から存在していたのだが、経済成長と社会変革のエンジンとなったのは、ヨーロッパの中世後期からだ。

ヨーロッパで人口一〇万人を擁する都市は、一五〇〇年には五つしかなかったが、一六〇〇年には一四に増えていた。アムステルダム、アントワープ、コンスタンティノプール、リスボン、マルセイユ、メッシーナ、ミラノ、モスクワ、ナポリ、パレルモ、パリ、ローマ、セビリア、ヴェネツィアだ。よくみると、この半分は、重要な港湾都市である。これらの都市の成長がなければ、社会が発展して近代化が進むことはなかっただろう。

今日、世界でもとくに豊かな二〇都市が有能な人材を集め、知識とカネの集中が進んでいる。世界の大企業の四分の三以上が、これらの上位二〇都市に拠点をおいている。ますます成長し、ますます豊かになっているのが大都市であり、一五〇〇年にヨーロッパで始まったトレンドが継続し、加速しているのだ。都市の拡大は、典型的なネットワーク効果を示している。

●都市というネットワークが大規模化し、稠密《ちゅうみつ》になると、都市に暮らすメリットが大幅に増える。混雑や物価高、ストレスというあきらかなマイナス要因はあるものの、自分にない知識をもった人と出会う機会が格段に増える。正のネットワーク効果は、負のネットワークに勝るのだ。その証拠に、ほとんどの大都市が成長を続けている。

●とはいえ、すべての都市が成長するわけではない。アメリカをはじめ先進国には、低迷する自治体も少なくない。ニューオリンズやデトロイトは、家賃の安さが都市の魅力になっていない。これは衰退の兆候だ。ここでもネットワーク効果によって、パレート型の選別が行われている。活気のある都市には良質なネットワークが存在するので、ますます成長し、活気づく一方、それ以外の都市はますます衰退する。

●都市は坩堝《るつぼ》である。世界中の意欲的で有能な人材が、衰退する都市や国を捨て、成長都市へと集まる。都市に暮らす住人の多様化が進むことで、イノベーションが起きやすくなり、チャンスが増える。

一九七〇年代以降、情報技術の発達で田舎に住む人口が増加すると盛んに予想されたが、予想は大間違いだった。その理由はネットワーク効果で説明できる。都市生活のネットワーク効果は、上位の都市でますます拡大している。なんといっても顔と顔をつきあわせるのが大切で、実際に会ってみると、意外な縁がつながったり、幸運な偶然も起こったりしやすい。パラッグ・カナは、こう予想する。「二〇三〇年時点で、世界の人口の七〇％以上が都市に暮らすことになるだろう。そのほとんどが海岸から五〇マイル以内に位置する……現在の沿岸部の大都市は、人口集中、経済力、政治力によって……組織の主要な単位になった」[6]。この五〇年でゆっくりだが確実にカネを儲けるには、成長都市の真ん中に土地を買うのが一番だったことも、大都市が成長した一因といえるだろう。

もう一つのトレンドが、一定規模の都市間での人口の分布である。ここでも予想は外れた。インターネット時代は人口の分散が進み、中規模都市が増えると言われたが、そうはなっていない。時代を問わず急成長した都市は、スタート時点で最大かつ最古の都市である場合が多い。東京、北京、ムンバイがそうだし、ニューヨーク、ロサンゼルス、メキシコシティもそうだ。現在の東京圏の人口は約三八〇〇万人で、カナダやイラクの総人口をも上回っている。

パラッグ・カナは、東京と横浜のように都市の一体化が進むとも予想し、ロサンゼルスとサンフランシスコ、ボストンとワシントンを例に挙げている。ボストンとワシントンはさほど近くないので、さすがにそれはないと思うが、都市が周辺に拡大し、田園地帯を侵食する傾向はかなりまえから続いている。聖マルコのロンドン教会は、トラファルガー広場の隣のフィールズに建っているが、その名のとおり、かつては一帯が野原だった。

カナの主張でもっと根拠が確かなものがある。グローバルな都市は、成長の原動力としてのグローバル人材に依存する、というものだ。「世界で移民が急増するなか、結びつきを強める開かれた都市では、外国生まれの住民の比率が高まっていく」[7]。人口に占める外国生まれの割合は、ダラスが二四％、シドニーが三一％、ニューヨークとロンドンが三七％、香港三八％、シンガポールが四三％だ。[8]

まとめ

この章はかなり長くなってしまった。読者の忍耐に感謝しなければ！　ともあれ、ようやく、まとめの段階にきた。

①八〇対二〇の法則があてはまる理由として、ますます有力になっているのがネットワークの力である。

②ネットワークも八〇対二〇の法則に則っている。どの市場、どの分野でも、ごく少数のネットワークが活動やビジネスのかなりの割合を握っている。

③ネットワークとそのメンバーは、市場シェアの集中と独占を好む。それによってネットワークに厚みと幅ができるからだ。規模の大きいネットワークほど、いいネットワークだと言える。大規模なネットワークほど、需要と供給をより効率的かつより迅速にマッチさせることができる。各メンバーの嗜好に関するデータが豊富で、メンバー

同士の組み合わせが増えるからだ。

④同じカテゴリーで、同規模のネットワークが二つも三つも併存するのは難しい。ネットワークのメンバーの利益に反するからだ。メンバーにとっては、イノベーションによって新たなカテゴリーが生まれるまでは、独占に近いネットワークが好ましい。新たなカテゴリーでも、一つか二つの主要なネットワークに収斂することになる。

⑤一九七〇年代以降、とくにオンライン取引が開発され、普及して以降、ネットワークの影響力が飛躍的に高まっている。ネットワークが次々と生まれ、商取引や社会活動に占めるネットワークの割合が増え続けている。従来の八〇対二〇という目安は保守的すぎる、という状況になっている。ネットワークによって、法則があてはまる状況が増え、至るところで目にするようになったばかりか、八〇対二〇以上に分布の偏りが極端になっている。

次の章では、八〇対二〇が九〇対一〇、九五対五、さらには九九対一へと急速に移行している分野はどこか、どのような経緯でそうした状況になったのかをみていこう。そのうえで、この変化の現実的な意味を考えていく。

第18章 八〇対二〇が九〇対一〇になるとき

未来はすでにここにある。――ただ均等に行き渡っていないだけだ。

――ウィリアム・ギブソン、SF作家

それほど遠くない昔、正確には二〇〇七年、携帯電話市場の世界は、どちらかといえば退屈で、およそ予想どおりの典型的な八〇対二〇の世界だった。携帯電話メーカーはたくさんあったが、そのうちの五社、ノキア、サムスン、モトローラ、ソニー・エリクソン、LGで、世界全体の利益の九〇%を抑えていた。これはとくに驚くことではない。だがいまや市場はまったく別物になった。その規模も、勝ち組の企業も、利益の配分も、製造方法も。

二〇〇七年から二〇一五年の間に携帯電話市場に新たに参入した企業が、すべてを変えてしまった。ほかでもない。アップルがiPhoneを投入したのだ。教会に君臨するキリストのごとく、アップルは業界のトップに立ったばかりでなく、業界の秩序を破壊し、他社を追い出してしまった。二〇一五年時点で、携帯電話市場ははるかにうまみのある巨大市場に成長したが、アップルが利益の九二％を確保し、かつての勝ち組企業はおこぼれを奪い合うしかなくなった。大手五社のうち四社は赤字に転落している。(1)

勝ち組の顔ぶれだけでなく、利益の源泉も変わった。同じことが多くの市場で起こっているし、未来を決める潮目の変化でもあるので、携帯電話市場で何が起こったのか、さらに具体的にみていこう。

簡単に言えば、八〇対二〇が九〇対一〇になったのだ。もう少し詳しく説明してもいいが、それでも単純明快。ビジネスのパターン——カネの山を築く方法——が突然変わったのだ。古いパターンは廃れ、新たなパターンが席巻しつつある。読者の業界でも、イノベーションを起こすには、古いパターンを捨て、新しいパターンを追ったり、つくったりするのがいいかもしれない。携帯電話市場は、インターネットよりも歴史がある。インターネットが登場したとき、携帯電話市場が急拡大したことから、メーカーは手放しで喜んだ。通話が増えて、どのメーカーも潤った。ただ、携帯電話がモバイル・コンテンツにアクセスし、転送する手段になる一方、携帯電話メーカーは、ネットワーク以前の世界にとどまっていた。

ごく最近まで、ビジネスモデルの主流は「バリューチェーン」だった。ビジネスの手法を論理的に説明する言葉としては、パッとしない専門用語だ。バリューチェーンは、研究や新製品の企画開発からはじまり、次の段階で原材料やサービスを購入する。携帯電話の場合、電子部品やケースを購入する。さらに、製造、マーケティング、販売、物流へと進み、最終製品である携帯電話が顧客に届けられる。「バリューチェーン」は、「パイプライン」ビジネスとも呼ばれる。ビジネスがサプライヤーから顧客へと直線的に展開されるからだ。

ここで留意すべきなのは、パイプライン・ビジネスが、典型的な八〇対二〇の世界だということだ。利益の大半が比較的少数の生産者——全体の五分の一程度にもたらされるが、それでも八〇対二〇の法則に則り、勝ち組は三社から五社、あるいはそれ以上存在する。利益が少数の企業に集中するといっても、たいてい二社以上だ。

では、ネットワーク・ビジネスは、パイプライン・ビジネスとは具体的にどう違うのか。ここが混乱しやすいところだが、ネットワークのベンチャー企業にもパイプラインは必要だ。たとえばアップルは、いまでもｉＰｈｏｎｅを設計し、原材料を購入し、製品をつくらせ、販売しなければいけない。だが、ネットワーク・ビジネスは違う。そして、ほぼつねにすぐれている。自分たちの役割やサービスをまったく違う方法で生み出しているからだ。ネットワークの本質は、市場の二つ以上のプレーヤーを結びつけ、双方にとって、さらに自社にとって有利になるように、市場を編成していく点にある。

スティーブ・ジョブズは、ノキアなどの旧来型のパイプライン企業と違って、携帯電話を顧客にただ売りたいとは思わなかった。ジョブズがしたかったのは、アプリの開発者とアプリのユーザーを結びつけることだ。オンライン・ブックメーカーのベットフェアのネットワークが、一方に賭けたい人と、逆の見方に賭けたい人を結びつけたように。アプリの開発者は、顧客がどんな人かを知る必要もないし、開拓する必要もない。アプリを使ってくれそうな顧客は、アップルがすでに抱えているのだから。ｉＰｈｏｎｅユーザーがすべて潜在顧客になる。

アップルがもっているのは「プラットフォーム」――携帯電話そのものと、それに関連する知的財産だ。プラットフォームは、その所有者に莫大な利益をもたらす。さらにプラットフォームの運営ルールを設定するという重要な武器を与えてくれる。誰を（どのアプリ開発者を）プラットフォームに載せるのか、開発者とユーザーがどのように接触するかは、アップルが決める。ジョブズは、ポルノのアプリを許さなかった。

ベットフェアの賭けサイトでも、アップルのｉＰｈｏｎｅのプラットフォームでも、市場は驚異的に成長し、プラットフォームの所有者に莫大な利益がもたらされているが、この背景にあるのがネットワーク効果である。スマートフォンが増え、アプリ開発者が増え、アプリのユーザーが増えている。誰にとっても市場が大きくなっているのだ。

ジョブズがプラットフォーム・ビジネスで大当たりしたのは、ｉＰｈｏｎｅが初めてではない。一度めはｉＴｕｎｅｓだった。二〇〇三年の音楽業界の苦境を思い出してみよう。インターネット上にナップスターやカザーといった違法なファイル共有ソフトが登場し、無料かごく低額料金で曲が聴けるようになったため、ＣＤなどの録音媒体の売り上げは急減した。この惨状にレコード業界は一丸となって対抗しようとしたが、うまくいかなかった。こうした混沌とした市場に分け入ったのが、根っからの音楽好きのジョブズだった。「無料でダウンロードしても、信頼できない。多くの曲は七歳の子がエンコードしたもので、いい出来とは言えない」。無料ダウンロードでは、アルバムのジャケットもついて来ないし、プレビューもできない。「最悪なのは、これは窃盗だということだ。罪になることはしないほうがいい[2]」

ｉＴｕｎｅｓストアは、多くのレコード会社やアーティストの参加が得られ、二〇万曲からスタートした。これがすべて九九セントで手に入る。海賊サイトなら一五分もかかるダウンロードもわずか一分で完了だ。ｉＴｕｎｅｓのトップ、エディ・クーは、半年で一〇〇万曲売れると大胆な予想を立てたが、蓋を開けてみると、わずか六日で目標を達成した。そしてアップルは、プラットフォームを所有しているというだけで、全売上の三〇％を獲得した[3]。

パイプラインからネットワークへのトレンドと、八〇対二〇の法則にどんな関係があるのか？

すべてが関係している！　八〇対二〇から九〇対一〇、九五対五をへて九九対一にいたる動きは、パイプラインからプラットフォームへ移行するなかで起きている。パイプライン企業——バリューチェーンのサプライヤー、たとえば、ノキアなどの従来の携帯電話メーカー——は、新たなプラットフォーム企業に敗れ去った。市場のリーダーが、パイプライン一辺倒の企業からプラットフォームを加えた企業に代わるとき、八〇対二〇は容赦なく九〇対一〇へ、さらには九九対一へと偏っていく。プラットフォームはパイプラインよりはるかに収益性が高いばかりか、ネットワーク効果があるため自然独占にもなる。生産者であれ消費者であれ、どうせ参加するなら最大のネットワークに参加したいと思うものだ。

パイプラインからプラットフォームへの移行が、時代を画す根本的変化である理由は二つある。

①ネットワーク市場はたいてい独占か二大寡占になる。さらに二大寡占は、規制で阻止されないかぎり勝ち組の二社が合併することで遅かれ早かれ独占になる。これは勝者総取りの世界であり、市場シェアの集中が一気に進む。
②八〇対二〇の世界と違って、九〇対一〇、九五対五、さらには九九対一の世界は、ナンバーワン企業と三位以下の企業の差が何十倍にも広がり、埋めようがなくなる。三位以下の企業が利益を上げられる可能性は限りなくゼロに近づく。ナンバーワン企業を倒そうなどという高望みは虚しいだけだ。競合企業や新規参入企業が希望をもてるとすれば、自社が制することのできる新たなセグメントをつくることしかない。

計算をしてみよう。市場の一〇〇社のうち二〇社が利益の八〇％を稼いでいて、利益がたとえば一〇〇ドルだとすれば、勝ち組二〇社の一社あたり利益は、八〇ドル割る二〇で平均四ドルになる。同様に、負け組八〇社の一社あたり利益は、二〇ドル割る八〇で〇・二五ドルになる。つまり、勝ち組は負け組の一六倍の利益を稼いでいることになる。これは八〇対二〇の法則の論理であり、下位八〇％ではなく上位二〇％に入ったほうが断然いいことはよくわかる。

だが、市場が九〇対一〇にシフトすると、勝ち組と負け組の差は埋めようがなくなる。ふたたび数字で確かめよう。勝ち組は全体の利益一〇〇ドルのうち九〇％を確保する。一社あたり利益は、九〇割る一〇で九ドルである。一方、負け組は、いまや全体でも一〇ドルしかなくなった乏しい利益を九〇社で分け合わなければならない。一社平均では、一〇ドル割る九〇で、一一・一セントである。勝ち組と負け組の利益の差は、九ドル割る〇・一一ドルで八一倍だ。勝ち組は一六倍ではなく、八一倍も儲かるのだ。

九〇対一〇が九五対五、さらには九九対一になっていくと、ひと握りの勝ち組と数多の負け組の差は無限大になる。こうした市場には、負け組の居場所がないのだ。勝ち組にはキャッシュの山が積み上がり、それを使って、その他大勢との差をさらに広げることができる。

ネットワークが次々生まれ、その価値が高まったことで、八〇対二〇の世界は九〇対一〇の世界へ急速に移行しつつある。その結果、企業の利益、キャッシュフロー、価値に与える影響は甚大になり、勝ち組と負け組の差は埋めようがなくなっている。

八〇対二〇の世界は偏っているが、九〇対一〇の世界は歪みが激しく、まるで異次元空間のようだ。話が抽象的だといわれそうなので、二、三、具体例をあげよう。

●ご存知のとおり、アマゾンはオンラインの書籍販売からスタートしたが、販売品目を拡大し続けている。顧客の購買プロセスを単純化して、膨大な顧客基盤を築き、その利用を切望する多くのサプライヤーのプラットフォームになった。アマゾンは販売品目を増やすことで――一人一人の顧客に書籍だけでなく、ありとあらゆる商品を届けることで――販売コストを引き下げ、スキルを強化し、サプライヤーに対する交渉力を強め、超低価格での販売を実現している。

一般に、新たな市場に参入し、新商品を投入するには多額の初期費用がかかるが、アマゾンの場合は必要ない。新たな市場に参入するたびに、競争力は高まり、競合企業が追いつくことはほぼ不可能になっている。アマゾンは先々、多少の値上げをしても圧倒的な競争力が失われることはなく、がっぽり儲けを確保することになるだろう。

●フェイスブックも、中身は違うが、同じトレンドのなかにある。つまり、市場支配力を高めることで、リターンが幾何級数的に増えていく。オンライン・マーケティングの大物ペリー・マーシャルは、こう説明する。

> ビッグ・ブルーにカネを払って宣伝してもらわない場合は、フェイスブック上のファンであなたの投稿をみてくれるのはせいぜい一〇%しかない。無料で得られるのは一〇%ということだ。この数字が増えるだろうか。
>
> そんなはずはない。いずれ八%になり、七%になり、五%になるだろう。ゼロになることはないが、いずれSNSにカネを払うことになるだろう。[4]

フェイスブックの利益がどれだけ莫大になるか、そしてその利用者のコストがどうなるか想像もつかない。

eコマースとネットワーク・ビジネスは同義語なのか?

eコマースとネットワーク・ビジネスは混同されがちだが別物だ。この際、はっきりさせておこう。インターネット・ビジネスではないネットワークはあるし、ほんとうの意味でのネットワークではないインターネット・ビジネスもありうる。

そもそもネットワーク・ビジネスは、インターネットよりずっと昔からある。たとえば、新聞や雑誌の広告欄は、買い手と売り手を結びつけている。利用者が多いほうが、商品やサービスは向上する。あらゆるネットワークの秘訣は、売買回転率の高さにある。買い手や売り手が増えるほど、取引が多様になり市場の厚みが増す。これは誰にとってもいいことだ。ネットワークやプラットフォーム・ビジネスを最近の発明だと思っている人もいるが、そうではない。広告を載せる新聞や雑誌はプラットフォームだと言える。格好の例が中古車売買専門誌の老舗オート・トレーダー誌だ。この市場を支配するネットワークであるというだけで、所有者に確実にカネが入るうまみのある事業になっている。ショッピングセンターも、成功しているネットワーク・ビジネスの一つと言える。ショッピングセンターは、あくまで売り手と買い手を結びつけるプラットフォームであり、売り手と買い手が一か所に集まるほどうまくいく。

インターネットのないネットワーク・ビジネスはありうるとしても、ネットワークでないインターネット・ビジネスなどあるのだろうか。

端的にいえば、ありうる。www.888.comのようなオンライン・カジノをみるといい。ビジネスとしてはうまくいっているが、ネットワーク効果を発揮しているわけではないし、八〇対二〇から九〇対一〇へ世界を動かす一翼を担っているわけでもない。カジノ・ゲームはパイプラインのようなものだ。カジノに複数のプレーヤーはいないし、コミュニティもない。顧客のデータが蓄積されるわけでもない。利用者の視点からみると、888の顧客が一万人であっても、一〇〇万人でも関係ない。規模が倍になっても、顧客に何かメリットがあるわけではないのだ。

もう少し詳しくみてみよう。これまでのように、パイプライン・ビジネスとネットワーク・ビジネスに分けるのは便利だが、これではネットワーク・ビジネスの重要な特性を単純化しすぎてしまう。ネットワーク・ビジネスにも幅があり、ネットワーク効果をどの程度発揮するかで変わってくる。ネットワーク効果がほぼないものから、強力な効果をもつものまでさまざまだ。

強力なネットワーク効果をもつビジネスの例はすでに取り上げた。ペットフェア、グーグル、フェイスブック、ツイッター、イーベイ、アップルのiTunes、iPhoneアプリ・ストア。最大のネットワークを所有するメリットは圧倒的で、ネットワークが大きくなればなるほど、商品やサービスも磨かれていく。結果として、ネットワーク企業は収益率がきわめて高くなり、(すぐれたプラットフォームが新たに開発されないかぎり)、競争圧力にさらされることもない。強力なネットワーク効果をもつ企業は、八〇対二〇の世界から九〇対一〇の世界に難なく移行し、たいてい九九対一に至る。

これに対し、アメリカのレンディング・クラブのようなピア・ツゥ・ピア型のクラウドファンディングのネットワークには、弱いネットワーク効果しかない。一見すると、貸し手と借り手が増えるほど、双方にメリットがあるように思える。だが、貸し手は容易に入れ替わることができるし、今後は個人でなく機関投資家が増えていくと考えられる。借り手にとっては、信用力の如何にかかわらず、現在の金利より高くなければ、ネットワークの規模は関係ない。

エストニア生まれで、イギリスを拠点とする個人間の資金移動サービス、トランスファー・ワイズはどうか。これは、通貨の異なる国の居住者に資金を手軽に移動できるサービスだ。個人間取引というのは、ある意味で幻想であって、実際はトランスファー・ワイズが、個人が移動したい少額の通貨をまとめて、効率的に動かしているのだ――たとえばポンドからユーロ、あるいはユーロからポンドの資金移動をまとめる。成功のカギは、個人間取引という要素ではなく、いたってシンプルな操作画面にある。もっとも、ただ一つだけ例外があり、個人間取引がウィルス的な成長（バイラル効果）を牽引していることはまちがいない。わたしがトランスファー・ワイズで送金すると、相手も使ってみようとなるわけだ。

厳密にいえば、バイラル効果はネットワーク効果とは違う。ひとまとめにして語られることも多いが、同じではない。バイラル効果で企業は急成長できるが、ネットワークが大きくなるからといって、商品やサービス自体がよくなるわけではない。

また、バイラル効果は、市場の集中度が八〇対二〇から九〇対一〇へシフトするのを後押しする。バイラル効果の恩恵が大きいのは最大手企業であり、規模の経済につながり、ひいては競争力が向上する。二番手以下の企業との差は広がるため、価格を下げたり、商品やサービスを改善したり、サービスを手厚くしたりすることができる。これはこれで結構だが、パイプラインの八〇対二〇の世界にも言えることだ。

バイラル効果と比べものにならないのが、強力なネットワーク効果だ。ネットワークが大きくなるにつれ、商品やサービスは自然に磨かれていく。ネットワーク効果があれば、大手企業は自分で何もしなくても規模のメリットを享受できる。もっと重要なのは、ネットワークが大きくなるほど、最大手の商品やサービスの優位性が高まって、二番手以下が太刀打ちできなくなる、ということだ。

つまり、企業集中を加速させている重要な変化は、インターネットではなく、ネットワーク・ビジネスであり、とくに並外れた収益性と急成長をみせる一握りのネットワーク・ベンチャーに収斂するトレンドである、と言える。とはいえ、今日、新たなネットワーク・ビジネスのほとんどはインターネット関連であり、インターネット誕生前にくらべて、ネットワーク・ビジネスは次々と生まれている。

まとめ

九〇対一〇の世界は、相互に関連し増幅しあう三つのトレンドがあり、企業の集中を促進し、とくにごく一握りの企業に利益が集中している。

①活動のかなりの割合——とくにうまみの多い活動——がネットワーク内で完結するトレンド。

②ネットワーク市場内で、八〇対二〇から九〇対一〇、さらにその先へと集中が進むト

レンド。

③個別のネットワークあるいはネットワーク型企業内で、取引条件がネットワークの独占事業者または独占に近い事業者に有利になるトレンド。消費者や取引先といった顧客の負担が増え、ネットワーク企業が儲かる一方になる。

新世界で豊かになるための実践的なアドバイス

成長しそうなネットワーク企業に目をつけておくと、圧倒的に有利だ。そのチャンスは誰にでもある。ニッチ市場で急成長しているトップ企業は、現時点で小さくとも、大きくなる可能性がある。そうできるのであれば、その企業で働く——草創期に入社し、ともに成長するのは理に適っている。急成長企業のほうが、圧倒的にチャンスが多い。成長の過程で、みずからチャンスをつくり出すからだ。低成長経済では、有能な人材に行き渡るだけのチャンスがないのが普通だが、成長企業では違う。たとえば、マイクロソフト、アマゾン、グーグルに入社した最初の二〇人は、ほとんどが億万長者になっている。億万長者になれたのは、彼らが地球上でもっとも有能な六〇人で、同じ時期に同じ場所に集中して出現したからだろうか。もちろん彼らは有能だが、すこぶる運がよかった、というのがほんとうのところだろう。

だとすれば、次のようにアドバイスできる。

●スタートしたばかりの新しいネットワークやプラットフォームを探すのに時間をかける。それを趣味にして、週に二、三時間は費やす。さらに、

●新たなネットワーク企業の一員になったら、経営者の立場で考える。ごく少額でもストックオプションや直接投資で、部分的な経営者になれる可能性はある。持ち分がごくごく小さくてもリッチになれる。企業の成長を加速させることを心がける。新しい会社で勝者になるには、意見に耳を傾けてもらえ、尊敬される人になることだ。

●投資家であれば、新興のネットワーク企業に的を絞ることを考える。プラットフォームの価値が誰の目にもあきらかになるまえの早い段階で投資する。わたしがキャリアをスタートさせた頃、小規模なネットワーク企業がいかに素晴らしく、ここまで急成長するのかがわかっていれば、ほかの類いの会社で働くことはなかっただろう。いまのあなたには、それがわかっている。あとは決断次第だ。

第19章 八〇対二〇の法則の未来とあなたの居場所

八〇対二〇の法則の未来は、正しく理解すればバラ色にみえるが、いま起きていることがわかっていないと戸惑いをおぼえるばかりだ。ほとんどの人にとって八〇対二〇の法則の未来は快適な場所とは思えないだろうし、勝手知ったる場所でもないだろう。大企業中心で育った人々にとって、世界はおおむね公正で予想できる場所だったが、ネットワーク中心の八〇対二〇の新世界は得体が知れない。

新世界をあえて定義すれば、こう言えるだろう。努力が報われるとともに、不要になっていく世界。「指揮統制型」の巨大企業が減り、非公式のネットワークがあちこちで生まれる世界。学歴で良い仕事が保証されない世界。不安定であることを前向きに受け止め、行動することによってのみ安定を確保できる世界。富とより良い生活への道が誰にも開けているが、みずから道を切り拓き、努力の森と凡庸というぬかるみを抜け出そうとしない者には門戸を閉ざしている世界。

八〇対二〇の未来は、きちんと定義されているわけではないし、矛盾にみち、わかりにくく、微妙なものである。自分がどうみるか、どう定義するかにかかっている。八〇対二〇の未来は、ひとりでに出現するものではない。隠れた金言を読み解き、自分の言葉にしなければならない。自分がやるしかない——材料はすべて揃っているが、最終製品になっていない。組み立てるのはあなたなのだ。あなたやあなたのチームがつくる製品は、わたしやわたしのチームがつくる製品とは違う。そこがいいところだ。成功と喜びに至る道は無数にある。それを発見し、具体化していくのだ。ほとんどの人には、なかなか理解できないかもしれない。とくに年配の人や自分の流儀にこだわる人には厳しいだろう。

あなたの八〇対二〇の未来に、出来上がった地図があるわけではない。だからこそ、挑戦しがいがあり、スリルがあり、わくわくする。地図がないのは、未来があなたの心のなか、あなたにいちばん近い友人や同僚の心のなかに存在するからだ。ほかのどこでもない。八〇対二〇の未来は不可思議で、曖昧で、霧がかかっている。そこが魅力的なのだが、情熱とビジョンがなければ、火をつけ、勢いを得ることはできない。必要なのは、見えない未来を信じる力だ。八〇対二〇の未来を目に見える形にするには、大きなアイデアを描き、それを信じて疑わず、情熱と理性、狂気とひらめきをもって実行することだ。さえない灰色の現実に押し潰されてはならない。

六〇対四〇や六五対三五の世界ならうまくいった方法も、八〇対二〇や九九対一の世界では通用しない。とはいえ、八〇対二〇の特徴はわかっている。想像力と強い意志があれば、これが新世界でも通用する指針になる。八〇対二〇の法則では取捨選択が重要だった。この点をふまえ、この短い章では、四〇年の探求のなかでわたしが発見した役立つヒントを五つだけお教えしよう。

ヒント1――働くならネットワークで

第18章では、未来はネットワークにあると述べた。したがって、働くならネットワークの世界だ。これはあなたが八〇対二〇の未来を楽しむための最強のヒントであり、心に留めておくべきことだ。ネットワークは正のフィードバックで拡大する。有名人はさらに有名になり、金持ちはさらに金持ちになる。トップ企業は独占企業になり、スキルのある専門家は、経験のないライバルとの差をどんどん広げていく。

ネットワークは駆け足で八〇対二〇に近づいている。ネットワーク・ビジネスが全体に占める割合はまだ小さいが、マネーの大半を生み出している。ネットワーク・ビジネスで働きさえすれば、幸先のいいスタートを切れる。そして、八〇対二〇の未来が花開くにつれて、そのリードは広がっていく。

幸先のいいスタートを切るのか、あたふたして結局何もしないのか。あなたの決断次第だ。

ヒント2――小規模で高成長

ネットワーク・ビジネスの世界ですでに出来上がった勝ち組企業――アマゾンやグーグル、フェイスブック、ウーバーの一員になるという手はある（ウーバーに入社するなら、運転手としてではなく、本社の一員になるべきだ）。だが、これは賢明とは言えない。パーティーの盛りは過ぎていて、大して楽しくはない。

輪に加わるなら、創業したばかりか、成長している企業がベストだ。そうすれば、あなた自身もあなたの能力も、会社とともに花開いていく。これもささやかな正のフィードバックがはたらく。ポールポジションでスタートした後、走りながら学べばいいのだ。誰もが手探りだ。いろいろ試しながらうまくいくことを確かめていくのはわくわくするものであり、誰よりも先に学ぶことができる。

カネに関することだけではない。創業者、従業員あるいは投資家として、わたしがいちばん楽しかったことは、規模は小さくても急成長している企業にあった。ベイン＆カンパニーもLEKコンサルティングもそうだし、ベルゴも、ベッドフェアもそうだ。そして現在はオート1だ。年率で四〇%から三〇〇%も成長する企業に身をおいていると、天下を取ったような気分になる。こうした企業は、他社が知らない何かを知っていた。急成長チームの一員であることで得られる、個人としての成長と醍醐味は、経験してみなければわからない。ある種の麻薬のようなものだが、心地よい副作用しかない。売り上げが毎年倍以上になりそうな小さな企業を、わたしはつねに物色している。

従業員が一〇〇人未満で、売り上げが最低でも前年比三割増の企業がいい。理想としては、従業員が二〇人未満で、毎年売り上げが最低倍になっている企業が望ましい。

ヒント3――働くなら八〇対二〇の上司のもとで

八〇対二〇上司とはどんな人か。本人が意識しているかどうかはともかく、八〇対二〇の法則を体現している人だ。仕事ぶりをみればわかる。

●ごく少数のことに焦点を絞っている。それは、顧客に大きな影響を及ぼすこと、また仮に上司がいる場合、上司に大きな影響を及ぼすことだ（最高の八〇対二〇上司は、自分自身が上司の制約を受けない人たちだ。上司がいたとしても一時的であるのが望ましい)。

●短期間で成果を出している。

●時間が足りないということはなく、ストレスを溜めることがない。仕事中毒ではなく、いつも悠然としている。

●部下に期待するのは価値あるアウトプットであり、時間や労力といったインプットは気にしない。

●自分が何をしているか、それはなぜなのかを時間をとって部下に説明する。

●最小の努力で最大の結果が出せることに的を絞るよう、部下に促す。

●部下が最高の結果を出したときは褒め、そうでないときは建設的な批判をする。重要でない作業をやめ、重要な仕事を効率的にやるよう提案する。

●部下を信頼しているときは、すべて任せ、指導を仰ぎたいときだけ来るよう促す。

八〇対二〇上司のもとで働くのが、なぜ重要なのか?

八〇対二〇上司は、あなたの手本になる。あなたが成果を出せば、より大きな責任を任され、あなたが上司の仕事を引き継ぐことになるだろう。自分の仕事は部下に引き継ぐ。また八〇対二〇上司が昇進すると、あなたも昇進する可能性が高い。上司が他社に移れば、一緒に連れて行かれる可能性もある。ビジネス、スポーツ、エンターテインメント、学術、どの世界もそうだが、ほんとうの意味で成功している人は、どこかの段階で、こうした八〇対二〇上司のもとで働いたことがあるはずだ。

ある分野で勢いを得るのは簡単ではないが、すでにあるものを利用するのはそれほど難しくない。だとしたら、自分で勢いをつくるよりも、まずは上司の勢いを借りたほうがいい。

いち早く成功している人の後方につき、風よけしてのし上がるほうが、自分で流れを起こすよりずっと簡単だ。つまり、最初は、「自分が何者か、何をするか」よりも、「誰の下で働くか」のほうが重要なのだ。問題にぶつかるのは自分のことばかりではない。むしろ、ほとんどが上司のことだ。

いまの上司は八〇対二〇上司だろうか。そうでないなら、急いで見つけたほうがいい。あなたのキャリアが大きく飛躍するだろう。

ヒント4――八〇対二〇のアイデアをみつける

生き残っている企業には、他社とは多少は違う、それなりのアイデアがあるものだ。だが、偉大な企業はまったく違う。それを支えるアイデアも別物だ。そのアイデアがあればこそ、「他社に真似できない」安値を実現し、「真似できない」商品やサービスを提供できる。どちらも、少ない労力で大きな成果を上げるアイデアだ。これが八〇対二〇アイデアである。

八〇対二〇アイデアは、ビジネスにかぎらない。偉大な活動、社会運動、成功している組織や機関には、それを支える偉大な八〇対二〇アイデアがあるものだ。適度なエネルギーで、目覚ましい成果をもたらすからこそ、アイデアは花開く。一八〇七年、アメリカとイギリスは、奴隷貿易を廃止した。イギリスでは奴隷船の船長に、奴隷一人につき（当時としては多額の）一二〇ポンドの罰金を科し、王立海軍が特別部隊を編成してアフリカ沿岸の監視にあたった。一八三四年、イギリスの奴隷は全員解放された。奴隷制が奴隷にとっては酷い制度なのはいうまでもないが、所有者にとってもみずからの品位を落とす悪であり、馬鹿馬鹿しいほど非効率な経済システムだった。コストを差し引いても、奴隷制を廃止するメリットは絶大だった。

わたしが生まれてから起きたアメリカの公民権運動や南アフリカのアパルトヘイトの撤廃も、良いことずくめで、差別主義者が予想したマイナスは何も起きていない。真善美を実現するための運動に加わること——それは誰にでもできる最高の行いの一つだ。こうした活動は本質的に八〇対二〇の性格をもつ。抑圧された者だけでなく、解放する側の人間にも、そして真実を語る者にも、計り知れない恩恵をもたらす。メリットがはっきりしている正義のために汗を流すことほど、気持ちがいいものはない。

幸せになりたい、善きことのために尽くしたいと思うのであれば、キャリアや人生のどの段階でも、八〇対二〇のアイデアを実践しているグループの一員になることだ。自分の「エネルギー」を枯らしたり、有限の資源を浪費したりすることなく、顧客や市民により豊かな生活を提供すること――それが八〇対二〇アイデアだと言えるだろう。

ヒント5――ご機嫌で役立つ変わり者になる

八〇対二〇の未来は、自分の流儀にこだわる人には居場所がない。四角い穴や丸い穴に自分をはめようとしても、はまらない。そもそも最初から、あなたのために用意された穴などないし、あなたのための役割もない。ネットワークが放射状に延びているだけだ。組織に面倒をみてもらおうと期待している人にとっては、およそ見慣れない光景だ。

軍隊などやむをえない少数の組織は別にして、個人が合わせるべき鋳型などは存在しない。産業心理学者など用なしだ。八〇対二〇の未来では、それぞれが、自分に合った鋳型をつくり出すことで、自分にも周りにも最良の結果をもたらす。自分の鋳型では、自分の行動と、自分が何者であるかが一致する。そして、自分の鋳型と他人のそれとは違っている。少ない労力で多くの成果を上げるには、自分史上最強の鋳型をつくるしかない。

もうそれを手にしているだろうか。自分なりの鋳型をつくっただろうか。あるいは、いま、つくっている最中だろうか。

ほとんどの人は――個性の大切さを説く本書を手にしている、そこのあなたですら――腑に落ちたとはいえないのではないだろうか。わたしですら、心もとない。自分なりの鋳型をつくるというのはわくわくする考え方だが、われわれの文化や勤労習慣とは対極にある。

間違ってはいけない。八〇対二〇の未来に必要なのは個性であって、その個性に報いるものなのだ。八〇対二〇の未来は、良き従業員になるために身につけるべき勤勉さや規律、駆け引き、妥協といったものに報いることはない。八〇対二〇の未来で報われるのは、ユニークな革新者である。

そうはいっても、個性だけで十分とは言えない。個性だけで十分なら、他人の自分に対する評価など気にせず、奇抜さだけを目立たせればよい。たしかに芸術家や作家、あるいはエンターテナーなど、ある種の職業にはそのような側面がある。ゴッホの絵は、本人が生きている間には一枚しか売れず、ロンドンのハイゲートで開かれたマルクスの葬儀は寂しいものだった。だが、一般人のわれわれは、生きている間に適度なエネルギーで偉大な成果を出すのが望ましい。

「適度なエネルギー」とはどういうことか。それを理解したほうが早いかもしれない。ここで多少、条件をつけておかなければいけない。誰しも、大して面白くもない仕事やプロジェクトで、長時間労働を強いられた経験があるはずだ。こんなことをしていると、精も根も尽き果てる。創造力が奪われる。普通ならすぐに回復するところだが、なかなか回復せず、楽観的な見方もできなくなる。わたしがそんな仕事の仕方をしていたのは、ボストン・コンサルティング・グループにいたときだ。現場にいた二〇代後半のその四年間は、つらくて長かった。壊れる寸前だった。

逆に、誰しも、プロジェクトで働くことの楽しさも経験しているのではないだろうか。——高報酬の仕事についている幸運な人は、じつは食べていけるのであれば報酬がもらえなくても長時間働くかもしれない。それは愛ある労働だ。精根が尽きることはなく、逆にエネルギーをもらう。つまり、時間が足りないとよく言うけれど、足りないのは時間ではない。ほとんどの人に足りていないもの——それは喜びだ。

わたしの言う「適度なエネルギー」とは、「喜びを奪うことをするな」という意味だ。喜びが増えることなら、それをすることで逆にエネルギーをもらうのだから、言うことない。しなければいけないのは、自分が好きになれる仕事、周りに評価され、報酬をもらえる仕事をみつけることだ。報酬はカネでも評価でも、あるいは愛でもいい。ほんとうのところは、これらの組み合わせが必要だ。ペットの子犬でもないかぎり、カネだけでも、愛だけでも生きていけないのだから。

周りの人に喜びを与えること、自分にとっても喜びになるが貴重なエネルギーを枯れさせないようなことを見つけるには、一生かかるかもしれない。ここまで読んできた読者には、もうこれで十分かもしれない。答えがわかっている人もいるだろうし、潜在意識に聞けば、数時間か数日で答えが手に入るかもしれない。

どこかの時点で、自分なりの八〇対二〇の型をみつけ、自分が心から喜べることができるようになるだろう。すぐに取りかかり、自分なりの答えを探し続けたほうがみつかりやすい。「ご機嫌で役に立つ変わり者になろう！」。それぞれが個性を活かし、顧客や周りの人が喜ぶ成果を出すとき、世界はもっと良くなる。

八〇対二〇の未来をおわかりいただけただろうか。手強いが、間違いなく素晴らしい世界だ。八〇対二〇の未来は、奴隷社会の対極にある。そして、それが取って代わろうとしている指示命令型の産業社会とは質的に異なり、より良い世界である。

わずかな労力で大きな成果を出すこと、しかも自分らしい意志の力を活かしてそれを実行できることほど嬉しいことはない。八〇対二〇の未来の個人の仕事は、より少ない労力でより多くを生み出すこと、しかも、自分にしかない知識と洞察を駆使して、楽しみながらそうすることだと言える。この輝かしい未来は、本質的には個人的なものだが、すぐれて社会的なものでもある。誰もが存分に味わえることを願っている。

第V部

八〇対二〇の法則の検証

第20章 八〇対二〇の法則の二面性

うれしいことに、これまで初版の読者からたくさんのメールをもらった。メールと同じくらい貴重で、メール以上に刺激的だったのは、アマゾンのサイトに掲載されたレビューの数々だ。その数は、現時点で二〇〇件以上にのぼる。こうしたメールやレビューは、八〇対二〇の法則のはたらきについて、とくに効率を高め、人生を豊かにするという二つの側面の関係について、新しい見方をもたらしてくれた。

レビューのなかには、わたしの本や法則そのものに対して、きわめて批判的な意見もあった。それらはわたしにとって、とくに挑戦しがいがあり、ためになるものだった。批判的な意見は、大きく二つに分けられる。「八〇対二〇の法則は、そもそも個人の生活にあてはめられるものなのか?」、そして「八〇%も、ほんとうは重要なのではないか?」だ。これらの疑問については、章の後半で取り上げることにしよう。

わたしがとくに心を動かされたのは、八〇対二〇の法則を活かして仕事を楽しんだり、儲けたりできるようになった、という話ではない。八〇対二〇の法則を知ることで、人生でほんとうに大切なことに集中できるようになった、という話だ。

とくに感銘を受けた逸話を紹介しよう。「幸せな結婚生活を送り、三人の素晴らしい子どもに恵まれた」五〇歳のカナダ人男性の話だ。プライバシーに配慮して仮の名をダレルとするが、名前以外に変えた点はない。ダレルは教育者として成功し、現在は大きな校区の責任者を務めている。三年前、彼は非言語性学習障害があると診断されたという。

認めるのはつらいことでしたが、診断が正しいことは自分でもわかっていました。……駐車場で車を停めた場所がわからず探し回ったり、目の前にある書類や、ときには手に持っている書類に気づかずに机のなかを引っかきまわしたり、といったことが度々あったことを思えば、診断結果には納得せざるをえませんでした。特別な配慮が必要な子どもを支援するのがわたしの大事な仕事だというのに、当のわたしが特別な配慮を必要としていたわけです……。

これまで多くの論文を発表し、教員はリーダーを目指すべきと主張してきました。校長だった頃、わたしより教員のほうがうまくやれることがたくさんあったので、不得意な仕事の八〇％は彼らに任せました。彼らが推薦してくれたおかげで、わたしは一九九九年にリーダーシップ賞を受賞しました。わたしが教員に権限を与え、応援したのは、心からそうしたいと思ったからでしたが、必要に迫られたからでもあったのです。でも、彼らはそれを知りません。
わたしがこの仕事を勤め上げられた秘密は八〇対二〇の法則にある——あなたの本を読んで、そう気づきました。これからは、学習障害を抱える人たちが、得意な一〇％に集中できる環境を整えるために、この法則を活用したいと思っています。……そして、そう遠くない将来、わたしはこれまでの鎧を脱ぎ捨て、自分のほんとうの姿をみんなに知ってもらおうと思っています。

ダレルは、「弱さのなかにパワーをみつける」と題した感動的な論文を書き、八〇対二〇の法則の斬新な活用法を示している。かいつまんで説明しよう。弱みがあきらかになれば、強みにもっと頼れるようになる。そうせざるをえないからでもあるし、自分の弱みと他人の強みのギャップに気づくからでもある。周りに支えられていることに感謝し、そのお返しに、自分がたまたま授かった強みを活かして周りを助けようとする。自分の弱みを否定したり、克服したりしようとすると、自分の強みを発揮できないだけでなく、周りの人たちが強みを発揮する場を奪うことにもなるのだ。

読者による発見

読者の素晴らしい発見、興味深い発見をいくつか紹介しよう。まずは、シーン・F・オニールの手紙から。

一九二〇年代のアメリカに、エドムンド・ウィルソンという有名作家がいた。アメリカ人にマルセル・プルーストを紹介した人物だ。ウィルソンにとっての二〇%は調べ物と執筆だったが、優先順位の低い八〇%をどうやり過ごしたか。次のような断りの葉書を、出していた。

「エドムンド・ウィルソンは、遺憾ながら以下のご依頼にはお応えできかねます。原稿の精読。依頼に基づく記事や本の執筆。編集作業。文学賞の審査。インタビュー。講師。講演。スピーチ。作家会議への出席。質問への回答。シンポジウムやパネルへの寄与や参加。宣伝用の原稿、著作の図書館への寄贈。見知らぬ人へのサイン。レターヘッドへの名前の使用。個人情報の提供。本人の写真提供。文学などに関する論評」

マイケル・クラウドは、自分の仕事に注目した。

わたしの収入源である仕事（スピーチライターと資金調達）について、八〇対二〇分析をしたところ、昨年は収入の八九％を労働時間の一五％、労働量の一五％で稼いでいることがわかりました。そこで収入の一一％しか生み出していない、仕事の八五％を捨てることにしました。労働時間を七〇％減らし、効率のいいプロジェクトに取り組む時間を二倍に増やしたところ、収入が二倍以上増えました。

そこでわたしは、友人やクライアントに、『八〇対二〇の法則』を買って読むべし、成果が上がらなかったら本の代金二五ドルを倍にして返す、というメールを送りました。メールを送った一〇七人のうち、三八人が本を買って読んでくれました。みな読んでよかったと言っています。……マーケティング担当の副社長は、部下に読ませるためまとめ買いしたそうです。

マイケルは四つの新たな見方を示してくれた。

①八〇対二〇の法則の本を読み、考え、自分にあてはめてみるよう周りに勧めること

は、自分のためにもなる。……地域や職場、国民の二〇%が、世の中の個人の二〇%が八〇対二〇の法則を実践すれば、とてつもない効果が上がるはずだ。ダ・ヴィンチやモーツァルトやアインシュタインが大勢いる世界――誰もが強みを発揮できる世界――に生きたほうが楽しいものだ。

②既存のものを手に入れてうまくいく場合もあるが、たいていは失敗する。とくにコストがかかり、負担の大きい二〇%――毒性のある二〇%について、短い本を書いてもらいたい。

③ポーカーの名手は、途中で勝負を降りることが少なくない。ラリー・W・フィリップスが『禅とポーカーの奥義』で書いたように、「持ち札が良い一五%から二〇%のときに勝負し、あとはすてることだ」

④ジム・コリンズの『ビジョナリー・カンパニー2』の第4章で、ヘッジ・ホッグの概念が紹介されている。これは、八〇対二〇の法則の輝かしい応用例だ。

香港のテリー・リーは、カオス理論との関連を指摘してくれた。

たしかに宇宙は不均衡である。均衡がとれていたらビッグバンはなかっただろう。ボトルネックの改善や活用に焦点をあてたエリヤフ・ゴールドラットの『制約理論』

は、八〇対二〇の法則の特別版だと言えると思う。この本では、ボトルネックとなる少数の原因――たいてい、たった一つの原因に集中せよ、それによって計り知れないパワーが湧いてくる、と言っている。

この制約理論は、八〇対二〇の法則と同じように、仕事にも生活にも活かせると思う。

●仕事上で、克服すれば生産性が五倍、一〇倍、二〇倍と上がる制約とは何だろうか。上司だろうか、失敗に対する恐れだろうか、そもそも適性がないのか、優柔不断なのか、適切な協力者がいないのか、それとも、これらすべてだろうか。制約となっているもの、生産性の大幅な向上を阻んでいるものは何だろうか。特定できれば、それを取り除くようはたらきかけることができる。

●日常生活で、人生を謳歌し、愛する人たちを幸せにすることを阻んでいるものは何だろうか。大きな原因が一つあるはずだ。それは何だろうか。

八〇対二〇の法則は、ほんとうに個人の生活に活かせるのか?

八〇対二〇の法則がビジネスの世界で活かせるとの見方には、みごとなまでに異論がなかった。ある読者は、この法則の恩恵を受けた異色の「ビジネス」の事例を教えてくれた。テキサス州の教会の牧師であるマーク・シュック博士は、法則を活用して集会の参加者数を三〇〇倍に増やしたそうだ。

『八〇対二〇の法則』を読んだことで、わたしの人生は変わりました。わたしはテキサス州サイプレスの教会で牧師を務めています。以前は居間に五人が集まる程度でしたが、八〇対二〇の法則に従った結果、二年半後には平均で一五〇〇人が集まるようになりました。わたしどもは八〇対二〇教会と称しています。この法則で教会の信者まで増やせるとは、著者のあなたもさすがに思ってもみなかったでしょう。

だが、その後、もっと大規模な「八〇対二〇教会」が存在することを知った。シカゴ最大のメガ・チャーチの責任者ヴェロニカ・アブニーからもらった手紙には、こう書いてあった。「わたしどもの教会は、信者が二万五〇〇〇人いて、シカゴ・ブルズの本拠地で、マイケル・ジョーダンがプレーしたユナイテッド・センターに隣接する講堂で集会を開いています。八〇対二〇の法則を活用して、信者の数を現在の二万五〇〇〇人から五万人に倍増したいと考えています」

ビジネスから始め、それにとどまらず人生全般に法則を活かした読者もいる。こうして人生に活かすことこそが、八〇対二〇の法則のわたしの解釈で画期的な点だと思う。サンフランシスコの不動産会社で企業移転部門の責任者を務めるケヴィン・ガーティは、次のように語ってくれた。

わたしは生活のあらゆる面に八〇対二〇の法則をあてはめ、めざましい成果を上げています。朝はゆっくり目覚め、仕事は早い時間に切り上げていますが、余裕で一〇万ドル以上稼いでいます。八〇対二〇の法則らしきものは、ニュージーランドで過ごした幼いころから実践していますが、あなたの本を読んで、この方向でいいのだとお墨付きをもらえた気がしました。いまでは堂々とのんびりしていられます。

ケヴィンはまったく正しい。

インドネシアのあるレビュアーは、八〇対二〇の法則の要諦は的を絞ることなので、仕事にも生活にも同じように活かせると書いている。「重要なのは選択だ。人生でもっとも重要なことだけに取り組めばいい。だからこそ、最小の努力で最大の成果を出せる。これが、もっとも簡潔な説明だ」。日本人のレビュアーはこう書いている。

二年ほどまえにこの本を読んだ。自分が働いている四つの会社で、この理論を応用してみた。働く時間を二五％減らす一方、当初の年収は維持した。その間に自分で事業を起こした。浮いた時間は、人生をもっと楽しく過ごし、経済的に楽になるにはどうすればいいのかを考えるようにした。自分の時間、カネ、努力のどこに無駄があるかを探り、時間とカネを増やすには努力をどこに向ければいいかを考える、シンプルな方法だ。わたしはこのやり方を、日本語の勉強やエクササイズなど思いつくものに応用したいと思っている。

「子どもに八〇対二〇の法則を教えれば、自立できる力がつくので、家を出て行ってくれる」と書いてきた読者もいる。

だが、この法則を私生活にあてはめることについては、懐疑的なレビュアーがいるのもたしかだ。アマゾンのレビュアーの一人は、こう書いている。「著者は八〇対二〇の法則をビジネス以外の分野（具体的には、人間関係）にあてはめようとしている。意図はたしかに素晴らしいが、場違いであり、論じるべきではなかった」。このレビュアーは親切にも、法則をビジネスに応用するという点では、この本には真珠が隠されているので、「潜って獲りに行く価値がある」と言ってくれた。だが、私生活について書かれていることは無視せよ、という。

二人目のレビュアーは、こう言う。

この本は、経済と社会からみたビジネスの現実を正確に評価している。だが、著者のコッチはさらに、八〇対二〇の法則を成功や幸福、生活全般にあてはめようとしている。なかにはうなずけるものもあるが、ビジネスの世界から離れるにつれて、根拠が弱くなっているようだ。

八〇％もまた重要ではないのか？

第二の批判は、大した成果を生まない八〇％の活動を止めてしまうのは、そもそも現実的なのか、もっと言えば望ましいのか、というものだ。この点で雄弁に批判を繰り広げているのが、いまもアマゾンに投稿が残るチョー・チン・「コーンホリオ」である。彼のレビューは、全文を引用する価値がある。

アイデアは面白いが、星五つのうち二〇％は取ることにした。というのは、そもそも人生という、著者がモノを言う資格がない分野で法則の活用法を指南するなど、馬鹿げた部分があるからだ。著者は反対意見をいくつか取り上げ、ひとつずつ潰している。だが、答えていない重要な批判がある。わたしは香港生まれの中国人だが、中国五千年の文化では、陰と陽にはそれぞれ与えられた役割がある。著者はこの点を無視しているようだ。

たとえば著者は、自分の生活を分析して、幸福の八〇％をもたらす二〇％を特定し、その二〇％だけに集中せよ、と指南する。わたしは何年かまえに試してみたが、人生は一向によくならなかった。人生は仕事と遊びのバランスだ。二〇％の陽の活動が楽しいのは、八〇％の陰の活動から解放されるからこそだ。

ハンバーガーの美味しさの八〇％は、バンズにはさまれた二〇％の肉の旨みだ。だが、上下のバンズを取り除いたら、肉の味が強すぎて、旨みがなくなってしまう。

同じことだが、新婚旅行や卒業旅行でヨーロッパに行くのは、わくわくするものだ。だが、何度も行けば、限界効用逓減の法則で退屈になる。

八〇対二〇の法則は、ビジネスには見事にあてはまるが、遊びにはあてはまらない。著者はセックスの悦びの八〇％が二〇％のクライマックスから得られるので、（陰）の前戯はまったく必要ないとでも思っているのだろうか。

イギリスの元閣僚のカー卿も同じような疑問を持った。親交のある駐イギリス大使から、次のような卿の言葉を伝え聞いた。

わたしは延々と続くディナーやアメリカの指導者層との付き合いといった、取るに足らないことに時間のほとんどを使っていると思われるかもしれない。だが、こうした時間は無駄ではない。いざという時に、誰が頼りになり、誰が信用できないかがわかる。危機になると、こうしたことがモノを言う。だから、「無駄な時間」は、ちっとも無駄ではないのだ。

同じような意見は、他からも聞いた。効率を追求すれば——価値の低い活動のほとんどを止めてしまえば、結局は自分のクビを絞めることになるのではないか。こうした懸念は正しい。効率にばかりとらわれ、大事なことだけしかやらなくなると、自分自身や企業、さらには社会の新陳代謝に必要な活動も止めてしまうことになりかねない。

「公園はどうなんだ?」と友人の一人から問いただされた。「公園は封建主義の遺物で、君が言う八〇%に入るのかもしれない。すべてをコストで考えれば、公園など置いておけない。資本に対する見返りがないのだから。住宅や商業施設ほどの価値はない。だが、公園をなくすと、まったく魅力のない街になってしまう」。友人はヨハネスブルクを念頭において、そう言ったのだろう。ヨハネスブルクの郊外は快適だが、中心部には公園や空き地がほとんどない。偶然ではないが、世界でもとくに危険な都市の一つだ。

これに関連して、仕事や生活のなかの非効率な要素を取り除くと、冷酷で非情な人間になり、目先の経済的な成果だけを追い求め、伝統をないがしろにするのではないか、という懸念がある。アンドリュー・プライスは著書『スローテク――傷つき果てた地球のためのマニフェスト』で、こう書いている。

漁獲量が圧倒的に多い沿岸部は、大洋のごくごく一部にすぎない。八〇対二〇の法則に従えば、沿岸部で漁をすべき、ということになる。そして、まさにそのとおりに沿岸漁業が行われてきた。

だが、乱獲によって資源量は激減してしまった。それだけにとどまらない。豊かな沿岸部は、産卵場でもある。沿岸部の資源が減ると、再生産にも影響が出て、たったいま獲るための魚が減るだけでなく、将来の産卵量も減ることになる。

八〇対二〇の法則の信者にとってのメッセージはあきらかだ。きわめて価値の高い二〇%に的を絞る努力は、資源の利用だけに向けるべきではない。利用しないことにも向けるべきだ。そうでなければ、魚の例が示しているように、早晩、枯渇してしまう。もう一つ重要なメッセージがある。今年、漁師の懐を潤した魚や、過去一〇年、生態系のなかで価値の高かった種が、将来もそうである保証はない。地球と地球上の資源は、長期にわたって一定であり続けることはないのだ。

わたしが示した法則の活用例に対する批判は、以下の三つに大別できるだろう。

●無駄を排除することに対する懸念。八〇対二〇の法則を効率化のための手段だとみなすと、効率的になるどころか、きわめて非効率になりかねない。無駄を省くのはおおいに結構だが、深く追求しなければ、価値あるものを得たり、楽しんだりすることはでいない。本の二〇%を読めば、主張の八〇%はわかるかもしれないが、自分にとってほんとうに大事な本なら、最初から最後まで読みとおしたいと思うはずだ。たとえ、読み終えたときにがっかりすることになるとしても。二〇%の努力で八〇%の成果を得るのは、仕事や人生に臨む態度としてあまりに単純で物質的に思え、まっとうなやり方とは言えない。

●持続可能性に対する懸念。八〇対二〇の法則で、現時点でうまくいっていることばかりに注目すると、将来うまくいかなくなる危険性があるのではないか。こうした懸念は、ビジネスにも人生全般にも同じようにあてはまる。

●バランスに対する懸念。チョー・チンが言うように、人生において「最善」の部分だけに的を絞ることはできない。人生には山も谷もあるからこそ、山が山だと感じられるのだ。これに対し、ビジネスでは、バランスは問題にならない。高度に専門化した――つまりアンバランスな企業がしのぎを削ることで、経済は進歩するからだ。だが、人間の幸福にとっては、バランスこそ重要だ。

法則の二面性の意義

読者の意見や感想を読むうちに、八〇対二〇の法則には、かなり違った、ある意味では正反対ともいえる面があることに気がついた。

一方に、効率性という側面がある。これは、最小の努力と最短の時間で成果を上げたいと思う領域だ。一般に、目的達成のための手段としては必要でも、大して重要でない物ごとがこの領域に含まれる。たとえば、仕事以外にやりたいことがあって、仕事はもっぱら生活費を稼ぐための手段だと割り切っているのであれば、仕事はこの「効率」の領域に入る。仕事は八〇対二〇の法則を使ってできるだけ効率的にさっさと終えて、ほんとうの生活を送りたいと考えている。このため二〇%のアプローチが、この法則の活用すべき方法となる。生産性の高い二〇%に集中し、それにかかわる時間を二倍にし、二〇%の枠に入らないものはできるかぎり排除する。第10章の「時間革命」の例に照らせば、効率の高い二〇%のことに二日を費やし、残り五日は自分がほんとうに好きなことにあてるべきだろう。単純化して言えば、仕事の価値を以前の一六〇%に高めることを期待できる（二〇%にあたる働く二日のそれぞれで、八〇%の成果を上げる）。働く日数を、週二日に減らすこともできないわけではない。

効率の側面は、仕事以外の取るに足らない雑事にもあてはめることができる。たとえば、付き合い上、会わなければならないが、本音では会いたくない人、やりたくはないがやらずに済ますわけにはいかない義務、税金の支払い、ごみ出し、趣味ではない庭仕事などが、この領域に入る。とくに重要で、八〇%の成果をもたらしてくれる二〇%をみつけ、できるだけ素早く、できるだけ力を使わずに終わらせることだ。

他方、八〇対二〇の法則には、人生を豊かにするという側面もある。この領域に入るのは、自分の人生にとってほんとうに大切なこと、仕事であれ人間関係であれ達成したいこと、楽しくて仕方がない趣味、達成感を味わえるもの、死の床で慰めとなるものだ。過去を振り返り、将来に思いを馳せ、今この瞬間を楽しむとき、温かい気持ちになり、生きていてよかったと思うこと。これらはすべて、人生を豊かにする領域にあてはまる。アメリカの偉大な産業心理学者アブラハム・マズローは、衣食住などの物質的なニーズを「衛生要因」と名づけ、満たされていないときには重要だが、いったん満たされると重要性が低下すると論じた。わたし流の解釈では、衛生要因は効率の領域に入り、二〇％の解決策、最小の労力で最大の効率を発揮する解決法が必要だ。

八〇対二〇の法則が、人生の優雅さとでも言えるものを実現し、高めるのに欠かせないのには二つの理由がある。第一に、人生でほんとうに大切なものと向き合うのに役に立つからだ。自分にとってほんとうに大切で、人生を有意義にしてくれる少数の人やモノは何だろうか。よほど貧乏だとか、悲惨だとかいうのでなければ、カネや重要な仕事、地位といったものは人生で大事なものではなく、目的のための手段でしかない。カネや仕事や地位は、手に入っても、いずれ離れて行くものだ。表面的なものであり、心や魂を揺さぶられることもないし、それによって自分は何者かが決まるわけでもない。衣食が足りているとすれば、人として大事なのは、愛し愛されること、自分らしさを表現すること、成果を上げるとともにリラックスすること、考え創造すること、自然や人とふれあうこと、そして何より、愛する友人や家族の生活をより良くすることだろう。

第二に、八〇対二〇の法則を活用すれば、こうした人生の豊かさを実現するための余裕が生まれる。取るに足らないことは、てきぱきと効率よく片づけ、エネルギーを温存しておけば、自分の人生にとってほんとうに大切なことのために費やす時間ができ、余裕が生まれ、心の静けさを得ることができる。大事なことを片隅に追いやるのではなく、本来あるべき舞台の中央に押し出し、人生の核にすることができるのだ。

人生の本質的な部分について言えば、人の個性や運命を決めるのは二〇%かそれ以下である。そこには、時間やカネを出し惜しみせず、エネルギーを注ぎ、魂を入れるべきだ。効率を高めるには、二〇%のアプローチが必要だ。だが、人生を豊かにするものについては、二〇〇%、二〇〇〇%、いや二〇〇万%を注ぐだけの価値がある。人生を豊かにするもの、さらには人生を決めてしまうものなら、どれだけ時間をかけても、どれだけ努力しても、それでいいということはない。

これを踏まえて、前述の三つの疑問に答えていこう。

●手抜き。人生において、手を抜いて、さっさと片づけるべきなのは、効率が問題になる領域だけだ。人生を豊かにするものについては、人はわざわざ遠回りし、深い森に分け入り、高い山に登ろうとするものだ。

●持続可能性。八〇対二〇の法則を賢く使うには、長期的な視点をもち、現在の努力と報酬が変わらないと想定した場合の予期せぬ結果を認識しておく必要がある。たとえば現時点で、一〇%の取引先が八〇%の利益をもたらしてくれているとする。だが、ライバルが現れて、大口取引先を奪おうとしたら、これまでのような利益は続かない。また、九〇%の儲からない取引先のなかに急成長企業が隠れていて、慎重に開拓すれば上得意になる可能性もある。漁業の例では、資源が豊富な沿岸部で乱獲を進め、資源の再生を怠ると、取り返しのつかない事態に至る。

幅広い分野で、人生を豊かにするものに的を絞るには、長い目で見て、賢く考えることが必要だ。スキルを習得し、人間関係を築くには投資が必要だ。自分にとってどんなスキルや、どんな友人が大切なのかは、慎重に見極めたほうがいい。そして、見極められたら、じっくり時間をかけ、粘り強く土台づくりに励むべきだ。ここでは手抜きも、お手軽な喜びもありえない。ただひたすら働くだけとか、金儲けのためには手段は選ばない、といった態度は間違っている。だが、自分らしく楽しく暮らし、有意義な人生を送るためのスキルを習得し、人間関係を築くためであれば、手間を惜しまず、多くの時間をかけるのは理に適っているし、賢明だと言える。

●バランス。人間はバランスが取れているべきか、アンバランスなほうがいいのか。どちらも正しい。効率が重要なもの、自分にとって取るに足らないものについては、アンバランスであるべきだ。そして、ある意味で、人生を豊かにするものについても、アンバランスであるべきだ。自分にとっておおいに価値があるか、そうなる可能性のあるものごとや関係を選ぶ際には、じっくり吟味したうえで的を絞る。だが、人生を豊かにする領域のなかでは、仕事と遊び、自分でやるべきことと他人と共同でやることと、自分の時間と他人の時間、目のまえの楽しみと将来への投資の間で、バランスを取る必要がある。人生を豊かにする領域のなかで、陰と陽を見分けることはできる。だからこそ、仕事も遊びも楽しみ、どこにいても自分のしていることを好きになり、自分の好きなことをしているから幸せな人たちがいるのだ。

図表44は、八〇対二〇の法則の二面性と、それぞれについての適切なアプローチを示したものだ。

自分の生活で、それぞれの領域にあてはまるものを見極めたら、それらにどれだけ比重をおいているかを示すマトリックスを描くことができる。図表45では、効率の要素が圧縮されて、時間と労力の二〇%しか使っていない。人生を豊かにする二〇%の要素に、人生の八〇%を注ぐことができる。

仕事は、効率を上げる領域に入ることも、人生を豊かにする領域に入ることもある。読者の仕事も、それぞれの領域に入る部分があるだろう。要は、効率にかかわる部分を減らし、人生を豊かにする部分を増やすようにして、仕事が楽しくて仕方ない状態に持っていくことだ。

■図表44　現状の時間と労力の配分

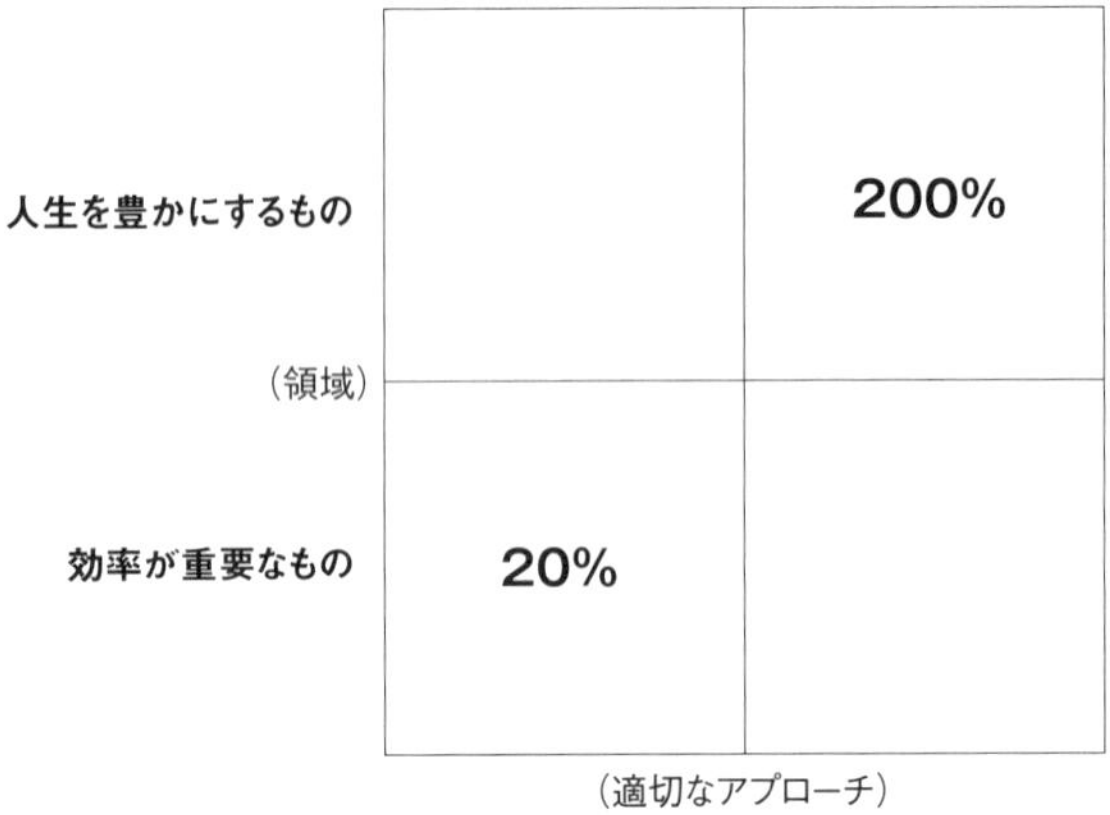

■図表45　時間と労力の新しい配分

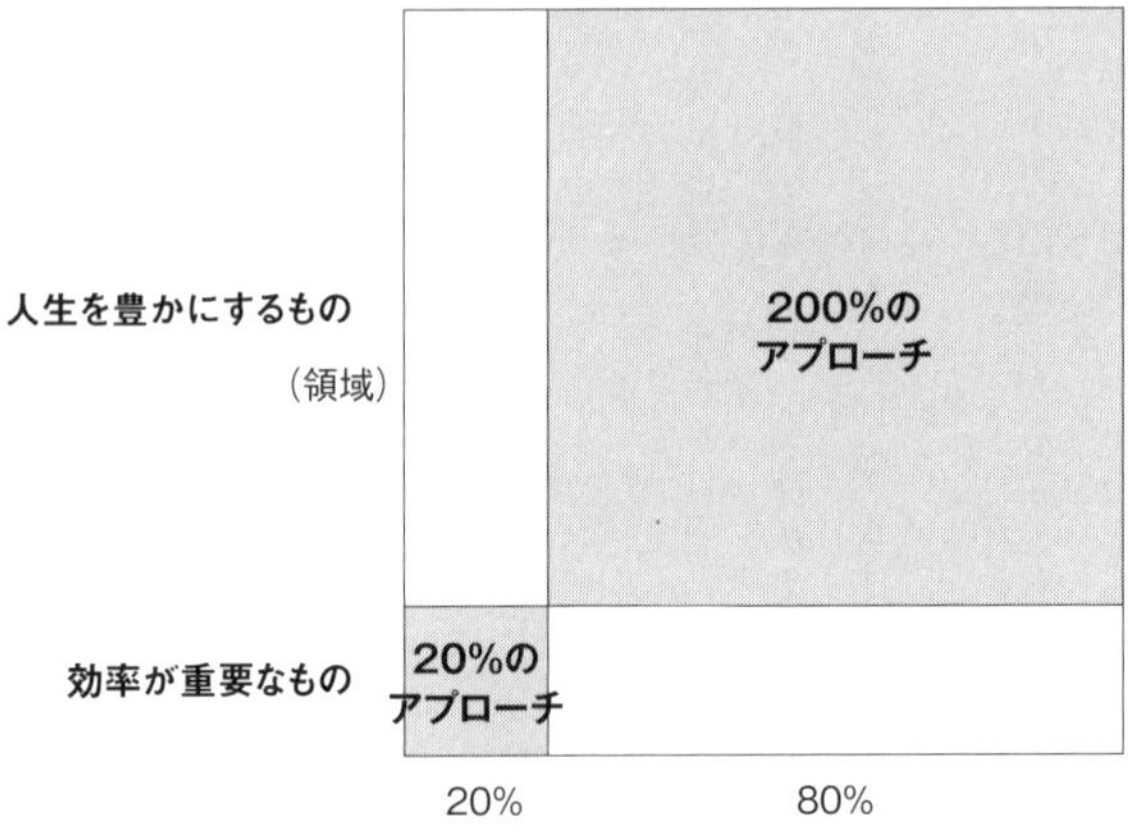

仕事以外の人生も、二つの領域にまたがっている。やるべきことは同じだ。効率にかかわる領域については時間と労力を減らし、人生を豊かにする領域にかける時間と労力を増やすことだ。

自分にとっていちばん大切なことに時間と労力をかけられるなら、仕事と遊びを分けるのは何か、両者の関係はどうなるかを考える価値がある。この質問をしたところ、「仕事」と「仕事以外」にほぼ半々の時間を割くと答えた人がほとんどだった。ただ、彼らの言う「仕事」は本人の定義であって、必ずしも報酬を伴っているわけではない。八〇対二〇の法則を実践する人々にとって、仕事と仕事以外のことの区別は、次第に曖昧になっていく。

この点から、人生における陰と陽は定義し直される。八〇対二〇の法則には、効率と人生の豊かさという、一見相反する面があるが、この二つは補完し合い、絡み合っているのだ。効率の要素があるからこそ、人生の豊かさを追求できる余裕が生まれる。ここでカギとなるのは、自分が望む結果をもたらしてくれるものは何か、大事なものは何かを見極めることだ。効率の面でも、人生の豊かさの面でも、答えは全体のなかのごく一部にある。人はたいてい、引き算と焦点を絞ることで進歩する。だが、それが単に効率化につながるだけなら、八〇対二〇の法則は不毛な哲学でしかない。心のなかに別の目標、魂の目的といったものがないなら、より効率的になっても、より富が増えても虚しいだけだ。八〇対二〇の法則を、従来の仕事の枠だけにあてはめようとする人たちは、大事な点を見落としている。

わたし自身の生活を例にとろう。ロンドンや南スペインにいる時は毎日一時間から二時間は自転車に乗るようにしている。これはわたしにとって間違いなく生活を豊かにする活動であり、いい運動になっている。自転車をこぎながら、鹿のいるリッチモンドパークやスペインの山々の美しい風景を楽しんでいる。無心でペダルを漕いでいると、思いがけないアイデアが浮かぶこともある。ただ、何の努力もしていないわけではない。リッチモンドパークの一〇%、スペインの道路の一五%は、険しいのぼり坂なので、途中で心拍数が最高に達する。これが運動のメリットの八〇%以上を占める。わたしは根っからのサイクリストというわけではないし、ほんとうのところ、のぼりは好きではない。くだりになってスイスイ進むと嬉しくなる質だ。だが、だからといって、平らな道は選ばない。のぼりは大変なこともあるが、平坦な道やくだり坂という「陽」を満喫するために、「陰」を提供してくれる。

わたしの個人的な体験や多くの読者の証言から、生活の陰と陽の比率を逆転させること――無意味な活動やストレスの溜まる活動から、人生を豊かにする活動に軸足を移すことはできると断言できる。言うまでもないが、新婚旅行に何度も行きたいとは思わないし、だらだらとした休日を繰り返したくはない。リラックスするための方法は探すが、ずっとリラックスしていたいと思っている人はいないだろう。運動もしたいし、スキルを身につけ、磨きたい。考え事をしたいし、自分を試してみたい。人助けもしたいし、さまざまな関係も深めたい。効率ばかりに気をとられたくないが、人生を豊かにしない活動は、できるだけ手をかけないでさっさと片づけることが肝要だ。

進歩に責任を負う

何でも疑い、悲観的に考えるクセは捨てよう。楽観的な見方もそうだが、悲観的にばかり考えていると、そういう現実を引き寄せてしまう。進歩に対する信頼を取り戻そう。未来はすでにここにあることに気づこう。農業、製造業、サービス業など産業全般で、また教育、人工知能、医学、物理学など学術の世界でも、さらには社会や政治においても、かつては想像もできなかった目標が達成され、新たな目標が次々と現れている。

八〇対二〇の法則を思い起こしてほしい。進歩はつねに、一握りの少数派や組織からもたらされる。そうした人たちは、かつてはここまでしか行けないと思われていた最高点が、出発点にすぎないことを示してくれる。進歩にはエリートが必要だが、それは栄光と社会の奉仕のために生きるエリート、その才能を万人のために喜んで差し出すエリートだ。進歩に必要なのは、並外れた成果を分かち合い、成功体験を伝え、既得権益による構造を壊すこと、特権的な少数の人々が享受する標準を、万人が手に入れられるようにするべきだと要求することだ。ジョージ・バーナード・ショーが言うように、進歩に何より必要なのは、不当な要求だ。あらゆるもののなかに八〇%を生みだす二〇%を見出し、その事実をもって、その価値ある二〇%を複製するよう要求すべきだ。人間がつねに自分の理解できる範囲を超えていかなければならないとすれば、少数派が達成したことを理解し、それを万人の標準にするよう要求していくことでようやく進歩が生まれる。

八〇対二〇の法則が素晴らしいのは、みなと一緒に一斉にスタートする必要はない点だ。自分の仕事や生活のなかで実践しはじめるといい。いまの仕事や生活で、好成績や幸福、人への奉仕といったものは、ごく一部を占めているにすぎないかもしれないが、それを大きくしていくことはできる。得意なことを伸ばし、不得意なことは切り捨てる。無意味で価値の低い活動を見極め、削ぎ落していく。自分の性格や仕事のスタイル、生活スタイル、人間関係のなかで、時間や労力に比して何倍もの価値をもたらしてくれるのはどの部分なのか。それを見極めることができれば、大した勇気や決意がなくても、それらを増やすことができる。よりよい人間、役に立つ人間、より幸せな人間になれる。そして、ほかの人がそうなるように手助けできるのだ。

5. Parag Khanna（2016）*Connectography: Mapping the Global Network Revolution*, London: Weidenfeld & Nicolson, p49.
6. 同上。p xxii
7. 同上。図37の下の文章。pp246-247.
8. 同上。

第18章

1. Marshall W Van Alstyree et al, 'How Platforms Change Strategy', *Harvard Business Review*, April 2016, pp 54-60.
2. Walter Isaacson（2011）*Steve Jobs*, London: Little Brown, pp402-403.（『スティーブ・ジョブズ』井口耕二訳、講談社）
3. 同上。p.403.
4. The Perry Marshall Marketing Letter（2015）, vol 15, Issue 4, p11 www.perrymarshall.com.の許諾を得て引用。

Publishing, p 74.

11. Nancy C Andreasen（2006）*The Creative Brain: the Science of Genius*, New York: Plum, p 44.
12. Alan J Rocke（2010）*Image and Reality: Kekule, Kopp, and the Scientific Investigation*, Chicago: University of Chicago Press.
13. John Reed（1955, 2013）*From Alchemy to Chemistry*, Mineola, New York: Dover Publications, pp 179-180.
14. Wattを除いてJoseph Murphyの前掲書。pp80-82. Wattらの例はHarry Carpenterの前掲書。pp120-122. これらの逸話の一部は、科学者自身による偽りか粉飾かねつ造されたものではないかとする声もある。だが、多くは真実だと思われるし、いずれにせよ、科学者は潜在意識を使ったはずである。
15. Thomas S Kuhn（1962, 2012）*The Structure of Scientific Revolutions*, Chicago: University of Chicago Press, p 90（強調は筆者）。（『科学革命の構造』中山元訳、みすず書房）
16. David Brooks（2011）*The Social Animal*, New York: Random House, pp 244-245.
17. 引用は以下。Charles Taylor（1989）*Sources of the Self: The Making of the Modern Identity*, Cambridge（England）: Cambridge University Press, p 301.
18. Letter to Philemon, 4:8.

第17章

1. 数学好きのために。1,000!/（2! × 998!）= 499,500。2,000!/（2! × 1,998!）= 1,999,000
2. *Silicon Valley Insider*, 31 March 2011と筆者自身の計算。
3. Shaomei Wu, Jake M Hoffman, Winter A Mason, and Duncan J Watts（2011）, ‘Who Says What to Whom on Twitter’, Yahoo Research, http://research.yahoo.com/node/3386, 2012年9月28日。
4. *McKinsey Quarterly* interview with Eric Schmidt, September 2008.

12. 80対20の法則に関して、きわめて重要なこの現象を指摘してくれた友人のパトリス・トレキサーに感謝している。一目惚れして、その影響が一生続くことはありうる。パトリスは私の警告を受け入れないだろう。というのは、四半世紀前に一目惚れした女性と結婚し、その後もずっと幸せに暮らしているのだから。ただし、彼がフランス人なのは言うまでもない。

第16章

1. 以下の引用。Joseph Murphy（1963, 2007）*The Power of Your subconscious Mind*, Radford, Virginia: Wilder Publications, p29.
2. 以下の引用。Leonard Trilling（1972）*Sincerity and Authenticity*, Cambridge Mass: University of Harvard Press, p5.
3. Henri F Ellenberger（1970, 1981）*The Discovery of the Unconscious: The History and Evolution of Dynamic Psychiatry*, New York: Basic Books.
4. Sigmund Freud（1972, 1990）*The Question of Lay Analysis*, New York: W W Norton & Co.
5. Carl Jung（1964, 1997）*Man and His Symbols*, Brooklyn, New York: Laurel Press, p 37.
6. Marshall McLuhan（1964, 1993）*Understanding Media: The Extensions of Man*, London: Routledge.（『メディア論――人間の拡張の諸相』栗原裕・河本仲聖訳、みすず書房）
7. Joseph E LeDoux（1996）*The Emotional Brain: The Mysterious Underpinning of Emotional Life*, New York: Simon & Schuster, p 302.
8. H A Williams（1965, 1968）*The True Wilderness*, Harmondsworth（England）: Pelican/Penguin, p 67.
9. Emile Coue（1922）*Self-Mastery Through Conscious Autosuggestion*, New York: American Library Service; 以下でも入手可能。www.openlibrary.org.
10. Haryy W Carpenter（2011）*The Genie Within-Your Subconscious Mind: How It Works and How to Use It*, Fallbrook（California）: Harry Carpenter

3. Vilfredo Pareto 前掲書（第12章、注4）。
4. 以 下 を 参 照。Janet Lowe（1995）*Benjamin Graham, the Dean of Wall Street*, London: Pitman.
5. 公表された直近の収益を基にした実績PER（株価収益率）の他に、株式市場のアナリストが将来を予想した予想PERがある。増益が予想されれば、予想PERは実績PERを下回るため、株価は割安だとみえるようになる。ベテラン投資家にとって、予想PERは考慮に入れるべきものだが、危険性もある。というのは、予想収益は実現しない可能性があるからだ（実際のところ実現しないことが多い）。PERに関する詳細な議論については、Richard Kochの前掲書（注1）pp.108-112を参照。

第15章

1. Daniel Goleman（1995）*Emotional Intelligence*, London: Bloomsbury,p179.の印象的な章のタイトル。（『EQ—こころの知能指数』土屋京子訳、講談社）
2. 以 下 を 参 照。Dr Dorothy Rowe（1996）The escape from depression, *Independent on Sunday* (London), 31 March, p.14, *In the Blood: God, Genes and Destiniy*, Professor Steve Jones（1996, London: HarperCollins）による引用。
3. Dr. Peter Fenwick（1996）The dynamics of change, *Independent on Sunday*（London）, 17 March,p.9.
4. Ivan Alexander 前掲書（第6章、注2）、第4章。
5. Daniel Goleman 前掲書（注1）p.34.
6. 同上, p.36.
7. 同上, p.246
8. 同上,pp.6-7.
9. Dr. Peter Fenwick, 前掲書（注1）p.10.
10. Daniel Golemanによる引用。前掲書（注1）, p.87.
11. 同上, p.179.

5. おそらく音楽と絵画は例外だろう。とはいえ、共同作業は一般に認識されているよりもはるかに重要だと思われる。

第13章

1. 以下を参照。Robert Frank and Philip Cook（1995）*The Winner-Take-All Society*, New York: Free Press. 著者らは80対20という言葉は使っていないが、80対20の法則の類いを念頭に置いていたのは明らかである。不均衡な報酬などに示唆される無駄について考察を加えている。エコノミスト誌（1995年11月25日号 134ページ）の洞察力に優れた記事の中の本書についての論評も参照。この項で、広範囲に引用している。エコノミスト誌の記事では、1980年代前半、シカゴ大学の経済学者シャーウィン・ローズが、スーパースターの経済学について2、3の論文を執筆したことが取り上げられている。
2. 以下を参照。Richard Koch（1995）*The Financial Times Guide to Strategy*, London: Pitman,pp 17-30.
3. G.F. Hegel, T. M. Knox　訳（1953）*Hegel's Philosophy of Right*, Oxford: Oxford University Press.
4. 以下を参照。Louis S. Richman（1994）The new worker elite, *Fortune*, 22 August, pp.44-50.
5. このトレンドは「マネージメントの死」の一部である。効率的な企業では、マネージャーは余剰になり、「現場の人間」だけに居場所がある。Richard Koch and Ian Godden 前掲書も参照（第３章、注12）

第14章

1. この後には簡潔な説明が続く。個人投資を真剣に考える人は以下を参照。Richard Koch（1994, 1997）*Selecting Shares that perform*, London: Pitman.
2. *BZW Equity and Gilt Study*（1993）London: BZWに基づく。Kochの前掲書、p.3も参照。

ーツについても言及している。

3. Charles Handy（1969）*The Age of Unreason*, London: Random House, Chapter9. Charles Handy（1994）*The Empty Raincoat*, London: Hutchinson. も参照。
4. 以下を参照。William Bridges（1995）*Job Shift: How to Prosper in a Workplace without Jobs*, Reading, Mass: Addison-Wesley/London: Nicholas Brealey. Bridgesは、大企業のフルタイムの雇用は今後例外的になり、「ジョブ」という言葉は元の意味の「タスク」に戻るという説得力ある議論を展開している。
5. Roy Jenkins（1995）*Gladstone*, London: Macmillan.

第12章

1. Donald O Clifton and Paula Nelson（1992）*Play to Your Strengths*, London: Piatkus.（『強みを活かせ！――あなたの才能を伸ばす知恵』宮本喜一訳。日本経済新聞出版社）
2. *Re/Search* magazine（San Francisco）, October, 1989, pp21-2のJ G Ballardのインタビュー。
3. キリスト教の成功にとって、おそらく歴史上のイエスよりも重要なのは聖パウロだろう。聖パウロによってキリスト教はローマ帝国に友好的になった。聖ペテロや初期の弟子の大半は激しく抵抗したが、この動きがなければ、キリスト教は目立たない宗教のままだっただろう。
4. 以下を参照。Vilfredo Pareto（1968）*The Rise and Fall of Elites*, intr. Hans L Zetterberg, New York: Arno Press. 元々1901年にイタリアで出版された。本書は後年の著作に比べて、パレートの社会観が簡潔にまとめられている。1923年に社会主義系新聞*Avanti*に掲載されたパレートの死亡記事には、「ブルジョワ風カール・マルクス」と皮肉をこめて形容された。パレートはマルクスと同じ、行動を決める上での階級と思想の重要性を強調したことから、この形容は適切である。

2. Gary Forger (1994) How more data + less handling = smart warehousing, *Modern Materials Handling*, 1 April.
3. Robin Field, Branded consumer products, in James Morton (ed.) (1995) *The Global Guide to Investing*, London: FT/Pitman,pp.471f.
4. Ray Kulwiec (1995) Shelving for parts and packages, *Modern Materials Handling*, 1 July.
5. Michael J Earl and David F Feeny (1994) Is your CIO adding value? *Sloan Management Review*, 22 March.
6. Derek L Dean, Robert E Dvorak and Endre Holen (1994) Breaking through the barriers to new systems development, *McKinsey Quarterly*, 22 June.
7. Roger Dawson (1995) Secrets of power negotiating, *Success*, 1 September.
8. Orten C Skinner (1991) Get what you want through the fine art of negotiation, *Medical Laboratory Observer*, 1 November.

第9章

1. この言い回しは、アイヴァン・アレクサンダーによる(第2章を参照)。進歩に関する彼の考えを、厚かましくも拝借した。
2. アイヴァン・アレクサンダーは的確にこう言っている。「世界の富が有限であることは認識しているが、企業が繁栄し、拡大できる別の面の機会、コンパクトだが豊かな空間を発見した。貿易、商取引、自動化、ロボット化、情報化は、ほとんど空間を必要としないが、機会が無限にある領域である。コンピューターは人類の発明品で最小の機械である」

第10章

1. *Oxford Book of Verse* (1961) Oxford: Oxford University Press,p.216.
2. 時間管理の最先端のガイドは以下。Hiram B Smith (1995) *The Ten Natural Laws of Time and Life Managemet*, London: Nicholas Brealey. スミスはフランクリン・コーポレーションについてかなりの紙幅を割き、モルモン教のル

4. Michael Slezak（1994）Drawing fine lines in lipsticks, *Supermarket News*, 11 March.による引用。
5. Michael Slezak（1994）Take a good look at company blind spots, *Star-Tribune*（Twin Cities）, 7 November.
6. John S Harrison（1994）Can mid-sized LECS succeed in tomorrow's competitive marketplace? *Telephony*, 17 January.
7. Ginger Trumfio（1995）Relationship builders: contract management, *Sales & Marketing Management*, 1 February.
8. Jeffrey D. Zbar（1994）Credit card campaign highlights restaurants, *Sun-Sentinel*（Fort Lauderdale）, 10 October.
9. Donna Petrozzello（1995）A tale of two stations, *Broadcasting & Cable*, 4 September.
10. Sidney A Friedman（1995）Buliding a super agency of the future, *National Underwriter Life and Health*, 27 March.に引用された保険コンサルタントのダン・サリヴァンの発言。
11. この点を裏付ける企業や産業に関する記事は多数ある。たとえば以下を参照。Brian T Majeski（1994）The scarcity of quality sales employees, *The Music Trades*, 1 Nobember.
12. Harvey Mackay（1995）We sometimes lose sight of how success is gained, *The Sacramento Bee*, 6 November.
13. The Music Trades（1994）How much do salespeople make? *The Music Trades*, 1 November.
14. Robert E Sanders（1987）The Pareto principle, its use and abuse, *Jounal of Consumer Marketing*, Vol 4, issue 1, Winter, pp.47-50.

第7章

1. Peter B Suskind（1995）Warehouse operations: don't leave well alone, *IIE Solutions*, 1 August.

第5章

1. Henry Ford（1991）*Ford on Management*, intr. Ronnie Lessem, Oxford: Blackwell, pp 10, 141,148. Reissue of Henry Ford（1922）*My Life and Work* and（1929）*My Philosophy of Industry.*
2. Gunter Rommel（1996）*Simplicity Wins*, Cambridge, Mass: Harvard Business School Press.
3. George Elliott, Ronald G Evans and Bruce Gardiner（1996）Managing cost: transatlantic lessons, *Management Review*, June.
4. Richard Koch and Ian Godden 前掲書（第３章、注12）
5. Caol Casper（1994）Wholesale changes, *US Distribution Journal*, 15 March.
6. Ted R Compton（1994）Using activity-based costing in your organization, *Journal of Systems Management*, 1 March.

第6章

1. Vin Manaktala（1994）Marketing: the seven deadly sins, *Journal of Accountancy*, 1 September.
2. 20世紀初頭の少数の主要な実業家の理想主義とスキルから生まれた、社会の緩やかな変化は忘れられがちである。これらの実業家は、貧困は蔓延しているが撲滅できるとする「豊饒の角」の主張を唱えた。一例として、再びヘンリー・フォードを取り上げる。「より悲惨な形の貧困と欠乏を撲滅するという義務は、容易に達成できる。地球は豊かであり、十分な食料と衣服、労働と余暇が存在できるはずだ」。以下を参照。Henry Ford（1991）*Ford on Management*, intr. Ronnie Lessem, Oxford: Blackwell, pp.10,141,148 アイヴァン・アレクサンダーの厚意により、彼の著書 *The Civilized Market*（1997, Oxford: Capstone）の草稿を読ませてもらった。この本の第１章で、この点をはじめ多くの点が述べられており、引用させていただいた（注3）。
3. Ivan Alexander（1997）*The Civilized Market*, Oxford: Capstone

Overview and Analysis of the Two Leading Superstore Operators, Chicago, Ill:William Blair & Co.

第3章

1. Joseph Moses Juran 前掲書（第 1 章、注8）pp38-39.
2. Ronald J Recardo（1994）Strategic quality management: turning the spotlight on strategies as well as tactical issues, *National Productivity Review*, 22 March.
3. Niklas Von Daehne（1994）The new turnaround, *Success*, 1 April.
4. David Lowry（1993）Focusing on time and teams to eliminate waste at Singo prize-winning Ford Electronics, *National Productivity Review*, 22 March.
5. Terry Pinnell（1994）Corporate change made easier, *PC User*, 10 August.
6. James R Nagel（1994）TQM and the Pentagon, *Industrial Engineering*, 1 December.
7. Chris Vanderluis（1994）Poor planning can sabotage implementation, *Computing Canada*, 25 May.
8. Steve Wilson（1994）Newton: bringing AI out of the ivory tower, *AI Expert*, 1 February.
9. Jeff Holtzman（1994）And then there were none, *Electronics Now*, 1 July.
10. Mac Week（1994）Software developers create modular applications that include low prices and core functions, *MacWeek*, 17 January.
11. Barbara Quint（1995）What's your problem?, *Information Today*, 1 January.
12. Richard Koch and Ian Godden（1996）*Managing Without Management*, London: Nicholas Brealey, 特に第 6 章、pp.96-109を参照。
13. Peter Drucker（1995）*Managing in a Time of Great Change*, London, Butterworth-Heinemann, pp.96f（ピーター・ドラッカー『未来への決断』上田惇生訳、ダイヤモンド社）。
14. Richard Koch and Ian Godden 前掲書（注12）第 6 章とp.159を参照。

10. Malcom Gladwell（1996）The tipping point, *New Yorker*, 3 June.
11. Malcom Gladwell 同上
12. James Gleik（1987）*Chaos: Making a New Science*, New York, Little Brown（ジェイムズ・グリック『カオス――新しい科学をつくる』大貫昌子訳、新潮社）
13. 以下の参照。W Brian Arthur（1989）Competing technologies, increasing returns, and lock-in by historical events, *Economic Journal*, vol 99, March,pp.116-31.
14. 'Chaos theory explodes Hollywood hype', *Independent on Sunday*, 30 March 1997.
15. George Bernard Shaw, John Adair *Effective Innovation*（1996）Pan Books, London p.169 より引用。
16. James Gleik 前掲書（注12）より引用。

第2章

1. Donella H. Meadows, Dennis L. Meadows and Jorgen Randers（1992）*Beyond the Limits*, London: Earthscan, pp.66fを基に筆者計算。
2. Lester R Brown, Christopher Flavin and Hal Kane（1992）*State of the World*, London: Earthscan p.111を基に筆者計算。これ自体は、Ronald V.A. Sprout, James H. Weaver（1991）*International Distribution of Income*: 1960-1987, Working Paper No 159, Department of Economics, American University, Washington DC, May.
3. Health Care Strategic Management（1995）Strategic planning futurists need to be capitation-specific and epidemiological, *Health Care Strategic Management*, 1 September.
4. Malcom Gladwell（1996）The science of shopping, *New Yorker*, 4 November.
5. Mary Corrigan and Gary Kauppila（1996）*Consumer Book Industry*

4. Vilfredo Pareto（1896/7）*Cous d'Economique Politique*, Lausanne University. 神話で語られていることと違って、パレートは、所得の不均衡の議論をはじめ、「80対20」という言葉は一切使っていない。所得の八〇％は労働人口の二〇％が稼ぎ出しているといった単純な観察すら行っていない。ただ、この結論は、パレートのかなり複雑な計算から導き出すことができる。パレートが発見し、パレートやその弟子が大いに興奮したのは、最上位の所得層の所得が全所得に占める割合が一貫していること、その関係が一定のパターンを描き、どの期間、どの国でも似たような形になることであった。
公式は以下のとおり。Nはxを上回る所得を得ている勤労者数、Aとmは定数。パレートは以下であることを発見した。logN = logA + mlogx
5. こうした単純化は、パレート自身によるものではなく、残念ながら弟子によるものでもなかった点は強調しておくべきだろう。しかしながら、パレートの手法から正当に導きだせるものであり、パレート自身の説明よりもはるかにわかりやすい。
6. 特にハーバード大学は、パレート信仰のメッカだったようだ。心理学でのジップの影響力は別にして、経済学部は「パレートの法則」に愛着を示している。この点をよく物語るものとして、ヴィルフレート・パレートの以下の論文を参照。*Quarterly Journal of Economics*, Vol LX Ⅲ, No 2, May 1949（President and Fellows of Harvard College）.
7. ジップの法則を見事に説明しているものに以下がある。Paul Krugman（1996）*The Self-Organizing Economy*, Cambridge, Mass: Blackwell,p.39.
8. Joseph Moses Juran（1951）*Quality Control Handbook*, New York: McGraaw-Hill,pp 38-9. ジョセフ・モーゼス・ジュラン『品質管理ハンドブック』（日科技連出版社）。これは初版で、現在の版が2,000ページ以上あるのに対し750ページしかない。ジュランは「パレートの原理」にはっきりと言及し、その重要性を正確に論じているが、初版では80対20という表現は一切使っていない。
9. Paul Krugman, 前掲書（注7）より引用。

原注および参考文献

第1章

1. Josef Steindl（1965）*Random Processes and the Growth of Firms: A Study of the Pareto Law*, London: Charles Griffin,p.18.
2. 広範な調査から、「80対20の法則」（通常は80対20のルールと呼ばれる）に言及した短い論文は膨大な数にのぼることがあきらかになったが、これをテーマにした本を見つけることはできなかった。80対20の法則に関する本があるなら、未発表の論文集であってもお知らせ願いたい。最近出版された本のなかに、80対20の法則そのものをテーマにしているわけではないが、その重要性に注目を促したものがある。ジョン・J・コッターの“*The 20% Solution*”（Chichester: John Wiley, 1995）は、「はじめに」の部分に正解が書かれている。「自分がやることのうち、将来の成功にもっとも寄与する20%を見極め、その20%に時間と労力を集中させることだ」（xixページ）。コッターはパレートについて軽くふれているが（xxiページ）、パレートについても80対20の法則についても、「はじめに」以外では取り上げていないし、パレートについては索引にすら入れていない。多くの著者と同様、コッターも80対20の法則自体をパレートの功績とする点については時代錯誤的である。「ヴィルフレート・パレートはフランス生まれの経済学者であり、100年前、たいてい、結果の80%は20%の原因で説明できることを発見した（たとえば企業の利益の80%は、顧客の20%がもたらしている）。そして、これをパレートの法則と呼んだ（xxiページ）」。じつはパレート自身は、80対20といった類いの表現は一切使っていない。パレートが「法則」と呼んだものは、じつは数式であり（注4を参照）、80対20の法則の（究極の源ではあるが）、現在われわれが知っている法則からは取り除かれている。
3. The Economist（1996）Living with the car, *The Economist*, 22 June, p8.

［著者紹介］

リチャード・コッチ　Richard Koch

起業家、投資家、経営コンサルタント、作家。コンサルタント業、レストラン業、およびホテル業を興し、いずれも成功をおさめる。ベイン・アンド・カンパニーやボストン・コンサルティング・グループで数多くの欧米の優良企業のアドバイザーを務めた。本書の法則を実践することで、ビジネスを成功に導き、人生を謳歌している。著書に『80対20の法則 生活実践編』（CCCメディアハウス）などがある。
http://richardkoch.net

［訳者紹介］

仁平和夫（にひら・かずお）

翻訳家。1950年生まれ。主な訳書に『パラダイムの魔力』『ディズニー7つの法則』（ともに日経BP社）、『ウェルチ　リーダーシップ・31の秘訣』（日本経済新聞社）、『トム・ピーターズのサラリーマン大逆襲作戦』シリーズ（CCCメディアハウス）など。2002年逝去。

［訳者紹介］

高遠裕子（たかとお・ゆうこ）

翻訳家。主な訳書に、『20歳のときに知っておきたかったこと』（CCCメディアハウス）、『21世紀の金融政策』『バブルの世界史』（ともに日本経済新聞出版）、『そのビジネス、経済学でスケールできます。』（東洋経済新報社）など。